T0209065

Sammlung Metzler
Band 196

Gerhard P. Knapp

Friedrich Dürrenmatt

2., überarbeitete und erweiterte Auflage

Verlag J.B. Metzler
Stuttgart · Weimar

Bibliografische Information Der Deutschen Bibliothek
Die Deutsche Bibliothek verzeichnet diese Publikation
in der Deutschen Nationalbibliografie; detaillierte bibliografische
Daten sind im Internet über <http://ddb.de> abrufbar.

ISSN 0558 3667

ISBN 978-3-476-12196-7
ISBN 978-3-476-04099-2 (eBook)
DOI 10.1007/978-3-476-04099-2

SM 196

© 1993 Springer-Verlag GmbH Deutschland
Ursprünglich erschienen bei J. B.
Metzler'sche Verlagsbuchhandlung
und Carl Ernst Poeschel Verlag GmbH
in Stuttgart 1993
www.metzlerverlag.de
info@metzlerverlag

Inhalt

V

Vorwort zur Neuauflage

Entsprechend den Richtlinien der Reihe will der vorliegende Band zuvorderst Tatsachen und Zusammenhänge vermitteln, Aufschluß über Forschungsergebnisse und offene Fragen geben. Auch wenn die Dürrenmatt-Forschung eine Vielzahl brauchbarer Resultate erzielt hat, waren doch häufig Grundlagen erstmals zu erstellen, werkgeschichtliche Zusammenhänge freizulegen und vorgegebene Thesen vermittels der eigenen Analyse zu überprüfen. Grundlagenarbeit war auch hinsichtlich der Klärung geistiger und literarischer Einflüsse auf das Werk sowie seiner Lokalisierung im größeren Kontext der literarischen Strömungen der Nachkriegsjahrzehnte zu leisten. All dies ist als Ergebnis in der Darstellung aufgegangen. Zugleich schien es, gerade aufgrund der spezifischen Gegebenheiten dieses Werks, unabdingbar, den jeweiligen historischen und gesellschaftlichen Entstehungsumkreis zumindest knapp zu skizzieren. Nur so ist die überwiegend kritische Anlage dieser Texte zu verdeutlichen. Schließlich verlangte der Gegenstand, mehr als dies auf manche andere Autoren zuträfe, eine Annäherung, die über die referierende Darstellung wo immer möglich zu Fragen der Rezeption und der Wertung vorzustoßen hatte. Allein aus der Zusammenschau von Text und Publikum bzw. der dem Einzeltext zugrunde liegenden Ästhetik und ihren Wirkungsmöglichkeiten ist letztlich eine Erklärung der überaus unterschiedlichen Wirkungsphasen dieses Werks abzuleiten.

Für die Neuauflage dieses Bandes waren vor allem die späten Texte der achtziger Jahre von Grund auf zu erarbeiten. Neben dem breiten Erzählwerk galt besondere Aufmerksamkeit dem letzten Bühnenstück »Achterloo«, da sich in ihm der Schlußpunkt und zugleich das endgültige Scheitern der Dürrenmattschen Dramaturgie manifestiert. Gleichzeitig ergab sich die Aufgabe, dieses nunmehr als Ganzes vorliegende Œuvre in seinen Entwicklungslinien aufs neue zu sichten. Durch die Veröffentlichung der beiden Bände der »Stoffe« war etwa ein direkterer Anschluß der frühen Arbeiten an das Gesamtwerk möglich, als dies bislang zulässig erschien. Stärker als früher mußte hierbei auch die gerade in den »Stoffen« wieder dokumentierte Intertextualität von Bild und Wort in den Diskurs eingebracht werden. Denn Dürrenmatts Ästhetik geht doch fast durchweg vom Visuellen aus, und die Bild-haftigkeit seiner dramaturgischen oder narrativen Gegenentwürfe zur Realität verlangt vielfach nach einer Deutung, die über den bloßen Wortsinn hinaus Szene, Form und Bewegung als gleichberechtigtes textuelles Element zum Sprechen bringt. Vollkommen neu konzipiert wurde ebenfalls Kapitel VII, das nunmehr – da dieses Werk abgeschlossen ist – immerhin einen ersten, zugegebenermaßen noch vorläufigen Überblick der Rezeption und der innerliterarischen Wirkung vorlegt. Entsprechend wurde auch der Rezeptionsteil der dem Band beigegebenen Bibliographie entscheidend erweitert. Kapitel VII vermittelt außerdem, den Reihenrichtlinien gemäß, Aufschluß über die wichtigsten Positionen der Forschung.

Danken möchte ich allen denen, die am Zustandekommen dieses Bandes mitgewirkt haben. Diverse Archive und Bibliotheken stellten bereitwillig eine Vielzahl von Materialien zur Verfügung. Besonders zu danken habe ich den Damen und Herren der Zeitungsausschnittsammlung der Stadtbücherei Dortmund für ihre unermüdliche Hilfe. Das University of Utah Research Committee hat diese Arbeit finanziell unterstützt und durch die Bewilligung eines Forschungstrimesters gefördert. Herzlich danken möchte ich schließlich Frances Hill für die Anfertigung des Typoskripts und für mancherlei Unterstützung.

Abkürzungen

Die im Text und nach den einzelnen Kapiteln gegebenen Literaturhinweise sind vermittels der systematisch durchnumerierten Auswahlbibliographie zu entschlüsseln. Der Kennbuchstabe für die einzelne Sachgruppe steht jeweils der Zahl voraus.

ABnG	Amsterdamer Beiträge zur neueren Germanistik
AG	Acta Germanica
AZ	Akzente
DB	Deutsche Bücher
DD	Diskussion Deutsch
DRds	Deutsche Rundschau
DU	Der Deutschunterricht
DVJs	Deutsche Vierteljahrsschrift für Literaturwissenschaft und Geistesgeschichte
FAZ	Frankfurter Allgemeine Zeitung
FR	Frankfurter Rundschau
GG	Grundlagen und Gedanken zum Verständnis des Dramas/erzählender Literatur
GLL	German Life and Letters
GQ	The German Quarterly
GR	Germanic Review
GRM	Germanisch-Romanische Monatsschrift
GSR	German Studies Review
KFLQ	Kentucky Foreign Language Quarterly
LWU	Literatur in Wissenschaft und Unterricht
MAL	Modern Austrian Literature
MD	Modern Drama
ML	Modern Languages
MLQ	Modern Language Quarterly
MLR	Modern Language Review
Monatshefte	Monatshefte für deutschen Unterricht, deutsche Sprache und Literatur
NDL	Neue Deutsche Literatur
NGS	New German Studies
NZZ	Neue Zürcher Zeitung
RLV	Revue des langues vivantes
SDZ	Süddeutsche Zeitung
Seminar	Seminar. A Journal of Germanic Studies
SR	Schweizer Rundschau
SM	Schweizer Monatshefte

StZ	Sprache im technischen Zeitalter
SuF	Sinn und Form
TDR	Tulane Drama Review
Thh	Theater heute
U	Universitas
WA	Werkausgabe in dreißig Bänden
WB	Weimarer Beiträge
WeWo	Die Weltwoche
WW	Wirkendes Wort
ZfdPh	Zeitschrift für deutsche Philologie
ZfG	Zeitschrift für Germanistik (Korea)

I. Der Autor

Eine Gesamtdarstellung des Dürrenmattschen Werks, wie es nunmehr geschlossen vorliegt, sieht sich nach wie vor beträchtlichen methodischen Schwierigkeiten gegenübergestellt. Vor allem sind es zwei Momente, die den kritischen Zugang erheblich belasten: einmal die Tendenz einer zumeist wohlwollenden, oftmals voreilig beflissenen Literaturwissenschaft, dieses Werk, das nun annähernd fünfzig Jahre umspannt, viel zu früh der Unwandelbarkeit und Wirkungslosigkeit einer »Klassik« der Gegenwart zuzuschlagen. Eng damit verbunden scheint die Gefahr, den Autor dieses Werks allzu streng beim Wort zu nehmen, Äußerungen, die einem gewissen Kontext entspringen – und sei es ironischer Selbststilisierung – zu einem Grad zu verallgemeinern, wo sie zum Klischee verflachen und damit einen rationalen Zugriff verbauen müssen. Es gilt also in erster Linie, die Widersprüche, die dieses Werk durchziehen, im Einzeltext wie in den theoretischen Stellungnahmen des Autors, als Bestandteil einer immer auf den größeren Entstehungshintergrund bezogenen Entwicklung zu sehen. Allein so wird man der Verallgemeinerung entgehen können, wie sie die Geschichte der literaturwissenschaftlichen Bemühungen um Dürrenmatt durchzieht. Denn in der Tat fehlt es nicht an Deutungen, die an Autor und Werk herangetragen wurden – das Spektrum reicht von der plausiblen Verkürzung bis zum bizarren Gemeinplatz.

Besonders hartnäckig auf die Forschung eingewirkt hat Dürrenmatts Feststellung, er habe »keine Biographie« (K 2; 11). So findet sich in einer ansonsten durchaus ergiebigen Gesamtdarstellung der Satz: »[...] sein Werk scheint von den Bedingungen der Gesellschaft und Politik gelöst, erlöst.« (Bänziger K 1; 135) Wenn auch in Thesenform indiziert und im weiteren partiell zurückgenommen, bleibt diese Ausgangsposition für viele Forscher verbindlich. Tatsächlich ist die persönliche »Biographie« des Autors Friedrich Dürrenmatt in vieler Hinsicht »normal«, durchschnittlich, wenn man will. Jedenfalls weist sie keine schwerwiegenden Brüche, Katastrophen auf und verrät wenig Neigung zum Spektakulären. Auf der anderen Seite ist der Lebenslauf des Autors als Bestandteil und Reflex der ihn umgebenden historischen Vorgänge zu sehen. Und somit besitzt die

1

Autorenbiographie in einem weiteren Sinne, dem der Zeitgenossenschaft, deutlich Schlüsselfunktion für das Verständnis der Werkgenese. Keine vernünftige Betrachtung der Texte wird es sich leisten können, an ihrem Entstehungshintergrund vorbeizugehen, und dieser liegt zuvorderst in der zeitgenössischen Anteilnahme des Autors an der Gesellschaft, die ihn umgibt. Indem Dürrenmatt »Gegenentwürfe formuliert, die sich auf das Gegebene nicht einlassen und Alternativen zeigen« (Knopf K 20; 8), liefert er den konkreten Beweis für den politisch-gesellschaftlichen Bezugsort, in dem sein Werk steht und entsteht. Und nur mit Blickrichtung auf diesen Kontext kann sein Werk sinnvoll gedeutet werden.

Friedrich Dürrenmatt, von den Eltern und Spielkameraden zunächst Fritz genannt, wurde am 5. Januar 1921 im Dorf Konolfingen (Kanton Bern) geboren. Seine Eltern, der Pfarrer Reinhold Dürrenmatt und dessen Frau Hulda Dürrenmatt-Zimmermann, waren lange kinderlos geblieben. Im Jahre 1924 wird ihnen dann noch eine Tochter geboren: Dürrenmatts Schwester Vroni. Reinhold Dürrenmatt war vierundzwanzig Jahre lang Pfarrer in Konolfingen. Erst 1935 siedelt die Familie nach Bern über, wo er die Stelle eines Seelsorgers am Salemspital und am Diakonissenheim übernimmt. Weder das Elternhaus noch der Protestantismus der Familie scheinen die Jugendjahre des Autors entscheidend geprägt zu haben. Man hat gelegentlich versucht, ein protestantisches Glaubensbekenntnis in Dürrenmatts Werk hineinzulesen – ein Argument, das allerdings kaum überzeugt. Auch hier ist die ironische Selbstdarstellung des Autors (»Ich bin ein Protestant und protestiere.« [»Fingerübungen zur Gegenwart«, WA 26; 32. Hartnäckige Wirkungsspuren finden sich etwa noch in P 89, P 110 u. ö.]) zum Auslöser für wenig fruchtbare Spekulation geworden. Eher scheint das Vorbild des Großvaters Ulrich Dürrenmatt, des militant-konservativen Berner Groß- und Nationalrats, der dichtend Bürokratismus und Krämergeist bekämpfte und für eines seiner Gedichte eine zehntägige Gefängnisstrafe verbüßte, indirekt die Entwicklung des jungen Friedrich Dürrenmatt beeinflußt haben. Ulrich Dürrenmatt wurde 1849 geboren und starb 1908, lange vor der Geburt des Enkels. Dieser jedoch soll mit den nonkonformistischen satirischen Streitgedichten seines Großvaters wohlvertraut gewesen sein.

Am stärksten prägt den Heranwachsenden die ländliche Gemeinde Konolfingen, wo er bis 1933 die Primarschule besucht. Als Zentrum der lokalen Milchverarbeitung und als Sitz anderer Industriezweige gewinnt Konolfingen eine gewisse wirtschaftliche Bedeutung, die wiederum einen ständigen Zustrom von Lastwagen- und Zugverkehr mit sich bringt. Sektiererei und ein deutlicher Zug zum Krämertum bestimmen die Atmosphäre des Dorfes. Später als in Deutschland, in den Jahren nach 1935, erreichten die Auswirkungen der Weltwirtschaftskrise die Schweiz, und im Zuge der allgemeinen mittelständischen Verarmung büßten auch Dürrenmatts Eltern einen Großteil ihres Vermögens ein. Dies mag mit einer der Gründe gewesen sein, die den Umzug nach Bern bewirkten. Zunächst jedoch bietet das Dorf die Stätte einer friedlichen Kindheit, deren Tageslauf vom Fußballspiel, der Lektüre von Sagen und mythologischen Berichten sowie von Ausflügen in den Umkreis der Gemeinde bestimmt wird. Zur Jugendlektüre gehören, keineswegs atypisch, neben Karl May und »Gullivers Reisen« auch Jules Verne und Gotthelfs »Schwarze Spinne«. Ein gewisses Einzelgängertum des Jungen erklärt sich durch die soziale Stellung des Vaters, die zu Anfeindungen durch die weniger privilegierte Bauernjugend führte. Dürrenmatt selbst nennt die Umgebung des Dorfes im nachhinein eine »gespenstische Idylle« (E 23; 11). Weder wird dem Jungen eine strikt protestantische Gottesfurcht vermittelt – eher eine vage Vorstellung »von einem rätselhaften Überonkel hinter den Wolken« (»Dokument«, WA 26; 20) –, noch dringt die Tagespolitik in sein Bewußtsein ein: »[...] noch abstrakter die Politik des Landes, die sozialen Krisen, die Bankzusammenbrüche, [...] die Bemühungen um den Frieden, das Aufkommen der Nazis, zu unbestimmt, zu bildlos alles [...]« (ibid. 19). Zu bedenken ist also, wie wenig jene prägenden Jahre gesellschaftlich-politische Einsichten förderten: Einsichten, die doch als Grundlage des späteren Werks gelten können. In Dürrenmatts eigenen Worten, zurückblickend aus dem Jahre 1965, liest sich das so: »Ich bin kein Dorfschriftsteller, aber das Dorf brachte mich hervor, und so bin ich immer noch ein Dörfler mit einer langsamen Sprache, kein Städter, am wenigsten ein Großstädter, auch wenn ich nicht mehr in einem Dorfe leben könnte.« (ibid. 13. Zur Kindheit und Jugend vgl. auch »Stoffe I–III«, C 16, insbes. 15 ff.) Ab 1933 besucht Dürrenmatt die Sekundarschule der Agrargemeinde Großhöchstetten. Bis zu diesem Zeitpunkt hat er bereits sein Talent im Zeichnen und Malen entdeckt. Der Dorfmaler von Konolfingen stellt ihm sein Atelier zur Verfügung und fördert die Neigung des Jungen. Die ersten Motive seiner Malerei: »Sintfluten und Schweizerschlachten«. Dieser Hang zum Zeichnen und Malen hat sich lebenslang erhalten, und ein deutlich bildhafter, fast plakativer Zug läßt sich analog am Bühnenwerk nachweisen. Zu den visuellen Ursprüngen der Ästhetik Dürrenmatts vgl. wiederum C 16; 33 ff. Von besonderer Bedeutung ist hier das im späteren Werk vielfach zentrale Motiv des *Labyrinths* (C 16; 49 ff.).

Zur Zeit der Übersiedlung der Dürrenmatts nach Bern beginnt sich der außenpolitische Konflikt, gefördert durch die Expansionspolitik des Dritten Reiches, zuzuspitzen. Zwar hatte die Schweiz zunächst eine wohlwollende Neutralität bewahrt, doch die Entwicklung, die erstmals im »Anschluß« Österreichs an das nationalsozialistische Deutschland gipfelt, zwingt sie sukzessive zur ideologischen Abgrenzung, später, nach dem Fehlschlagen der Appeasement-Politik der Westmächte, zur prekären Gratwanderung kleinstaatlicher Defensivität.

Von einer Stellungnahme des Heranwachsenden zu diesen Vorgängen ist nichts bekannt. Friedrich Dürrenmatt, der zunächst auf zweieinhalb Jahre das Berner Freie Gymnasium besucht, sich dort allerdings nicht wohl fühlt, wird 1937 auf das Humboldtianum umgeschult. Hier besteht er 1941 die Maturitätsprüfung. Noch während der Schulzeit schwankt er zwischen dem vom Vater angeratenen philosphischen Studium und der Malerei als Beruf. Dürrenmatt war nie ein guter Schüler; er hatte »[...] immer Schwierigkeiten in der Schule.« (E 24; 16) In einem späteren Gespräch bezeichnet er einmal die Schulzeit als die »übelste« seines Lebens. Bereits zu dieser Zeit muß er sich mit Texten der Expressionisten befaßt haben, vor allem mit denen Georg Kaisers. Wenig später dürfte dann die Rezeption von Kafkatexten eingesetzt haben. (Dürrenmatt selbst bestreitet übrigens jeden Einfluß Kafkas auf seine frühen Arbeiten [E 25; 9] – der philologische Befund widerspricht indessen seinem Gedächtnis. Hierzu vgl. bes. Kap. VI, S. 145–147) Ebenfalls in die Schulzeit fällt die Lektüre philosophischer Autoren: Schopenhauer und Nietzsche liest Dürrenmatt »mehr wie Romane« (WA 27; 125). Im Jahre 1941 beginnt er sein Studium der Philosophie, der Naturwissenschaften und der Germanistik in Zürich. Dort eignet er sich – in den Vorlesungen Emil Staigers – eine deutliche Abneigung gegenüber der Literaturwissenschaft an, die er nie überwunden hat. Bereits nach einem Semester zieht er nach Bern, wo er seine Studien fortsetzt, u.a. bei Fritz Strich und Emil Ermatinger. Dürrenmatt selbst bezeichnet seine Haltung während der Kriegsjahre als »extrem unpolitisch« (E 24; 18). Schwerpunktmäßig, wenn auch ohne eigentliche Zielrichtung (»Ich war ein ziemlich verbummelter Student«

[WA 27; 125]), studiert er bis 1945 zehn Semester Philosophie, unter anderem bei Richard Herbertz, dem Doktorvater Walter Benjamins (vgl. »Das Haus« in C 21; 115 ff.). Am stärksten beschäftigen ihn Kierkegaard und Platon. Hegel bleibt ihm unverständlich, Heidegger lehnt er ab. Neben den Expressionisten, Kafka und Ernst Jünger setzt er sich erstmals mit Aristophanes und den Tragödiendichtern der Antike auseinander. Auch die Spuren des Einflusses von Wedekind, Karl Kraus und Fontane reichen in die Studienjahre zurück. Vaihinger, Eddington, Kant und vor allem Karl Popper gewinnen erst später Bedeutung für Dürrenmatt. Seiner eigenen Angabe einer geplanten Dissertation mit dem Titel ›Kierkegaard und das Tragische‹ wird man nicht zuviel Gewicht beimessen, datieren doch die ersten literarischen Versuche bereits ins Jahr 1943. Der Entschluß gegen eine akademische Karriere und für die Schriftstellerei muß etwa gleichzeitig gefallen sein.

Dem ersten, erst 1980 in der »Werkausgabe« als »Untergang und neues Leben« veröffentlichten Stück »Komödie« (1943), das stark Kafka, Kaiser und dem expressionistischen Wandlungsdrama verpflichtet ist, folgen die frühen Erzähltexte, die der gleichen Tradition verhaftet bleiben. Eine Auswahl wird erst 1952 in der Sammlung »Die Stadt« greifbar. Die Erzählung »Der Alte« ist Dürrenmatts erste Publikation. Von 1945 bis zum März 1946 – vor seiner Übersiedlung nach Basel im Winter 1946 – schreibt Dürrenmatt an seinem ersten veröffentlichten Bühnenstück »Es steht geschrieben«. Es wird 1947 uraufgeführt. Im gleichen Jahr heiratet der Autor die Schauspielerin Lotti Geißler, die er 1946 in Bern kennengelernt hatte. Das Ehepaar zieht nach Ligerz am Bieler See, wo es von 1949 bis 1952 in der »Festi« lebt. Ihm werden drei Kinder geboren – Peter, Barbara und Ruth. Die ersten Jahre der Tätigkeit als freier Schriftsteller stehen im Zeichen bedrohlicher finanzieller Unsicherheit. Sie umfassen die erste Schaffensphase der Zeit von 1943 bis 1951. (Die im folgenden gebrauchte Einteilung in *fünf Schaffensphasen* – 2. Phase: 1952 bis 1966; 3. Phase: 1967 bis 1972; 4. Phase: 1973 bis 1980; 5. Phase (späte Texte): 1981 bis 1990 – wird werkgeschichtlich in den nachstehenden Kapiteln im einzelnen belegt.) 1949 entsteht das Stück »Turmbau zu Babel«, das vom Autor vernichtet wird. Dürrenmatt verfaßt im Auftrag von Walter Lesch, dem Leiter des Basler ›Cabaret Cornichon‹, drei Sketchs und ein Chanson [»Die Amtssprache«, »Der Erfinder« (WA 17; 136 ff.); »Der Gerettete« (WA 17; 127 ff.) und »Politik«] für die Kabarettvorstellungen. Möchte

5

man den Zeitpunkt des Beginns einer intensiven Auseinandersetzung mit tagespolitischen Fragen exakt festlegen, so bieten
sich die gelungenen Kabarett-Texte als frühe Prototypen der
späteren Komödien an. Sie treffen auf den weltpolitischen Hintergrund des beginnenden atomaren Wettrüstens, der ideologischen Polarisierung von West und Ost im Zuge des Marshall-
plans und der Rollback-Strategie, die dann zum Kalten Krieg
gedieh, der Berlinblockade und der Gründung der beiden deutschen Staaten. Die Reaktion der Schweiz – verstärkter Isolatio-
nismus und pointiertes Abrücken von den jeweiligen Lagern,
zugleich aber ein militanter Antikommunismus – bestimmt von
Anfang an den Skeptizismus des zeitpolitischen Engagements
Dürrenmatts. Die »Sätze für Zeitgenossen« (1947/48) sind Ausdruck seiner Position dieser Jahre, die dann in die literarische
Produktion bis mindestens zur Entstehung der »Physiker«
(1961) hineinwirkt: »Es gibt jetzt nichts Billigeres als den Pessimismus und nicht leicht etwas Fahrlässigeres als den Optimis-
mus.« (WA 28; 12) Schon hier werden die Grundlagen des späteren ›ideologiefeindlichen‹ Engagements sichtbar, das sich sorg-
sam zwischen der westlichen und der östlichen Front
einpendelt, dessen Erkenntnis aber »Der Neubeginn blieb aus«
(WA 27; 130) als politische Einsicht zu deuten ist, die sich keineswegs ahistorisch im luftleeren Raum ansiedelt.

Bereits 1952 sind die härtesten Jahre überwunden, zunächst
dank der Unterstützung durch Mäzene und Stiftungen, dann
durch Aufträge der Medien, die ein geregeltes Einkommen sichern. Für sein Wiedertäuferstück hatte der Autor bereits den
Preis des Gemeinderats der Stadt Bern erhalten – unter den
Juroren befand sich der Freund Walter Lesch –, weitere Preise
und Auszeichnungen folgen. Mit dem Beginn des schweizer
Wirtschaftswunders gelingt Dürrenmatt der langsame Durchbruch zum Brotberuf. Die Familie erwirbt ein Haus in Neuchâtel, das Dürrenmatt bis zu seinem Tod bewohnt. Auch ein
Stammverlag findet sich Anfang der fünfziger Jahre: der Verlag
der Arche unter Peter Schifferlis Leitung. Ein erster Hörspiel-
versuch (»Der Doppelgänger« [1946]) war zunächst von Studio
Bern abgelehnt worden. Hörspielaufträge der deutschen Rundfunkanstalten dienen dann als Anstoß für die Produktion von
sieben weiteren Funkspieltexten während der Jahre von 1951
bis 1956. Als Experimentierfeld des Bühnenautors verdienen
die Funkspiele besondere Beachtung, teils als Vorwegnahme,
teils als Gegenentwurf zu den Stücken. Für »Die Panne« (1956)
erhält Dürrenmatt 1956 den deutschen Hörspielpreis der

Kriegsblinden. Das letzte Funkspiel »Abendstunde im Spätherbst« (1956) wird 1958 mit dem Prix d'Italia ausgezeichnet. Gleichzeitig mit der Hörspielproduktion beginnt Dürrenmatt, Detektivromane zu schreiben. Die beiden ersten Texte – »Der Richter und sein Henker« (1950/51) und »Der Verdacht« (1951/52) – erscheinen in Fortsetzungen im ›Schweizerischen Beobachter‹ und sichern dem Autor schnell ein beträchtliches Leserpublikum. Auch sie, wie die übrige Erzählprosa der fünfziger Jahre, sind vom größeren Kontext der werkgeschichtlichen Entwicklung nicht abzulösen und in ihrer wechselseitigen Beeinflussung gegenüber dem Bühnenwerk keineswegs zu unterschätzen.

In die beginnenden fünfziger Jahre fallen auch die ersten theoretischen Stellungnahmen zum Theater. Sie markieren den Beginn einer lebenslangen Auseinandersetzung mit dem Medium der Bühne, die ab 1954 (erste Eigeninszenierung des Autors: »Die Ehe des Herrn Mississippi« in Bern) durch praktische Theaterarbeit erweitert und vertieft wird. Dieser direkte Bezug zur Bühne prägt nicht nur den Charakter der Stücke entscheidend, er bestimmt darüber hinaus die Entwicklung des Autors und seine Ansätze der gesellschaftlichen Theoriebildung. Dürrenmatts Dramaturgie, die er erstmals in den »Theaterproblemen« (1954) gesellschaftlich begründet, wirkt derart unmittelbar auf seine Aussagen zur Gesellschaft – vor allem die späteren Essays und Reden –, so daß jene häufig nur unter dem Aspekt ihrer dramaturgischen Grundkonzeptionen schlüssig werden.

Die zweite Schaffensphase der Jahre 1952 bis 1966 steht unter dem Zeichen intensiver Bühnenproduktion. Aus den beiden Erstlingsstücken »Es steht geschrieben« und »Der Blinde« (1948), die ohne Erfolg uraufgeführt und vom Autor bereits 1949 für jede weitere Aufführung gesperrt wurden, hat Dürrenmatt die nötigen Lehren gezogen. Sein drittes Stück, »Romulus der Große« (1948), nimmt in entscheidenden Teilaspekten die spätere Komödientheorie vorweg. In seinem Verzicht auf die noch stark dem Expressionismus verpflichtete Reihungstechnik des Erstlings und die thesenhafte Anlage des »Blinden« und in seiner betont antiillusionistischen Konzeption steht es der Dramaturgie Wilders von allen Stücken Dürrenmatts vielleicht am nächsten. Den Beginn einer Auseinandersetzung mit Brecht und zugleich die Hinwendung zu zeitgenössischen, gesellschaftsbezogenen Stoffen belegt dann »Die Ehe des Herrn Mississippi« (1950), ein komödiantisch karikierter Totentanz der derzeit herrschenden Ideologien. Mit diesem Text begründet

Dürrenmatt seinen Erfolg auf den Bühnen der Bundesrepublik. Wie sein Landsmann Max Frisch findet er dort ein Vakuum vor, das die Theaterszene der Jahre der Währungsreform und des Wiederaufbaus kennzeichnet: Nach den Stücken der ersten Generation der heimgekehrten Bühnenautoren, für die Brecht, Borchert und Zuckmayer standen, sollte mehr als ein Jahrzehnt vergehen, bis ein nennenswerter Fundus ›neuer‹ deutschsprachiger Theaterstücke sich herausgebildet hatte.

Der Durchbruch zur Weltgeltung als Bühnenautor gelingt Dürrenmatt mit seiner »tragischen Komödie« der Hochkonjunktur: dem »Besuch der alten Dame« (1955). In der gelungenen Verbindung einer Ableitung gesellschaftlicher Befunde – hier das Resultat seiner Brecht-Rezeption – mit dem »Modell« der Komödie, das über Elemente der umgebenden Realität, nachdem sie einmal Bestandteil des Spielkontexts wurden, freizügig verfügen kann, vervollkommnet Dürrenmatt die in »Romulus der Große« und »Die Ehe des Herrn Mississippi« erprobte Form einer parteilos-engagierten Dramaturgie, die für ihn bis in die vierte Schaffensphase verbindlich bleiben wird. Charakteristisch für die nun voll entwickelte Ästhetik ist eine Komödienstruktur, die sich, im Gegensatz zum herkömmlichen Lustspiel, nicht auf das Einverständnis des Rezipienten verläßt, sondern jenen mit überraschenden Wendungen düpiert und ihn beständig durch den Einsatz grotesker Stil- und Darstellungsmittel sowohl befremdet als auch in Atem hält. Nicht umsonst hat Dürrenmatt in der schon 1952 veröffentlichten »Anmerkung zur Komödie« das Groteske als »[...] eine der großen Möglichkeiten, genau zu sein« (WA 24; 25) bezeichnet und es unter die dramaturgischen Waffen des »Moralisten« gerechnet. Noch arbeitet er im »Besuch« mit der gezielten Illusionszerstörung bzw. -aufhebung Wilderscher Provenienz wie mit den Mitteln der epischen Bühne, ohne allerdings Lehrstückcharakter anzustreben. Das Stück wird zum Erfolg der Theatersaisons 1956 und 1957 und geht über fast alle Bühnen der westlichen und nicht wenige der östlichen Welt.

Auch Film und Fernsehen adaptieren Dürrenmatts Stücke. Das Hörspiel »Die Panne« wird 1957 als Fernsehspiel bearbeitet. Als Gegenentwurf zum Drehbuch »Es geschah am hellichten Tag« (1958) entsteht im gleichen Jahr der Roman »Das Versprechen«. »Die Ehe des Herrn Mississippi« wird 1961 verfilmt. Eine Filmversion von »Der Besuch der alten Dame« wird 1963/64 gedreht, nachdem das Stück in der von Maurice Valency übersetzten und bearbeiteten Broadwayinszenierung schon 1958 seinem Autor den New Yorker Kritikerpreis eingetragen hatte. Wie eine Reihe anderer Dürrenmatt-Texte ist auch »Der Besuch der alten Dame« vertont worden. Aufschluß über die jeweiligen Bearbeitungen geben die nachstehenden Kapitel der Darstellung des Werks.

Mit den öffentlichen Ehrungen – am 9. 11. 1959 erhält Dürrenmatt den Mannheimer Schillerpreis, am 4. 12. 1960 dann den Großen Preis der Schweizerischen Schillerstiftung in Zürich – vertieft sich zugleich das gesellschaftskritische Engagement. Deutliche Kritik an seiner schweizer Heimat hatten bereits die Funkspiele, insbesondere »Herkules und der Stall des Augias« (1954), am schärfsten »Stranitzky und der Nationalheld« (1952) geleistet. Mit dem »Besuch der alten Dame« spitzt sich diese Kritik zur moralischen Anklage des kapitalistischen Systems zu. Später folgen dann: »Die Heimat im Plakat. Ein Buch für Schweizer Kinder« (1963) und das Kabarettstück »Die Hochzeit der Helvetia mit dem Merkur« des gleichen Jahres. Ein Vers aus dem unveröffentlichten Text lautet: »Schweizervolk kannst glücklich sein, du gingst aus der Geschichte in die Geschäfte ein.« – Will man diese Kritik in eine Formel fassen, so bietet sich das Aperçu der militanten Neutralität an. Abgesehen von einer deutlichen Radikalisierung der antibürgerlichen Stoßrichtung, wie sie vor allem dann die dritte Arbeitsphase der Jahre von 1967 bis 1972 kennzeichnen wird, hat sich diese Position zumindest bis Anfang der achtziger Jahre nicht grundsätzlich geändert. Der für Dürrenmatt spezifische Zug, den er bereits in den »Theaterproblemen« zum Ausgangspunkt seiner gesellschaftlichen Begründung der Komödie erhebt, ist ein tiefgehender Geschichtspessimismus, der – wenn überhaupt – wenig Raum für eine Verbesserung der bestehenden Verhältnisse läßt. Hierin unterscheidet sich Dürrenmatt von anderen Autoren seiner Generation und seines Umkreises, nicht zuletzt auch von Frisch. Engagement bedeutet für ihn in erster Linie Emanzipation zum Erkennen, zum Protest: »Ich glaube, man kann sich mit keiner Gesellschaft, die existierte, existiert und existieren wird, vollständig identisch erklären, sondern wird gegen sie immer auf irgendeine Weise Stellung beziehen müssen. Die Opposition ist Sache der Dichtkunst, und Opposition braucht die Menschheit, weil es nur im Dialog mit anderen Menschen ein Weiterentwickeln der Dinge, der Gedanken gibt.« (E 20; 40)

Überall dort, wo sich Dürrenmatt über eine allgemein emanzipatorische Strategie seiner Texte hinaus um die Vermittlung einer Lehre (im Sinne der in gesellschaftliche Praxis umsetzbaren Einsicht) bemüht, überschreitet er formal die vorgegebenen

Grenzen seiner Dramaturgie. Dies betrifft vor allem »Frank der Fünfte«, die »Oper einer Privatbank«, die 1958 aus der Zusammenarbeit mit dem Operettenkomponisten Paul Burkhard hervorgeht und die – mit »Ein Engel kommt nach Babylon« (1953) – formal am unmittelbarsten von allen Stücken in die Umgebung Brechts verweist. Doch indem Dürrenmatt der Literatur die Möglichkeit abspricht, gesellschaftliche Entwicklungen und Prozesse wissenschaftlich freizulegen (am schärfsten hat er dies in den »Theaterproblemen« bestritten), indem er darüber hinaus der Geschichte selbst jede Linearität abspricht und sie als Sequenz von Zufälligkeiten, bestenfalls isolierten Kausalitäten ansieht, stellt er sich in direkten Gegensatz zur Dramaturgie Brechts, auch wenn er deren Mittel angelegentlich gebraucht. In seiner Schillerpreisrede aus dem Jahre 1959 führt er diese Auseinandersetzung mit Brecht fort und distanziert sich selbst programmatisch von einer Dramaturgie, die einen gesellschaftlichen Veränderungsanspruch repräsentiert. Trotzdem versucht er noch einmal, in der Bühnenfassung von »Herkules und der Stall des Augias« (1962), ein kabarettistisches Lehrstück zu verwirklichen, allerdings ohne viel Erfolg. – Mit »Die Physiker« erreicht Dürrenmatt die totale Absage an das Illusionstheater und zugleich die Verwirklichung einer *Dramaturgie der Antizipation*, des geschlossenen Gegenentwurfs zur umgebenden Wirklichkeit. Das Stück wird zum Theatererfolg der Saison 1962/63. Es erzielt allein in dieser Zeitspanne 1598 Aufführungen an deutschsprachigen Bühnen und liegt damit weit vor Frischs »Andorra«, dem zweiten Erfolgsstück der Spielzeit, das es auf 934 Aufführungen bringt. Mit »Der Meteor« (1964/65) und »Die Wiedertäufer« (1966), der komödiantischen Neufassung des Erstlings »Es steht geschrieben«, festigt Dürrenmatt seine internationale Anerkennung als einer der bedeutendsten Bühnenautoren deutscher Sprache nach Brecht.

Schon während der zweiten Schaffensphase bis hin zum Jahr 1975 unternimmt der Autor ausgedehnte Reisen. Nach einer Rundreise durch die Vereinigten Staaten, deren Fazit in Form des Vortrags »Amerikanisches und europäisches Drama« (1960) zu einer ersten abgrenzenden Stellungnahme gerät, verstärkt sich der publizistische Niederschlag der Reisen. Der Bericht »Meine Rußlandreise« (1964) schildert die Eindrücke einer Fahrt durch die Sowjetunion im gleichen Jahr, während der Dürrenmatt neben Moskau und Leningrad auch Armenien, Georgien und die Ukraine besucht. Den Anstoß zu dieser Reise bildete die Einladung der Gesellschaft Schweiz-Sowjetunion zur

Feier des 150. Geburtstags von Taras Schewtschenko. Die für eine Schewtschenko-Feier in Kiew vorgesehene Rede wird allerdings »verhindert«. Dürrenmatt veröffentlicht sie dann in der ›Schweizer Illustrierten‹ (13. 7. 1964). Sein Resümee der Reise besteht in erneuter Ablehnung des Marximus als »geistige Macht«, als lebensfähige Doktrin und damit plausible Alternative. In den »Sätze[n] aus Amerika« (1970) schlagen sich die Erfahrungen einer Fahrt in die Vereinigten Staaten, nach Mexiko und Puerto Rico nieder, die der Autor vom November 1969 bis zum Januar 1970 anläßlich der Verleihung der Ehrendoktorwürde der Temple University in Philadelphia unternimmt. Später folgen Ehrenpromotionen in Jerusalem und Nizza (beide 1977). Die Reiseeindrücke aus Israel haben teilweise Eingang in den Israel-Essay gefunden.

Im Zuge eines erwachenden politischen Bewußtseins während der Studentenbewegung nimmt in der dritten Schaffensphase der Jahre von 1967 bis 1972 die publizistische und essayistische Produktion deutlich zu. Ein Interview anläßlich des schweizer Nationalfeiertags am 1. 8. 1966 wird zum Anlaß verschärfter Kritik an der Schweiz, die in ihrem Bürokratismus und in ihrer Obrigkeitshörigkeit als »Angsthase Europas« ironisiert wird. Mit der Rede »Varlin schweigt« (1967) greift Dürrenmatt verspätet und wenig überzeugend in den Züricher Literaturstreit ein. Er argumentiert jedoch nicht politisch, wie dies manche seiner Vorredner vom Dezember 1966 bis zum März 1967 getan hatten, sondern kulturkritisch, indem er einmal die »heile Welt« der Klassiker angreift, zum anderen aber auf eine Freiheit der Kunst gegenüber der Gesellschaft pocht, die bei genauerer Betrachtung hinter die gesellschaftskritischen Positionen seiner eigenen Texte zurückfällt. Die Rede verrät wohlmeinendes Engagement, allerdings auch gedankliche Inkonsequenz, eine Tendenz zur verflachenden Verallgemeinerung, zum verwässernden Aperçu, wie sie sich an der nun einsetzenden Essayproduktion hier und dort belegen läßt. Es folgen, noch 1967, die Rede »Israels Lebensrecht« im Züricher Schauspielhaus und der im Folgejahr zunächst als Rede vor Mainzer Studenten gehaltene »Monstervortrag über Gerechtigkeit und Recht«, der dann 1969 mit dem Untertitel »Eine kleine Dramaturgie der Politik« im Druck vorliegt. Ferner der Essay »Tschechoslowakei 1968« und eine Reihe kritischer Stellungnahmen zum Kulturbetrieb, insbesondere der Schweiz: »Zwei Dramaturgien« (1968), »Für eine neue Kulturpolitik« (1969), »Ich bin Schweizer« (1969) u.a. Die Verleihung des Großen

Literaturpreises der Stadt Bern im Oktober 1969 gerät zum Skandal: Dürrenmatt distanziert sich in seiner Rede »Über Kulturpolitik« vom Kulturbetrieb der Schweiz und verteilt den mit 15 000 Franken dotierten Preis zu je einem Drittel an den Schriftsteller Sergius Golowin, den Journalisten Ignaz Vogel und den Berner Großrat Arthur Villard. In einer nochmaligen Standortbestimmung legt er seine *Dramaturgie des kritischen Theaters* auf dem schmalen Grat zwischen »Wissenschaft« und »Kritik« fest und siedelt sie ausdrücklich im Vorfeld der Politik an (vgl. hierzu unten S.108f.). Seinen geistigen Höhepunkt erreicht das Essaywerk mit dem 1976 veröffentlichten Essay über Israel, »Zusammenhänge«.

Zugleich mit der Verschärfung der zeitgenössischen Parteinahme und der dramaturgischen Konzeption politischer Modelle setzt eine Phase der praktischen Bühnenarbeit ein. Immer häufiger versucht sich Dürrenmatt an (selbstkritischen) Bearbeitungen früherer Texte. Hier ist indessen zu differenzieren zwischen Neufassungen, die aus einer modifizierten Auffassung dramaturgischer Fragen resultieren – das betrifft im allgemeinen die Bearbeitungen früherer Stücke bis hin zu »Die Wiedertäufer« und »Mississippi 1970« – und Bearbeitungen, deren Ziel die Aktualisierung eines Bühnentexts ist. Letzteres kann für die Shakespeare- und Strindberg-Bearbeitungen sowie die Goethe- und Büchner-Inszenierungen der Jahre von 1968 bis 1972 gelten. Im Herbst 1968 entscheidet sich Dürrenmatt – wenn auch vorübergehend – hauptberuflich für die praktische Theaterarbeit. Er tritt als künstlerischer Berater und Mitglied der Direktion den Basler Bühnen bei. Die Zusammenarbeit mit dem Regisseur Werner Düggelin dauert indessen gerade ein Jahr. In dieser Zeit entstehen die Bearbeitungen von Shakespeares »König Johann« (1968) und Strindbergs »Totentanz« (1968/69), die in jeder Hinsicht als vollwertige Dürrenmattsche Stücke anzusehen sind. In ihrem spezifischen Verhältnis zur literarischen Tradition und in der jeweiligen Aktualisierung der gesellschaftlich-politischen Stoßrichtung müssen sie, deutlicher als dies bislang geschah, im Zuge der Politisierung der Dürrenmattschen Dramaturgie seit 1967 und eines gewandelten Literaturbegriffs, wie er der allgemeinen Politisierung der späten sechziger Jahre in Westeuropa entspricht, gesehen werden. Zugleich zeichnet sich der Beginn einer Modifizierung des Komödienkonzepts ab, die sich dann sowohl im Experiment »Porträt eines Planeten« (1967–70) als auch in den beiden folgenden Stücken niederschlägt.

Im Oktober 1969 zieht sich der Autor, nachdem er schon im Frühjahr schwer erkrankt war, aus der Direktion der Basler Bühnen zurück. Der Bruch mit Düggelin gelangt an die Öffentlichkeit, und Dürrenmatt bedient sich der Presse, um seine Haltung ins rechte Licht zu rücken. Im Mai 1970 tritt er dann dem Verwaltungsrat der Neuen Schauspiel AG in Zürich und der Leitung des Schauspielhauses als künstlerischer Berater des Intendanten Harry Buckwitz bei. Er inszeniert dort seine Bearbeitung des »Urfaust«. Im gleichen Jahr führt er Regie bei der Düsseldorfer Uraufführung seiner Adaption von Shakespeares »Titus Andronicus«. Ebenfalls in Düsseldorf wird nach vier Jahren wieder ein neues Stück uraufgeführt: das Endzeitszenarium »Porträt eines Planeten«, das deutlich absurdistische Züge trägt. Weder die Düsseldorfer Bearbeitungen noch die 1971 veröffentlichte Erzählung »Der Sturz« noch eine 1972 aufgeführte Züricher Inszenierung von Büchners »Woyzeck« finden den Beifall von Kritik und Publikum. Im Frühjahr 1972 verläßt Dürrenmatt dann die Neue Schauspiel AG, nachdem er in einem aufsehenerregenden, von Hans Habe angestrengten Gerichtsverfahren der Ehrverletzung gegenüber dem Kläger schuldig befunden worden war. Auch seine publizistische Tätigkeit als Mitherausgeber des Züricher ›Sonntags-Journals‹, in dem er verschiedentlich an die Öffentlichkeit getreten war, umspannt nur die Jahre von 1969 bis 1971. – »Play Strindberg« ist sein letztes Erfolgsstück geblieben. Das »Porträt« erringt bestenfalls einen Achtungserfolg, und die 1973 in Zürich uraufgeführte Komödie »Der Mitmacher« stößt auf die einhellige Ablehnung von Kritik und Publikum. Das Stück wird erst 1976 veröffentlicht, zusammen mit einer ausführlichen dramaturgischen Standortbestimmung, einer breit ausladenden sprachtheoretischen Untersuchung, in der sich der Autor wie im späteren Essaywerk ausdrücklich auf naturwissenschaftliche Denkprozesse beruft. Während der 1973 einsetzenden vierten Schaffensphase gelangt 1977 die Komödie »Die Frist« zur Uraufführung in Zürich. Die Reaktionen von Kritik und Publikum sind bestenfalls verhalten. Auf die Gründe dieser negativen Rezeption der neueren dramaturgischen Versuche wird unten im einzelnen einzugehen sein. Der praktischen Bühnenarbeit als Spielleiter bleibt der Autor auch weiterhin verpflichtet. Teilweise aufsehenerregende Wiederaufführungen älterer Stücke führen zur erneuten Auseinandersetzung mit dem Text und seiner Realisierung auf der Bühne. Ein Beispiel liefert etwa die Wiener Inszenierung des »Meteor« vom Herbst 1978, in der Dürrenmatt den Schluß des Stückes zur ausgesprochenen Provokation zuspitzt.

Am 6. 3. 1977 wird Dürrenmatt in Frankfurt die Buber-Rosenzweig-Medaille verliehen. Seine zu diesem Anlaß gehaltene Rede »Über Toleranz« schließt gedanklich an den Israel-Essay an und rekapituliert die früher entfaltete Dramaturgie der Politik nun auf der Grundlage einer breiter angelegten Geschichtskonzeption. Darüber hinaus vermittelt sie Aufschluß über die philosophischen Grundlagen des Autors, vor allem über die neueren Bezüge zum naturwissenschaftlichen Denken. Auch auf dem Gebiet der nach eigener Maßgabe bloß als Liebhaberei betriebenen bildenden Kunst hat Dürrenmatt von sich reden gemacht. Mit Überraschung registrierte man das öffentliche Auftreten des Malers, hatte dieser immerhin in einem Autorengespräch des Jahres 1976 diese Möglichkeit weit von sich gewiesen: »Ich will es nicht. Ich will ja nicht auch noch als Maler auftreten.« (E 24; 36) Noch im gleichen Jahr erfolgt eine erste Ausstellung der Zeichnungen und Gemälde im Hôtel du Rocher in Neuchâtel. 1978 veranstaltet die Züricher Galerie Daniel Keel eine größere Ausstellung, als deren Resultat ebenfalls 1978 der Band »Bilder und Zeichnungen« veröffentlicht wird. Die Sammlung gibt erstmals auf breiterer Basis Einblick in das Schaffen des Freizeitmalers und -zeichners. Bislang lagen nur Randskizzen und einige verstreute Arbeiten in Einzelausgaben der Texte vor.

Auffallend ist der oftmals enge Bezug der Bilder zu der literarischen Produktion, sei es als bildhafte Vorwegnahme, als Verdichtung des Szenischen oder als begleitende Umsetzung. So steht, um nur einige Beispiele zu nennen, »Kreuzigung« (F 1; Nr. 1) im direkten Werkkontext der frühen Erzählung »Pilatus«, »Die Welt als Theater« (ibid. Nr. 4) verweist auf die Schlußszene des Stückes »Es steht geschrieben«, die Federzeichnungen »Stranitzky und der Nationalheld« I und II liefern jeweils bildhafte Deutungen des vorangegangenen Funkspiels. Von den zahlreichen Illustrationen der Stücke wird unten noch weiter die Rede sein. Die Motive der Bilder erhellen nicht nur die Ästhetik des Bühnenbildners, sie verweisen darüber hinaus auf die visuellen und vielfach mythischen Wurzeln seines Vorstellungsbereichs. Eindeutig dominieren mythologische, archetypische Situationen, die das Bild darzustellen vermag, wo sie sich der Umsetzung in Sprache stellenweise noch entziehen: Apokalyptisches, Päpste, byzantinische Heilige, Kaiser und Eunuchen, Kannibalen, Labyrinthe und Darstellungen des Minotaurus bevölkern diese Bilderwelt, die bestimmte Sprach- und Bildbereiche der literarischen Produktion gleichsam übersteigert, indem sie sie in der surrealen, ahistorischen Allegorie bannt.

Seitdem sind Dürrenmatts bildnerische Werke mehrfach wieder ausgestellt worden. Die Berner Loeb-Galerie veranstaltet vom

2. 9. bis 16. 10. 1981 eine Ausstellung der Bilder und Zeichnungen. Gleichlaufend mit der Veröffentlichung des »Minotaurus« findet vom September 1985 bis zum Januar 1986 eine Ausstellung »Das zeichnerische Werk« im Musée d'Art et d'Histoire in Neuchâtel statt (vgl. F 2). In der Erker-Galerie in St. Gallen (Sommerausstellung 1991) waren der Lithographien-Zyklus »Selbstgespräch«, ferner Tuschezeichnungen und Skizzenbücher zu sehen.

Versucht man, den bildnerischen Stil Dürrenmatts auf seine Wurzeln hin zu befragen, so fühlt man sich unweigerlich an expressionistische Malerei im Stil von Georges Rouault, Chaim Sotine oder auch Oskar Kokoschka erinnert. Die gelegentlich erschreckende, bizarre Komik vor allem der Zeichnungen deutet in die Nähe von Laurence Stephen Lowry oder des britischen Karikaturisten Ronald Searle (vgl. Whitton K 29; 210), den Dürrenmatt bewunderte (cf. »Über Ronald Searle« WA 26; 151 f.). Unzweifelhaft den stärksten Einfluß zeitgenössischer Malerei übte der 1977 verstorbene schweizer Künstler Jean Varlin (d. i. Willi Guggenheim) – der seinerseits dem Expressionismus verpflichtet war – auf ihn aus (vgl. die Essays zu Varlin in WA 26; 164–182; das Gedicht »An Varlin«, ibid. 183 f.; zu Varlins Tod »Stoffe I–III«, C 16; 45–47; dort auch der Abschnitt »Zeichnen und Malen«, C 16; 33 ff.). Varlin und Dürrenmatt portraitierten sich gegenseitig mehrfach, und Varlins Kolossalgemälde »Heilsarmee«, das eine Wand in Dürrenmatts Neuchâteler Arbeitszimmer füllte, hat diesen nicht nur bildnerisch, sondern auch literarisch inspiriert.

Dürrenmatt selbst merkt hierzu an: »Sie [sc. die Malerei] als ›intellektuelle Aussage‹ darzustellen ist Unsinn. [...] Ich male technisch wie ein Kind, aber ich denke nicht wie ein Kind. [...] Malerei als eine Kunst, ›schöne Bilder‹ zu machen, interessiert mich nicht, ebenso wie mich die Kunst, ›schönes Theater‹ zu machen, nicht interessiert.« (F 1; »Persönliche Anmerkung«). Die »künstlerische Isolation« (E 23; 131), in der sich der Autor seit Beginn der siebziger Jahre zugegebenermaßen befindet, geht einher mit einem immer gespannteren Verhältnis zu Kritik und Publikum. In seinem »Lesebuch« (1978) versammelt der Autor eine Reihe veröffentlichter und unveröffentlichter Texte, darunter auch eine überarbeitete Fassung von »Die Frist«. Hier läßt er seinem Unwillen gegenüber der Kritik gereizt freien Lauf, wenn er vermerkt: »Es ist leichter, ein Stück schlecht zu finden als gut, doch ist es wiederum schwerer, gut zu verurteilen als schlecht, besonders weil meistens die schlechten Urteile für die guten gehalten werden.« (A 8; 142) Es scheint, als ob die literarische Produktion der vierten Schaffensphase Bestandteil einer künstlerischen Neuorientierung sei, eine, in den Worten Dürrenmatts, Reihe von »Sackgassen« (E 24; 44 f.), Standortbestimmung und zugleich Weiterentwicklung. Erst mit dem Anfang der achtziger Jahre, in der fünften und letzten Schaffensphase, wendet sich Dürrenmatt – vom dramatischen Nachzügler »Achterloo« einmal abgesehen – neuen ästhetischen Ausdrucksmöglichkeiten zu. Die späten Texte sind das Produkt einer neuen Experimentierfreude mit diversen fiktionalen Formen.

Dürrenmatts Abschied von der Bühne, der mit dem »Mitmacher«-Fiasko einsetzt, vollzieht sich stufenweise. Vorerst beginnt die Phase der Bearbeitungen und Neufassungen vorhandener Texte für ein jeweils anderes Medium. Hier spiegelt sich des Autors unorthodoxe Überschreitung der Grenzen zwischen den Genres – ein Verfahren, das in der Konzeption der »Stoffe« besondere Bedeutung erhält. Im September 1979 wird in Hanau die Bühnenfassung der Erzählung bzw. des Hörspiels »Die Panne« uraufgeführt. Dürrenmatt selbst führt Regie. Das Stück, dem jegliche didaktische Tendenz zu fehlen scheint, fügt sich in die bizarr-manierierte Dramaturgie vom »Meteor« über »Porträt eines Planeten« bis zur »Frist« ein und gehört somit in eine Entwicklungsreihe, die in »Achterloo« ihren Kulminations- und zugleich Endpunkt finden wird. Der Publikumserfolg ist bescheiden. Auch »Dichterdämmerung«, eine szenische Bearbeitung des Hörspiels »Abendstunde im Spätherbst«, folgt grundsätzlich den gleichen dramaturgischen Prinzipien. Über den wütenden Ausfall gegen Literaturszene und Kritik hinaus hat das Stück wenig zu eröffnen. Der Text war bereits früher für die Bühne modifiziert worden (inszeniert von Rudolf Noelte im November 1959 im Berliner Theater am Kurfürstendamm) und stellt in der Neufassung Dürrenmatts insgesamt schärfsten Angriff auf den zeitgenössischen Kulturbetrieb dar. Auffallend sind die motivischen Parallelen der »Nobelpreisträgerstücke« (vgl. WA 9): des »Meteor«, der »Abendstunde im Spätherbst« und schließlich der im Mai/Juni 1980 entstandenen »Dichterdämmerung«. In seiner »Notiz« zur Erstveröffentlichung hält der Autor wiederum seinen Zorn gegenüber Theater und Kritik keineswegs zurück:

»Dem Autor war es klar, daß er diese Bearbeitung, die Parodie der Literatur, gleichzeitig in eine Parodie des Theaters erweitern müsse. Er legt im weiteren Wert darauf, zu bemerken, daß seine Meinung über die Kritik nicht so freundlich ist wie die, welche in diesem Stück geäußert wird.« (WA 9; 168)

Zum Anlaß seines sechzigsten Geburtstags am 5. Januar 1981 erhält Dürrenmatt den Ehrendoktor der Universität Neuchâtel. Am 10. 1. 1981 findet im Züricher Schauspielhaus ein Festakt statt. Dürrenmatt führt ein (bereits früher veröffentlichtes) Interview mit sich selbst durch, das kurze Eigeninterpretationen seiner Stücke enthält. Nachzulesen ist es unter dem Titel »Dürrenmatt interviewt F. D.« in WA 25; 139–167. Im Frühjahr 1981 veranstaltet die University of Southern California in Los Angeles, die den Autor als »writer in residence« beherbergt, ein internationales Dürrenmatt-Symposium. Fristgemäß erscheint bei Diogenes die »Werkausgabe in dreißig Bänden« (zu den Grundlagen der Edition vgl. Kap. VII, 182 f.). Lobreden und Glückwünsche finden sich allenthalben im Blätterwald des Feuilleton. Der Grundtenor: Dürrenmatt ist nunmehr, nach einem Jahrzehnt der Ablehnung durch Theaterpublikum und Kritik, zum Klassiker der Moderne avanciert. Georg Hensel sieht ihn gar als »Mythos«: »Mit sechzig Jahren ist Dürrenmatt [...] so etwas wie ein Mythos geworden« (P 89; vgl. zu diesem Prozeß ebenfalls Kap. VII). Während der siebziger Jahre hat er sich in den westlichen deutschsprachigen Ländern – mit ständig zunehmenden Riesenauflagen der Texte – als Leseautor stetig weiter behauptet. Derweilen ist der Siegeszug der Bühnenstücke im westlichen und östlichen Ausland unbeirrt und sprunghaft fortgeschritten. Gleichsam als Endmoräne (und sicherlich auch im Zuge des kulturellen »Rückflusses« aus dem sozialistischen Lager) dieser triumphalen Erfolge kommt es dann während der achtziger Jahre noch einmal zu einer Dürrenmatt-Renaissance an den Bühnen des deutschsprachigen Westens: Mitte der Achtziger ist der Autor einmal wieder der meistgespielte Stückeschreiber an den Theatern der Bundesrepublik.

Unterdessen hat Dürrenmatt sich selbst vom Theater abgewandt. Der Spätling »Achterloo« – das sicherlich bizarrste und das wohl am gründlichsten mißlungene seiner Stücke – entsteht unter dem Eindruck der Vorgänge in Polen im Dezember 1981, dem Konflikt also zwischen der Regierung des Generals Wojciech Jaruzelski und der Gewerkschaft Solidarnosc unter Führung von Lech Walesa. Die Uraufführung am 6. 10. 1983 am Züricher Schauspielhaus (Regie: Gerd Heinz) wird, trotz Gelächter und Premierenrummel, zum Mißerfolg. Auch die spätere Premiere von »Achterloo IV« während der Schwetzinger Festspiele 1988, die der Autor selbst inszeniert, findet kaum Anerkennung. Es ist sicherlich das »Achterloo«-Debakel, das

Dürrenmatt endgültig vom Plan eines Sokrates-Dramas abrük-
ken ließ, das er noch in dem Film mit Charlotte Kerr (E 27)
umreißt, und das auf die Erzählung »Der Tod des Sokrates« in
»Turmbau« (C 21) hätte gründen sollen (vgl. in: »Friedrich Dürrenmatt interviewt F.D.« [WA 25; 166]: »mein noch nicht ge-
schriebenes Lieblingsstück *Der Tod des Sokrates*«; ebenfalls:
B 27; 44). Seit 1973 arbeitet er an einem größeren Prosatext, der
ursprünglich ›Stoffe. Geschichte meiner Schriftstellerei‹ heißen
sollte. Das ambitiöse Unternehmen – mehrfach in Interviews
und in der Presse als der Vollendung nah angekündigt – schrei-
tet indessen langsamer fort als gedacht. Der erste Band, »Stoffe I–III«, erscheint 1981. Er enthält drei größere Erzählungen
(»Der Winterkrieg in Tibet«, »Mondfinsternis«, »Der Rebell«),
die jeweils von einem Konglomerat autobiographisch-stoffge-
schichtlicher Skizzen umgeben sind. Eine neuartige Form der
Erzählprosa entsteht hier, die Fiktionalität und Autobiographie
in ein komplexes, dynamisches Wechselverhältnis zueinander
stellt und beiden Komponenten – paradoxerweise gerade durch
die gegenseitige Abhängigkeit – eine originelle Gültigkeit verleiht. Das gleiche Erzählverfahren findet sich dann im zweiten
Band, »Turmbau. Stoffe IV–IX«, der im Herbst 1990 veröffentlicht wird. In »Stoffe I–III« erscheint auch der wichtige, bereits
1972 entstandene Essay »Dramaturgie des Labyrinths«, der für
das Bühnenschaffen seit »Porträt eines Planeten« und »Der Mitmacher« die ästhetischen Grundlagen liefert.

Den »Stoffen I–III« folgen noch die späten Prosatexte »Justiz« (Roman; 1985), »Minotaurus. Eine Ballade« (1985), die
»Novelle in vierundzwanzig Sätzen«, »Der Auftrag« (1986), der
letzte Roman »Durcheinandertal« (1989) und die posthum veröffentlichte Erzählung »Midas oder Die schwarze Leinwand«
(1991), kaum mehr als eine Skizze. Was diesen Texten eignet, ist
einmal ihr experimenteller Charakter: sie sind stellenweise narrative Fingerübungen, stellenweise Anschauungsobjekte über
sich selbst hinauswachsender Erzählerfreude. Mit der wuchern-
den, überladenen und bizarren Dramaturgie der meisten späteren Stücke, die mit dem »Meteor« einsetzt und mit »Achterloo«
endet, verbindet sie aber auch der Zug zur Übersteigerung, zur
manierierten Häufung von Personen, Motiven und Handlungseinheiten. Einem Mangel an sprachlicher Disziplin und gedanklicher Schärfe steht in beiden Genres ein schier unerschöpflicher
Schwall von Worten und stofflichen Details gegenüber. Ein didaktischer Anspruch bzw. eine den frühen Texten vergleichbare, stringente Lehre sind kaum auszumachen. Ob man in

dieser ›Offenheit‹ Dürrenmatts Beitrag zum relativierenden Diskurs der »Postmoderne« erblicken soll, läßt sich freilich nur schwer entscheiden.

Mit dem Ende der siebziger Jahre häufen sich nicht nur die öffentlichen Ehrungen und Anerkennungen, der Autor greift nun abermals verstärkt mit Reden und Essays in die Tagespolitik ein. Auch seinen späteren essayistischen Arbeiten, angefangen mit dem »Monstervortrag über Gerechtigkeit und Recht« und dem bereits in seiner Erstfassung monumentalen Israel-Essay »Zusammenhänge« (dem später [in WA 29; 163–219] noch die äußerst umfangreichen »Nachgedanken« aus dem September/Oktober 1980 beigegeben werden), haftet mehr und mehr ein Hang zum Kolossalen an. Wortreichtum tritt an die Stelle der straffen Argumentation. Auch finden sich breite narrative Einmontagen und anekdotisches Beiwerk zur Genüge: abermals ein Indiz für Dürrenmatts originelle Vermischung herkömmlicher Genres. An polemischer Zuspitzung mangelt es den späten Essays und Vorträgen keineswegs. Schon in der oben erwähnten Rede »Über Toleranz« eskaliert Dürrenmatt seine frühere Kritik am Marxismus. Hier ist es übrigens auch, daß der Autor erstmals einen expliziten Nachweis der genauen Quellen seiner naturwissenschaftlichen Ansätze gibt. Genannt werden, neben Hans Vaihingers »Philosophie des Als-Ob«, Sir Arthur Stanley Eddingtons »The Philosophy of Physical Science« (»Philosophie der Naturwissenschaften«), Alexander Wittenbergs »Vom Denken in Begriffen« und Karl R. Poppers »Objective Knowledge« (»Objektive Erkenntnis«) und »The Open Society and Its Enemies« (»Die offene Gesellschaft und ihre Feinde«; vgl. WA 27; 127. Hierzu auch die Arbeiten von A. M. Wright [L 75] und Joseph A. Federico [O 5]). Gerade in den späten Vorträgen und Essays beruft Dürrenmatt sich wieder und wieder auf bestimmte epistemologische bzw. naturwissenschaftliche Systeme. Tatsache ist jedoch, daß er über die Adaption populärer Grundgedanken kaum hinausgelangt. Diese haben dann gleichsam Versatzstückcharakter in seiner gesellschaftspolitischen Argumentation. Fraglich ist, ob ihr Stellenwert in seinem Denken groß genug ist, um ihnen »a decisive influence« (Federico O 5; 97) auf sein politisches Denken zuzuschreiben. Überhaupt scheint die Bedeutung dieser Ansätze – denn um mehr handelt es sich eben nicht – von der Forschung bei weitem überschätzt.

Polemisch-heiter gibt sich Dürrenmatt in der am 24. 2. 1978 anläßlich des 100. Geburtstags von Albert Einstein an der ETH

Zürich gehaltenen Rede »Albert Einstein«. Prästabilierte Harmonie der Vernunft, auf die Einstein gesetzt hatte, scheint heute überwunden durch die chaotische »Vision einer prästabilierten Explosion« (WA 27; 170), die ihre Gestalt findet in »einem Universum der Weltuntergänge« (ibid. 171). In den »Nachgedanken« des Jahres 1980 zu »Zusammenhänge« nimmt der Autor dann seine Kommunismus-Kritik erneut auf und spitzt sie zum scharfen Angriff gegen sowohl die Sowjetunion als auch ›linkes‹ Denken jedweder Couleur zu. Insgesamt sind die »Nachgedanken« ein kaum strukturiertes, fahriges Konvolut locker aneinander gereihter Gedanken und Impressionen. Als Dokument einer nunmehr vollzogenen weltanschaulichen Wende sind sie freilich von Bedeutung. Politische Alternativen im Sinne des Marxismus, die er zu Zeiten – bei aller Polemik – zumindest bedenkenswert fand, läßt Dürrenmatt hier nicht mehr gelten. Statt dessen bekennt er sich nun zu einem streitbaren, letztlich aber in seinem Falle auch konturenlosen Liberalismus, zu dem ihn das Denken Ralf Dahrendorfs angeregt haben mag (auf Parallelen weist Federico O 5; 92 ff. hin).

Am 16. 1. 1983 stirbt Frau Lotti Dürrenmatt (cf. »Turmbau« C 21; 18). Nur die Arbeit an »Achterloo« trägt den Autor über den Verlust der Lebensgefährtin hinweg. Bei der Züricher Premiere im Oktober 1983 lernt er dann Charlotte Kerr, die Münchner Schauspielerin, Filmemacherin und Regisseurin kennen, mit der gemeinsam »Achterloo III« erarbeitet wird. Dokumentiert ist dieser Schaffensprozeß – er erscheint genauso chaotisch und ziellos wie das Stück selbst – im Band »Rollenspiele« (B 27). Kerr und Dürrenmatt drehen 1984 gemeinsam den vierstündigen Monsterfilm »Porträt eines Planeten« (E 27; Erstsendung am 26. 12. 1984 im SDR III). Am 8. 5. 1984 heiraten sie. In dem Film bezeichnet sich der Autor auf die Frage, ob er Moralist sei, als Diagnostiker. Sein Verdikt über die gegenwärtige Lage der Menschen: »Ich glaube, daß die heutige Menschheit in einer biologischen Krise steckt, daß sie sich in einer gefährlichen Krankheit befindet, aus biologischen Gründen, indem sie so zahlreich geworden ist. Man weiß heute eigentlich alles, wie man überleben könnte. Man hat noch nicht gelernt, es anzuwenden. Die Menschheit ist evolutionär in einen Engpaß geraten.«

Während der letzten Lebensjahre Dürrenmatts häufen sich die öffentlichen Ehrungen. Und unweigerlich ergreift der Autor anläßlich von Preisreden das Wort für die Sache eines aufklärerischen Liberalismus, dem es vordringlich um das Überleben von Menschen in einer menschlichen Welt geht. Nachdem ihm die

Universität Zürich bereits am 29. 4. 1983 den Ehrendoktortitel verliehen hatte, besucht der Autor vom Dezember 1983 bis Januar 1984 Südamerika. Über die Eindrücke dieser Reise ist wenig bekannt. Am 28. 2. 1984 erhält er vom Land Rheinland-Pfalz die Carl-Zuckmayer-Medaille, kurz darauf den Österreichischen Staatspreis für Europäische Literatur 1983. Im November 1984 ist er Gastdozent für Poetik an der Universität Frankfurt. Die am 16. 11. gehaltene Rede trägt den bezeichnenden Titel »Kunst und Wissenschaft oder Platon oder Einfall, Vision und Ende oder die Schwierigkeit einer Anrede oder Anfang und Ende einer Rede« (D 28; 70–95). Als Integrationsort seiner späten künstlerischen Standortbestimmungen ist der Vortrag von einiger Bedeutung. Denn Dürrenmatt reiht sich hier in die Ahnenreihe des »nichtmimetischen« Denkens ein, die von Platon über Kafka zu seinen eigenen Parabeln und Gleichnissen einer labyrinthischen Welt hinführt. Der Begriff der »Vision« taucht hier auf: Vision ist der Anstoß künstlerischer Welterkenntnis und -bewältigung. Im Rekurs auf das Platonische Höhlengleichnis stellt er dann die Brücke her zu seiner eigenen »Dramaturgie des Labyrinths« (C 16; 77–94) bzw. zur narrativen Fiktionalisierung dieses ideologisch-ästhetischen Konzepts im »Winterkrieg in Tibet« (ibid. 95 ff.).

Am 4. 10. 1985 wird der Bayrische Literaturpreis (Jean-Paul-Preis) an Dürrenmatt verliehen. Im November reist er nach Ägypten. Im folgenden Jahr erhält er in Palermo für »Justiz« den Premio Letterario Internazionale Mondello, am 10. 10. 1986 dann in Darmstadt den begehrten Georg-Büchner-Preis der Deutschen Akademie für Sprache und Dichtung. Georg Hensel hält die Laudatio, die – ohne dies im mindesten zu beabsichtigen – die communis opinio zum derzeitigen Stand über den Gefeierten und sein vom Kulturbetrieb vereinnahmtes und weitgehend entschärftes Werk zusammenfaßt (P 120). Dürrenmatts Ansprache wird zur Warnung vor der »praktischen Vernunft« bzw. ihrem »Eroberungszug ins Reich der reinen Vernunft«, der die Menschheit an den Rand der Katastrophe und buchstäblich schon darüber hinaus katapultierte (vgl. P 125). Im November 1986 schließlich findet sich Dürrenmatt in Stuttgart für die Entgegennahme des Schiller-Gedächtnispreises ein. Seine Rede befaßt sich mit der Rolle des Schriftstellers in der verwalteten Welt. Auch hier geht es um die Hoffnung, aufzurütteln, bewußt zu machen inmitten einer fast undurchdringlichen politischen und ökonomischen Verfilzung: »im Wissen um die sinnlose Wirkungslosigkeit meines Tuns, weiterschreibend [...] und erreiche, unwillkürlich, durch einen nie voraussehbaren Zufall einige, indem ich sie nachdenklich stimme oder, was mich auch etwas freut, ärgere« (»Das Theater als moralische Anstalt heute« [P 128]).

In Interviews (vgl. bes. »Das Schwert des Damokles am Drahtseil« [P 130]) setzt Dürrenmatt sich für Abrüstung und weltweite Entspannung ein. Zu den Teilnehmern des Moskauer internationalen Abrüstungsforums unter Leitung von Michail Gorbatschow vom 14. bis 16. 2. 1987 gehören er und Charlotte Kerr. Dort begegnen sich auch Dürrenmatt und Max Frisch – alte Freunde, die einander seit langem meiden – ein letztes Mal. Zwei große politische Reden beschließen das Vermächtnis seiner Zeitgenossenschaft. Am 22. 11. 1990 erhält der Staatspräsident der CSFR, Václav Havel, in Zürich-Rüschlikon den Gottlieb-Duttweiler-Preis. Dürrenmatts Lobrede wird zum Skandal. In ihr bezeichnet er die Schweiz als ein Gefängnis, die freie Marktwirtschaft westlicher Provenienz als brutale, ruinöse Ausbeuterei. Wo liegt nun, zwischen dem Kommunismus, der so offenkundig abgewirtschaftet hat, und dem »Krieg um Absatzmärkte« die Lösung? Dürrenmatt verweist auf die Chance des Subjekts:

»Der Mensch ist mehr irrational als rational, seine Emotionen wirken auf ihn stärker als seine Ratio. Das nützt die Politik aus. Nur so ist der Siegeszug der Ideologien in unserem Jahrhundert zu erklären, das Appellieren an die Vernunft ist wirkungslos, besonders wenn eine totalitäre Ideologie die Maske der Vernunft trägt. Der einzelne muß zwischen dem Menschenunmöglichen und dem Menschenmöglichen unterscheiden. Die Gesellschaft kann nie gerecht, frei, sozial sein, sondern nur gerechter, freier, sozialer werden.« (»Die Schweiz – ein Gefängnis« in: D 29; 21 f.)

Sein letzter öffentlicher Auftritt führt ihn nach Berlin am 25. 11. 1990, wo er die Laudatio auf Michail Gorbatschow zur Verleihung der Otto-Hahn-Friedensmedaille durch die Deutsche Gesellschaft für die Vereinten Nationen hält. Noch einmal bekräftigt Dürrenmatt, in der Würdigung der »furchtlose[n] Vernunft« Gorbatschows, der dieses Jahrhundert so viel verdankt, den eigenen Glauben an die Möglichkeit der kollektiven, rationalen Aktion: »Aber eine furchtlose Vernunft ist das einzige, was uns in der Zukunft zur Verfügung steht, diese möglicherweise zu bestehen, uns, nach der Hoffnung Kants, am eigenen Schopfe aus dem Untergang zu ziehen« (»Die Hoffnung, uns am eigenen Schopfe aus dem Untergang zu ziehen« in: D 29; 48). Was an diesen letzten Stellungnahmen beeindruckt, ist der

Mut, mit dem Dürrenmatt einmal wieder auf die Freiheit und Würde pocht, die dem einzelnen doch noch verbleiben in einer Welt der überlebensgroßen Repressions- und Vernichtungsmechanismen. Bahnt sich hier eine Zurücknahme früherer Positionen – angefangen mit dem heiteren Zynismus der »Theaterprobleme« bis zur schroffen Resignation der »Mitmacher«-Welt – an? Eine Zurücknahme, die erstmals anklingt in der »Minotaurus«-Ballade und ihrem befreienden Schluß? Wir wissen es nicht.

In der Nacht zum 14. 12. 1990 stirbt Friedrich Dürrenmatt in seinem Haus in Neuchâtel an Herzversagen. Sein Werk und seine dokumentierte Zeitgenossenschaft umspannen fünfundvierzig Jahre deutschsprachig-europäischer Nachkriegsgeschichte. Daß zur Feier des siebenhundertjährigen Bestehens der Eidgenossenschaft der Schweizer Nationalrat (gegen den Protest von Charlotte Kerr) hinter verschlossenen Türen des Berner Nationalratssaals am 1. 5. 1991 sein Stück »Herkules und der Stall der Augias« aufführen ließ, ist mehr als ein ironisch-bizarres Nachspiel. Es beweist, daß die Brisanz dieses Œuvres doch noch nicht erschöpft ist.

II. Entwicklungsstufen: Die frühen Texte

Folgt man der oben skizzierten Unterteilung in fünf verschiedene Werkphasen, so wird ersichtlich, daß die erste Phase der Jahre von 1943 bis 1951 noch unentschieden zwischen Erzählprosa und Bühnentexten schwankt. In der zweiten Schaffensphase setzt sich dann die Arbeit für die Bühne durch. Eher am Rande stehen trotz ihrer großen Verbreitung die Detektivromane und die Erzähltexte »Die Panne« und »Grieche sucht Griechin«. Erst 1971, gegen Ende der dritten Werkphase, veröffentlicht Dürrenmatt mit »Der Sturz« wieder einen Erzähltext. Mit dem Anfang der achtziger Jahre – in seiner fünften Werkphase – wendet sich der Autor schließlich wieder voll der Erzählprosa zu. Zu beachten ist, daß die meisten der in den »Stoffen« gesammelten Texte ja älterer Provenienz sind und derart einen fast mühelosen Anschluß der späten Werke an die frühe Erzählprosa ermöglichen (hierzu vgl. unten Kap. VI). Neben der Bühnenproduktion und den Erzähltexten setzt bereits mit Beginn der fünfziger Jahre auch das essayistische Werk ein. Anstoß sind die Theaterkritiken, die Dürrenmatt während der Saison 1951/52 für die ›Weltwoche‹ verfaßt. Bis hin zum Jahr 1967 gelten folglich seine essayistischen Schriften nahezu ohne Ausnahme der Bühne und dem Drama. Danach treten immer deutlicher zeitkritische, politische und gesellschaftliche Themen in den Vordergrund der essayistischen Prosa.

Auf den ersten Blick besehen – und hier scheint man sich weitgehend einig – stehen Dürrenmatts frühe Prosatexte für sich. Es wird jedoch im folgenden zu zeigen sein, daß sie mit den ersten Bühnentexten der späten vierziger Jahre eine, wenn auch keineswegs widerspruchslose, Einheit bilden und daß in ihnen bereits die Grundlagen des späteren Schaffens vorhanden sind. Deshalb wird man künftig von einer stärkeren Werkkontinuität auszugehen haben.

1. Frühe Prosa (1943–1951)

Die Entstehung von Dürrenmatts frühen Prosaarbeiten genau zu datieren ist zumindest bis zum Erscheinen der »Werkausgabe« nicht möglich gewesen. Widersprüchliche Äußerungen des Autors und der Umstand, daß alle Texte, mit Ausnahme von »Der Alte« und »Pilatus«, erheblich später veröffentlicht wurden, erschwerten eine chronologische Ordnung. Aufgrund des Vergleichs der Texte und des vorhandenen autobiographischen bzw. biographischen Materials bietet sich folgende chronologische Gruppierung der Texte an (spätere Mehrfachveröffentlichungen werden nur dann berücksichtigt, wenn sie mit einer Überarbeitung verbunden sind):

a) »Weihnacht«: entst. Weihnachten 1942, veröffentlicht 1952 (A 5; 9).
»Die Wurst«: entst. 1943, veröffentlicht 1978 (A 8; 19–23).
»Der Sohn«: entst. 1943, veröffentlicht 1978 (A 8; 15–18).
»Der Folterknecht«: entst. 1943, veröffentlicht 1952 (A 5; 13–20).
b) »Der Alte«: entst. 1944/45, veröffentlicht 1945.
»Das Bild des Sysiphos«: entst. 1945, veröffentlicht 1952 (A 5; 35–56).
»Der Theaterdirektor«: entst. 1945, veröffentlicht 1952 (A 5; 57–71).
c) »Die Falle«: entst. 1946, veröffentlicht 1950 als »Der Nihilist« und 1952 (A 5; 73–104).
»Pilatus«: entst. 1946, veröffentlicht 1949 und 1952 (A 5; 169–193).
»Die Stadt«: entst. 1947; bearbeitet 1951; veröffentlicht 1952 (A 5; 107–145).
»Der Hund«: entst. 1951, veröffentlicht 1952 (A 5; 23–34).
»Aus den Papieren eines Wärters«: entst. 1952, veröffentlicht 1980 (WA 18; 149–193).

Für sich steht die 1952 publizierte Erzählung »Der Tunnel«; hierzu vgl. unten S. 35 ff. Aus der Aufstellung folgt zum einen, daß die Produktion von kurzer Erzählprosa tatsächlich die gesamte erste Schaffensphase durchzieht; zum zweiten aber, daß die Chronologie ihrer *Veröffentlichungen* – wie Dürrenmatts eigenes Ordnungsprinzip in der Sammlung »Die Stadt« – entstehungsgeschichtliche Spuren eher verwischt als verdeutlicht. Dürrenmatt selbst hat mehrfach diese Texte als »Vorarbeiten« zu den Bühnenstücken bezeichnet und ihre werkgeschichtliche Bedeutung sowohl durch die Angabe relativiert, sie bildeten das »Vorfeld« (WA 18; 197) der Dramen, als auch durch die Betonung ihres Bekenntnischarakters. Doch die Chronologie (1951 waren immerhin schon drei Stücke uraufgeführt worden) wie auch die Verschiedenartigkeit der Prosa verbieten diese rückblickende Vereinfachung. In erster Linie sind die frühen Prosaarbeiten, gemeinsam mit den frühen Dramen, als literarische *Orientierungsversuche* anzusehen, deren Verweischarakter auf das spätere Werk keineswegs zu leugnen ist. Anders gesagt: Sie sind Entwicklungsstufen auf dem Wege von der *subjektiven Erfahrung* von Welt zu ihrer *objektivierenden Vermittlung*.

In Stil und Darstellung sind die ersten Texte ihren expressionistischen Vorbildern deutlich verpflichtet, die der Entstehungs-
gruppe a) häufig bis hin zur Nachahmung. So ist »Der Sohn«
eine ins Grausame gesteigerte Variante des expressionistischen
Generationenkonflikts: die scheinbar sinnlose Brutalisierung
und Vernichtung eines Sohnes durch den Vater. Die parabelar-
tige Erzählung besteht aus einem einzigen, reportagehaften
Satzgebilde. Ähnlich schildert »Die Wurst« ein bizarres Gerichtsverfahren gegen einen Menschen, der seine Frau erschlug
und »verwurstete«. Der letzte Satz der auf Kafka verweisenden
Parabel ist kennzeichnend für die weltanschauliche Herkunft
dieser frühen Prosa: »Die Welt wird ein ungeheures Fragezei-
chen.« (WA 18; 25) Stilistisch gehört »Die Wurst« in den unmittelbaren Umkreis der in »Die Stadt« versammelten Texte. Was
sie von jenen trennt und partiell schon auf den »Tunnel« voraus-
weisen läßt, sind Spuren eines grausamen Humors, der Freude
am grotesk-makabren Bild. Die Gleichsetzung des Ungleichwertigen – der Richter verspeist das Corpus delicti in Form
einer Wurst, zugleich wird eine apokalyptische Vision gezeich-
net – verbindet die Parabel mit dem wenig später entstandenen
Drama »Es steht geschrieben«. Sie scheint ansatzweise bereits
die spätere Komödiendramaturgie vorwegzunehmen. In »Weihnacht« (das deutlich an das Märchen der Großmutter aus Büchners »Woyzeck« erinnert; hierzu vgl. »Rollenspiele«, B 27; 50 f.)
und »Der Folterknecht« scheint sich die philosophische Lektüre
Dürrenmatts erstmals niederzuschlagen, vor allem Schopen-
hauers Pessimismus und Nietzsches Entgötterung des Universums: Daseinsekel, gepaart mit Erkenntnisunsicherheit. »Der
Folterknecht« ist in seiner Umkehrung der Ausgangssituation
von Kafkas »In der Strafkolonie« deutlich dessen Einfluß verpflichtet. Andererseits steht er jedoch in der Tradition des früheren Existenzialismus, von Texten Sartres und Camus', in
denen sich die Hoffnungslosigkeit und der Zerfall aller bestehenden Wertsysteme im Angesicht der universellen Katastrophe spiegelt. Sprache und Bildlichkeit zeigen den prägenden
Einfluß des Expressionismus: »Die Folterkammer ist die Welt.
Die Welt ist Qual. Der Folterknecht ist Gott. Der foltert.«
(WA 18; 19) Sicherlich sind diese Zeilen Zeichen der persönlichen Krisenlage. Dürrenmatt selbst merkt dazu an: »Diese
Prosa ist nicht als ein Versuch zu werten, irgendwelche Geschichten zu erzählen, sondern als ein notwendiger Versuch,
mit sich selbst etwas auszufechten, oder wie ich vielleicht
besser, nachträglich, sage, einen Kampf zu führen, der nur

dann einen Sinn haben kann, wenn man ihn verlor.« (WA 18; 197).

Als »[...] Ausdruck bürgerlicher Ohnmacht und bürgerlichen Entsetzens über den sich in der Nachbarschaft abzeichnenden Niedergang der abendländischen Kultur« (Knopf K 20; 15) ist diese frühe Prosa darüber hinaus ungewollter Niederschlag eben der historischen Situation, in der sich der Autor befindet, und die in Ansätzen auch in »Der Alte« Eingang findet. Dort wird in einer ahistorischen Parabel die Besetzung eines neutralen Landes (= der Schweiz) durch eine feindliche Macht (= das faschistische Deutschland) geschildert. Dürrenmatt biegt jedoch den ansatzweise politischen Konflikt um zur Frage nach dem existenziellen Sinn bzw. Sinnverlust, zu einem »Nihilismus«, den die Titelfigur – ein »Mathematiker« – verkörpert und der zum Untergang beider Systeme führt.

Ähnlich ist in »Das Bild des Sysiphos« die Kraft der Zerstörung – »[...] jener Fanatismus [...], den wir bei Menschen antreffen, die entschlossen sind, ihrer Idee die Welt zu opfern« (WA 18; 47 f.) – nicht als gesellschaftliches Phänomen gedeutet, sondern existenziell und somit als Resultat »[...] einer dunklen Macht, die ihre Wurzel im Bösen selber hatte und daher mit ungebrochener Kraft zu handeln fähig war.« (ibid. 51) »Der Theaterdirektor« setzt sich auf vergleichbare Weise mit dem »wilden Triumph des Bösen« auseinander, am Beispiel einer Führergestalt, deren Siegeszug von der Bühne auf die Welt (= die Stadt) übergreift. Ob sich die Parabel eindeutig auf die Verhältnisse im nationalsozialistischen Deutschland übertragen läßt bzw. der Theaterdirektor als die Verkörperung Hitlers gelten darf (Armin Arnold), sei dahingestellt. Sicher ist, daß er in seinem fanatischen Ernst auf die Gestalt Bockelsons in »Es steht geschrieben« vorausdeutet. Ein möglicher politischer Appell der Parabel ist von vornherein dadurch belastet, daß sie vom Ästhetischen, Schöpferischen ausgeht und jenem das Kalkül, die Gleichschaltung gegenüberstellt: »Diese Absicht führte ihn [sc. den Theaterdirektor] dazu, jedes Zufällige auszuschalten und alles auf das peinlichste zu begründen, so daß die Vorgänge der Bühne unter einem ungeheuerlichen Zwange standen.« (WA 18; 61) Die Gleichungen Kreativität = Freiheit bzw. Reglement = Diktatur gehen indessen nur bedingt auf. Zudem verweisen sowohl die Gleichsetzung von Bühne und Leben als auch das in der Figur des Theaterdirektors verkörperte Schreckbild einer technisierten, enthumanisierten Welt auf den irrationalen Protest der Expressionisten zurück. Werkgeschichtlich gesehen, kündigt sich hier bereits vage die entscheidende Rolle des *Zufalls* an, der sowohl in den theoretischen Schriften zum Theater als auch in der Komödienproduktion das Prinzip der künstlerischen Freiheit verkörpert. Neben der grellen Farbsymbolik entlehnt Dürrenmatt den Expressionisten – man denkt vor allem an Heym, den jungen Becher, aber auch Stadler und van Hoddis – das Bild der Stadt, die Schauplatz der meisten Erzählungen ist und der Sammlung auch ihren Namen gibt. Sie ist als ein »mythisiertes Bern« (Spycher) gedeutet worden, kann darüber hinaus als die topische Verkörperung eines neuen Zeitalters gelten, als Stätte des Verfalls und der Zerstörung traditioneller Werte. In der Stadt begegnet der Erzähler der »Falle« dem »Nihilisten« (so lautet der ursprüngliche Titel der Erzählung) und wird zum Zeugen seines Selbstopfers. In der stark an Kafkas »Schloß« erinnernden Titelgeschichte wird die Stadt zur Metapher eines labyrinthischen Lebens. Nicht nur zu dem Höhlengleichnis Platons besteht ein Bezug, wie der Autor selbst anmerkt (WA 18; 197), der Text ist eine fragmentarische Vorstufe zur später konzipierten Erzählung »Der Tunnel«, in der die gleiche Thematik dann ungleich geschlossener und überzeugender verarbeitet wird.

In die Nähe der »Falle« gehört die Erzählung »Pilatus«, die als einzige einen biblischen Stoff behandelt. Als Gegenstück zur Darstellung Gottes als Folterknecht und als konsequente Weiterführung der die Sammlung wie ein roter Faden durchziehenden Auseinandersetzung mit dem christlichen Gottesglauben – zwischen den Texten liegen vier Jahre – verdient die Parabel Beachtung. Der ideologiekritische Ansatz (Dürrenmatt hat nie ein Hehl aus seiner Ablehnung des organisierten Christentums gemacht) enthüllt sich in der Darstellung eines Gottes, der in voller Bedeutung des Wortes Mensch geworden ist. Pilatus, als er Zeuge der Geißelung Christi wird, zerbricht an der Erkenntnis des Unvereinbaren: »Wie er jedoch diesen Leib sah, der entstellt war und häßlich, wie jeder gefolterte Menschenleib, und wie er dennoch in jeder Wunde und in jeder Schürfung des Fleisches den Gott erkannte, ging er stöhnend in die Nacht [...].« (WA 18; 110) Mit Ausnahme des »Tunnels« ist Dürrenmatts Bearbeitung des Pilatus-Stoffes stilistisch und kompositorisch zweifellos der gelungenste der frühen Prosatexte.

Sowohl in »Pilatus« als auch in »Der Hund«, am deutlichsten dann in der letzten Erzählung dieser ersten Schaffensphase, »Der Tunnel«, kündigt sich die Überwindung des Subjektivismus an, der die frühen Arbeiten prägt. Trotz ihrer ahistori-

schen, philosophisch-weltschmerzlerischen Anlage sind sie
Ausdruck der Zeit und im weiteren Sinne der künstlerischen
Reaktion auf die Katastrophe des Krieges und eines Neube-
ginns, der sich zunächst jeder Orientierung beraubt sieht. In
ihrem Skeptizismus, der Absage an jegliche Religion und Weltanschauung, in der Betonung einer Freiheit, wie sie letzten
Endes nur die Kunst verkörpern kann, schließlich auch im Streben nach einer fast plakativen Bildhaftigkeit des Dargestellten,
sind sie wesentlicher Bestandteil der künstlerischen Entwicklung Dürrenmatts. Als solches rücken sie dem späteren Werk
weitaus näher, als dies bisher angenommen wurde. Man ist der
werkgeschichtlichen Bedeutung dieser Parabeln zumeist nicht
gerecht geworden. Verantwortlich ist hierfür vor allem das
Schwanken zwischen deutlicher Abwertung der Prosa als
»schwarze Literatur« (Bänziger K 1; 146; dort auch das Verdikt:
»Was bleibt? Ein starker Eindruck und die Genugtuung, Dürrenmatt später auf einem anderen Posten antreten zu sehen.«)
und ebenso unproportionaler Überbewertung: »Es ist hier eine
Inständigkeit, ein dichterischer und menschlicher Mut an der
Arbeit, der ungewöhnlich ist im Schrifttum unserer Tage.«
(Brock-Sulzer K 2; 122)

Literatur

Edward Diller: Friedrich Dürrenmatt's ›Weihnachten‹. A Short, Short,
   Revealing Story. In: Studies in Short Fiction 3 (1966) 138–140.
Joachim Bark: Dürrenmatts »Pilatus« und das Etikett des christlichen
   Dichters. In: 13; 53–68.
Emil Weber: Friedrich Dürrenmatt und die Frage nach Gott. Zur theolo-
   gischen Relevanz der frühen Prosa eines merkwürdigen Protestanten.
   Zürich 1980.
ders.: Die Welt der frühen Werke oder vom Einfall des Schrecklichen
   und von der Kunst, sich recht zu ängstigen. In: 18; 23–41.

2. »Es steht geschrieben« (1946)

Ein erstes Bühnenstück, zunächst unter dem Titel »Der Knopf«, später
als »Komödie«, entsteht im gedanklichen Umkreis der frühen Prosa.
Diverse Entwürfe, die bis in die Weihnachtszeit 1942 zurückdatieren,
werden im Sommer 1943 zu einer Erstfassung zusammengezogen. Eine
überarbeitete Neufassung wird dann 1951 in der ›Festi‹ in Ligerz niedergeschrieben und bleibt fast dreißig Jahre Schubladenstück, bis sie 1980
in der »Werkausgabe« veröffentlicht wird. Dort trägt sie den Titel

»Untergang und neues Leben«. In einer »Anmerkung« zur Erstveröffentlichung (WA 1; 293f.) verweist der Autor auf den Einfluß der Züricher Aufführung von Brechts »Der gute Mensch von Sezuan« vom 4. 2. 1943, der sich in den Songs seines Erstlings niedergeschlagen habe. Von diesem Aspekt jedoch abgesehen, scheint das Stück sowohl im Hinblick auf seine Substanz als auch strukturell deutlich expressionistischen Vorbildern von Sorge oder Toller verpflichtet. Die namenlosen, typisierten Figuren (der Soldat, der Gehängte, die Hure, der General etc.) gruppieren sich um einen Protagonisten – der Fremde –, der sie, analog zum expressionistischen Wandlungsdrama, Revue passieren läßt. In vierzehn Stationen läuft das Geschehen ab. Zentralmotiv des strukturell und sprachlich ungelenken Texts ist eine globale Vernichtungsmaschine, die vom General in einem »zyklopischen, vermoosten Saal« (WA 1; 272) verwahrt wird. Der Druck auf den »Knopf« (hier die Anregung für den ursprünglichen, später verworfenen Titel) wird die Menschheit auf allen Kontinenten in ein Vernichtungsfanal stürzen: dies ist eines der Dürrenmattschen Leitmotive, das hier in seiner frühesten Ausprägung nachzuweisen ist. Am Schluß findet tatsächlich die enorme Explosion statt. Der Fremde, von Gewehrsalven getötet, »dahingeschwemmt von den Wassern«, treibt einem neuen Leben entgegen. Und mit ihm, so läßt sich schließen, wird die Menschheit auferstehen dürfen und einen friedlicheren Neubeginn wagen.

In den Entstehungshintergrund des Stückes gehört die im Bann des bildnerischen Expressionismus stehende Federzeichnung »Soldat und gehenkter General« (1943; F 1; Nr. 2). Ohne jeden Zweifel hat auf die Fassung von 1951 auch Wolfgang Borcherts Text »Draußen vor der Tür« eingewirkt, der am 13. 2. 1947 vom NWDR Hamburg als Hörspiel gesendet wurde. Die Uraufführung an den Hamburger Bühnen findet im November 1947 statt. Borcherts Stück liegt bereits im selben Jahr im Druck vor. Die Spuren Borcherts lassen sich bis in den Dialog und bis in die Personenzeichnung von »Untergang und neues Leben« verfolgen, ohne daß dieser Text jedoch an irgendeiner Stelle Niveau und packende Zeitnähe seines Vorbildes erreichte. Dürrenmatts Erstling ist nicht aufgeführt worden. Was an dem mäßigen Text heute noch interessiert, ist einmal seine Parabelform, die die späteren Stücke hier und da vage vorausahnen läßt. Andererseits enthält er bestimmte Motive (Suche nach der eigenen Schuld, Verstümmelung bzw. androide Wesen, globale Vernichtung usw.) in plakativer Form, die im reifen Œuvre dann häufig eine zentrale Funktion übernehmen.

Dürrenmatts erster an der Bühne aufgeführter Text, »Es steht geschrieben. Ein Drama«, entsteht in Bern. Er wird zwischen Juli 1945 und März 1946 niedergeschrieben und am 19. 4. 1947 unter der Regie von Kurt Horwitz im Schauspielhaus Zürich uraufgeführt. Das Drama gerät zum Skandal; 1948 wird vom Autor jede weitere Aufführung untersagt. Dürrenmatt bearbeitet 1966 das Stück, und eine Komödienfassung wird unter dem Titel »Die Wiedertäufer« am 16. 3. 1967 ebenfalls im Züricher Schauspielhaus uraufgeführt (vgl. unten S. 104ff.).

»Es steht geschrieben« entsteht vor dem gleichen werk- und
realgeschichtlichen Hintergrund wie der Großteil der frühen
Prosa und das erste Hörspiel »Der Doppelgänger«, das zunächst von Radio Bern abgelehnt wird (vgl. unten S. 73 f.). Im
Gegensatz zu jenen bearbeitet das Drama einen historischen
Stoff: den Aufstieg und Fall der Sekte der Wiedertäufer (1533–
1536), die im westfälischen Münster ein Königreich gründete –
Abbild des Reiches Gottes auf Erden – und den Schneidergesel-
len Johann Bockelson, auch Johann von Leyden (1509–1536)
genannt, zum König krönte. Die Bewegung endet mit dem Einmarsch der verbündeten katholischen und protestantischen
Landsknechte; ihre Führer werden auf dem Rad hingerichtet. In
seinem Vorwort zur Buchveröffentlichung (1959) betont Dürrenmatt: »[…] es sei nicht meine Absicht gewesen, Geschichte
zu schreiben […] In diesem Sinne mag die Handlung frei erfun-
den sein.« (A 2; 12) Auch seine spätere »Anmerkung II« widerspricht einer Deutung als geschichtliche Analogie: »Daß sich
mir dieser Stoff 1945 aufdrängte, erscheint mir nachträglich
selbstverständlich: das irrationale Phänomen des Dritten
Reichs, sein Untergang spiegeln sich zwar in diesem Stoff wider
[…], was ich aber in Wirklichkeit widerspiegeln wollte, bin ich
nicht so sicher.« (WA 1; 250) Tatsächlich ist das Stück keineswegs als historisches Drama aufzufassen, und eine exakte Be-
stimmung seiner Quellen wäre wenig sinnvoll. Wahrscheinlich
war dem Autor Giacomo Meyerbeers Oper »Le Prophète«
(1849) bekannt, auch die Kenntnis des Romans »Bockelson.
Geschichte eines Massenwahns« (1937) von Friedrich Reck-
Malleczewen und, für die Neubearbeitung, des Schauspiels »Die
Stadt der Besessenen« (1915) von Wilhelm Schmidtbonn liegt
nahe. Dürrenmatt geht es weder um die Darstellung der gesellschaftlichen Bedingungen zur Zeit der Wiedertäuferbewegung
noch um historische Kausalität. Der Einbruch der Wiedertäufer
in die bestehende Ordnung dient als Auslöser, die chaotische
Natur der Geschichte freizulegen. Die dramatische Gestaltung
liefert »Noten und Farben zu einer kuntenbunten Welt, die
gestern genauso war wie heute und morgen.« (A 2; 13; vgl.
auch: WA 1; 248) Bewegendes Moment des historischen Ablaufs
– dies betrifft auch spätere Texte – ist der *Zufall*, den das Stück
zum Spielprinzip erhebt. Indem Geschichte radikal fragmen-
tiert, d. h. jeden Zusammenhangs enthoben wird, gewinnt das
als Modellfall deklarierte Einzelgeschehen zwar an Autonomie,
verliert sie jedoch sogleich wieder, weil ein einsichtiges Bezugs-
feld fehlt. Dabei wird man zögern, den Text als »Parodie« auf

das historische Drama schlechthin zu deuten (Allemann), da die hierin enthaltene Geschichtskonzeption später – in den »Theaterproblemen« – theoretisch begründet wird.

Der Aufbau des Dramas läßt sich als »kontrapunktisch« (Knopf, Böth) bezeichnen: Eine stringente Gliederung fehlt ebenso wie die Einteilung in Akte. An Stelle einer Exposition tritt ein epischer Prolog. Die vierunddreißig Auftritte sind locker chronologisch verbunden und wirken in erster Linie durch ihren situativen Kontrast. Dem Aufstieg Bockelsons kontrastiert der Werdegang des reichen Kaufmannes Bernhard Knipperdollinck, der seine Besitztümer abgibt und, als Symbolfigur des armen Lazarus, von den Belagerern hingerichtet wird. Beide Schicksale treffen sich am Ende, nachdem sie sich in der jeweiligen Aufstiegs- und Fallbewegung überschnitten haben. Der falsche und der wahre Prophet vereinen sich in einem makabren Totentanz auf dem mondbeschienenen Dach. Danach erwartet sie das Rad, und Knipperdollinck findet, kontrapunktisch, in der Schlußszene im Augenblick des größten physischen Schmerzes die Gnade Gottes. Unvermittelt steht das Bacchanal neben dem Untergang, Grausiges neben Belanglosem: das Schafott neben der Zwiebeln anpreisenden Marktfrau, die gleichsam nebenbei ein kurzes Historiogramm der Weltkatastrophen erstellt. Unvermittelt stehen auch die Straßenkehrer, deren Auftritte das Geschehen umrahmen, am Anfang und Ende des Stückes. Der Text zeigt neben den Einflüssen Wilders vor allem die Brechts, auf den der epische Einschlag zurückzuführen ist, und Büchners, dessen »Dantons Tod« den Aufbau sowie die Volksszenen beeinflußt haben dürfte. Die stilisierte, zum ausladenden Gestus und zur Tirade tendierende Sprache sowie die Darstellung der Ausweglosigkeit menschlichen Leidens, die im ganzen trotz der parodistischen Anklänge und gelegentlicher derber Situationskomik noch keineswegs komödiantisch überwunden ist, setzen das Stück zu der frühen Prosa in Bezug. Andererseits stellt sowohl die Funktion des Zufalls – als waltendes Prinzip eines Geschichtskonzepts, wie es diese Szenenreihung prägt – als auch der dramaturgische Effekt einer Gleichzeitigkeit des Ungleichwertigen den Zusammenhang zu den späteren Stücken her. Im Gegensatz zu den Erfolgskomödien jedoch, die durchweg strenger durchkomponiert sind, läßt Dürrenmatt hier noch dem Theatereffekt freien, nahezu willkürlichen Lauf. Erst in letzter Zeit hat man das Stück als Ausdruck des manifesten Geschichtspessimismus seines Autors gesehen, der die Sinnlosigkeit der Geschichte, wie sie sich ihm darstellte, in surrealistischen Tableaus aufzuheben versucht. Als metaphysischer Bezug und Möglichkeit einer individuellen Bewältigung des Chaos bietet sich die Gnade an, auf die sich neben Knipperdollinck auch der greise Bischof Franz von Waldeck beruft. Trotzdem erlaubt der Wortlaut des Stückes nicht, es als »[...] immanente[s] Drama jeglicher christlichen Existenz« (Brock-Sulzer K 2; 19) zu deuten. Die kontrastierende Gegenüberstellung von Glauben und Zweifel fällt eindeutig zugunsten des Zweifels aus.

Literatur

Vgl. auch unten S. 106.
Beda Allemann: Friedrich Dürrenmatt. »Es steht geschrieben«. In: *Benno von Wiese* (Hg.): Das deutsche Drama vom Barock bis zur Gegenwart. Interpretationen II. Düsseldorf ²1968; 420–438.
Marianne Biedermann: Vom Drama zur Komödie. Ein Vergleich des Dramas ›Es steht geschrieben‹ mit der Komödie ›Die Wiedertäufer‹. In: I 2; 73–85.
Wolfgang Böth: Vom religiösen Drama zur politischen Komödie. Friedrich Dürrenmatt ›Die Wiedertäufer‹ und ›Es steht geschrieben‹. Ein Vergleich. Frankfurt a.M. (= Europäische Hochschulschriften I, 276) 1979.
Josef Schmidt: Das Drama ›Es steht geschrieben‹ und die Komödie ›Die Wiedertäufer‹. In I 8; 42–53.

3. »Der Blinde« (1947)

Dürrenmatts zweiter Bühnentext »Der Blinde. Ein Drama« wird im Lauf des Jahres 1947 in Basel niedergeschrieben und am 10. 1. 1948 im Stadttheater Basel unter der Regie von Ernst Ginsberg uraufgeführt. Es finden insgesamt neun Aufführungen des wenig erfolgreichen Dramas in Basel statt. Zwei deutsche Bühnen bringen es zur Aufführung, aber noch 1948 untersagt der Autor die weitere Inszenierung seiner Erstlingsdramen. Die Buchausgabe der beiden frühen Stücke liegt erst 1959 vor.

Stärker noch als »Es steht geschrieben« zeigt das parabolische Thesenstück »von der Situation des Menschen« (Armin Arnold) Ähnlichkeiten mit der frühen Prosa. War diese in die surreale Verfremdung einer plausibel (d.h.: auf der Grundlage gesellschaftlicher Realität) nicht mehr zu vermittelnden Welt ausgewichen, so spielt »Der Blinde« metaphysische Wahrheit gegen empirische Wirklichkeit aus. Abermals wird hier die Auseinandersetzung Dürrenmatts mit Philosophie und Theologie deutlich, die sich vor dem Hintergrund einer historischen Katastrophe an der chaotischen Realität brechen.

Die historischen Bedingungen des Jahres 1947 brauchen nicht eigens beschrieben zu werden. Wichtig jedoch ist der literarische Kontext der frühen Bewältigungsliteratur, auf den das Stück trifft und von dem es sich absetzt. Borcherts Hörspiel »Draußen vor der Tür« war gerade (vgl. oben S. 30) gesendet worden. In ihm zeigt der Autor, noch stark dem Expressionismus verhaftet, daß die Suche nach dem »neuen«, d.h. dem »alten«, unbeschädigten Dasein erfolglos enden muß. Zuckmayers »Des Teufels General« (1946) spielt den historischen Konflikt, den es umreißt, ins mythisch überhöhte Faustische hinüber. (Mit Zuckmayer setzt sich Dürrenmatt wenige Jahre später auseinander; vgl. S. 93). Max Frisch, Dürrenmatts Landsmann, trennt in »Nun singen sie wieder. Versuch eines Requiems« (1945) die Welt in zwei Lager: das der Lebenden, die unverbesserlich bleiben, und das der Toten, denen ein Wandel möglich wäre. Autoren wie Weisenborn oder Hochwälder greifen auf historische bzw. literarische Modelle zurück.

Dürrenmatt verwirft diese Möglichkeiten der Deutung bzw. der Korrektur von Geschichte. Vor dem vage skizzierten Hintergrund des Dreißigjährigen Krieges gestaltet er am Schicksal eines blinden Herzogs in strenger, »aristotelischer« Einheit die Tragödie des Glaubens. Den Herzog, der in die (reale) Blindheit geflohen ist, bewahrt sein Glaube (die metaphysische Sicht) vor der Konfrontation mit einer unerträglichen Wirklichkeit. Deutlich der Verweischarakter des historischen Bezugs: die Trümmerlandschaft der vierziger Jahre des siebzehnten Jahrhunderts soll als Analogon für die zeitgenössische Lage dreihundert Jahre später verstanden werden. Die Parallelisierung ist, wenn auch nirgendwo explizit, in der Intention des Stückes verankert, zumal der Autor bewußt auf historische Konkretisierung weitgehend verzichtet.

Gerade dieser Mangel aber schränkt die Wirkung des Stückes ein. Es geht kaum über die Polarisierung der Position des Herzogs – des »blinden« Glaubens – einerseits und der Schachzüge seiner wirklichen oder vermeintlichen Widersacher andererseits hinaus. Der Dialog ist in seiner Begriffsschwere noch deutlich dem Expressionismus verpflichtet, er wirkt hölzern und steif. Die Sprache tendiert zum Aphorismus, der sich unaufhörlich in der Gegenposition aufhebt: »Ist Gott gerecht oder ungerecht? – Ungerecht, mein Prinz. – Gerecht, Hofdichter: Sonst wäre die Welt keine Hölle.« (WA 1; 188) Oder: »So hat denn der Mensch nichts, weiser Herr? – Er hat seine Blindheit, Einkäufer. – Das ist wenig. – Das ist alles.« (WA 1; 204) – Die Schlußsentenz des Herzogs verweist unmittelbar auf die Erkenntnisunsicherheit, die die frühe Prosa durchzieht, zugleich auch auf die unerschütterliche Hoffnung Knipperdollincks auf dem Rad:

»Was zwischen Mensch und Gott war, ist zerbrochen. Wie Scherben liegt die Größe des Menschen um uns her [...] So haben wir erhalten, was uns zukommt. So sind wir an den Platz zurückgewiesen, den wir einnehmen müssen. So liegen wir zerschmettert im Angesicht Gottes, und so leben wir in seiner Wahrheit.« (WA 1; 242)

Unter veränderten Vorzeichen liefert das Drama die metaphysische Beweisführung für den Schlußaphorismus in der gleichzeitig entstandenen Sammlung »Hingeschriebenes«: »Die Welt ist als Problem beinahe und als Konflikt überhaupt nicht zu lösen.« (WA 27; 13) Man hat das Stück als in hohem Maße theatralisch bezeichnet, da es durch die Vorstellungswelt des Blinden ein Spiel im Spiel inszeniere. Genauer besehen, entgeht ihm allerdings die Bühnenwirksamkeit wie auch eine überzeugende theologische Argumentation. Dies beweist der Umstand, daß der Glaube des Herzogs sogar als »wohltuende Illusion, eine Lüge gegen sich selbst« (A. Arnold K 12; 30) ausgelegt werden konnte. So wird man kaum fehlgehen, das Drama als einen weitgehend mißlungenen Beitrag zur Bewältigung der gegebenen historischen Situation zu sehen und, in seiner Anlage als Tragödie, als »[...] Sackgasse der künstlerischen Produktion [...]« (Durzak K 15; 59).

Literatur

D. Sidney Groseclose: The Murder of Gnadenbrot Suppe. Language and Levels of Reality in Friedrich Dürrenmatt's ›Der Blinde‹. In: GLL 28 (1974/75) 64–71.

4. »Der Tunnel« (1951; 1978)

Die parabolische Erzählung »Der Tunnel« entsteht 1951. Sie wird der Sammlung »Die Stadt« beigegeben, hauptsächlich wohl, um die Buchpublikation der frühen Prosa abzurunden. Eine Einzelausgabe erscheint 1964. Werkgeschichtlich betrachtet, hebt sich »Der Tunnel« sowohl von den frühen Prosatexten als auch den ersten Stücken deutlich ab und steht damit am Endpunkt der ersten Schaffensphase. Mit der 1948/49 entstandenen Komödie »Romulus der Große« (vgl. S. 59 ff.) und der etwa gleichzeitigen Arbeit an »Die Ehe des Herrn Mississippi« hat sich bereits eine Neuorientierung Dürrenmatts angekündigt, die stellenweise auch in der Erzählung ihren Niederschlag findet. Als Zusammenfassung und zugleich Überwindung des Frühwerks verdient »Der Tunnel« besondere Beachtung.

Im »Tunnel« beginnt Dürrenmatt sich stilistisch von der begriffsüberladenen, rhetorischen Prosa der frühen Dramen und Erzähltexte zu lösen. In präziser, stellenweise ironisch getönter Sprache zeichnet er seinen skurrilen Helden: einen vierundzwanzigjährigen verbummelten Studenten, den man gemeinhin als »Selbstporträt« des Autors gesehen hat und dessen Charakteristika ihn deutlich schon den Figuren der Komödien und Detektivromane zuordnen. Das bizarre Geschehen, der »Einfall« des Autors, entwickelt sich nunmehr aus einem alltäglichen Vorgang: Ein planmäßiger Zug von Bern nach Zürich gerät in einen unplanmäßigen Tunnel, den er nicht wieder verläßt. Der Zug stürzt, so darf man annehmen, mitsamt seinen Passagieren dem Erdinneren zu. Neben dem hilflosen Zugführer ist es allein der Vierundzwanzigjährige, der die Tragweite des Geschehens erkennt und es »[...] mit einer gespensterhaften Heiterkeit« (WA 20; 34) akzeptiert. Durch ihr ironisch-komödiantisches Überspielen des Schrecklichen, das dezidierte Fehlen jeglichen Pathos verrät die Erzählung ihre Nähe zu den Komödientexten und markiert zugleich den endgültigen Bruch mit dem weltschmerzlerischen Frühwerk.

Die Interpretation der Erzählung stützte sich zumeist auf den letzten Satz: »Gott ließ uns fallen und so stürzen wie denn auf ihn zu.« (A 5; 167). Theologische Deutungen – denen mit Ausnahme dieses Satzes jeder kontextuelle Anhaltspunkt fehlt – wollen hierin einen Nachweis der Gnade sehen. Vermittels der Kontrastfigur des Zugführers (»[...] auch habe ich immer ohne Hoffnung gelebt.« [A 5; 165]), die als »[...] negatives zweites Selbst« (Spycher K 17; 109) des jungen Mannes verstanden wurde, versuchte man jenen als Verkörperung der christlichen Erlösungsgewißheit zu interpretieren. Dürrenmatt selbst muß die Uneinheitlichkeit des Textes erkannt haben. Er streicht den letzten Satz, der eindeutig auf die früheren Erzählungen der Sammlung »Die Stadt« Bezug nimmt und, vom Text her unvorbereitet, dem Geschehen nachträglich einen theologischen Sinngehalt aufpfropft, in seiner Bearbeitung von 1978. Ebenso wird eine andere theologische Anspielung (»[...] und so rasen wir denn wie die Rotte Korah in unseren Abgrund« [A 5; 165]) ersatzlos gestrichen. Der »ursprüngliche Schluß« findet sich jetzt in WA 20; 97 f. Dies gewinnt um so mehr Bedeutung, als die Revision sich im übrigen auf kleine stilistische Eingriffe beschränkt. Als Schlußsatz steht nun eine im ganzen ungelenke Hypotaxe, die in das Wort »Nichts« mündet (A 8; 39 bzw. WA 20; 34).

Betrachtet man den »Tunnel« im größeren Rahmen einer Neuorientierung des Autors (die sicherlich »[...] nicht zuletzt auch
mit den finanziellen Schwierigkeiten der Familie zusammen-
hing« [Knopf K 20; 41] und der Tatsache, daß die ersten Stücke
kein Publikum gefunden hatten), einer Hinwendung zur Komödie und zu historischen (»Romulus der Große«) wie zeitgenössischen Stoffen (»Die Ehe des Herrn Mississippi«), so werden
andere Ansätze einer möglichen Interpretation sichtbar. Dürrenmatt hatte nicht umsonst bereits 1949 das Manuskript eines
umfangreichen Stückes, des »Turmbaus von Babel« vernichtet
und damit die Möglichkeit, das Phantastische, Entlegene darzustellen, zunächst aufgegeben. In dem Manuskript »Fingerübungen zur Gegenwart« (1952) betont er dann den aktuellen Zeit-
bezug seiner Arbeiten: »Ich bin verschont geblieben, aber ich
beschreibe den Untergang; denn ich schreibe nicht, damit Sie
auf mich schließen, sondern damit Sie auf die Welt schließen.«
(WA 26; 32). Nimmt man den Autor beim Wort, dann möchte
die Erzählung – die reichlich mit Bezügen zur umgebenden
Realität ausgestattet ist – quasi »dramaturgisch« die Verläßlichkeit dieser empirischen Realität in Zweifel ziehen. Nicht nur das
Chaotische und Bedrohliche liegt unter der Oberfläche des
»[...] clean, safe, and bourgeois Swiss, European, and Western
way of living« (Tiusanen K 21; 37), sondern auch die unbewältigte Gegenwart des »Tunnels«, des dunklen, nicht endenwol-
lenden Raums, der den fahrplangläubigen Passagieren unversehens zum Verhängnis werden kann. Dürrenmatt hat in der Erzählung die »schlimmstmögliche Wendung« (›21 Punkte zu den
Physikern‹: WA 7; 91) eines alltäglichen Geschehens aus dem
zeitgenössischen Kontext der Schweiz der frühen fünfziger
Jahre entwickelt. Die Attribute einer im Zuge des Wirtschaftswunders saturierten und genießenden, apolitisch der Planmäßigkeit des behördlich geregelten Alltags vertrauenden Gesellschaft kennzeichnen die Passagiere des Zuges. Der glänzend
geschriebene Text kann so als gesellschaftskritische Parabel gedeutet werden. Ohne den Text damit zu überfordern, scheint
noch ein Nachtrag zur Ästhetik geboten. Zwar erinnert die
Situation im Tunnel an das vom Autor selbst erwähnte Platonische Höhlengleichnis (WA 18; 197) – ein ›Ausblick‹ ist von dieser ›Höhle‹ indessen nicht mehr möglich. Der Vierundzwanzigjährige, in dem sich Dürrenmatt selbst karikiert, beschreibt auf
seinem Weg zur Lokomotive schlaglichtartig die Situation der
Reisenden im Speisewagen: »Am andern Ende des Wagens öff-
nete sich die Türe. Im grellen Licht des Speisewagens sah man

Menschen, die einander zutranken, dann schloß sich die Türe wieder.« (WA 20; 29). Man wird kaum fehlgehen, an dem Weg des jungen Mannes, der zunächst in das Licht des Speisewagens, dann in die Glasscheibe der Lokomotive (durch die es nichts zu sehen gibt) blickt, die endgültige Absage des Autors an eine Platonische Ideenwelt abzulesen. Am Beispiel der Speisewageninsassen erweist sie sich überdeutlich als kurzlebige Illusion.

Literatur

Karl Moritz: Friedrich Dürrenmatt: Der Tunnel. Umarbeitung zu einem Hörspiel in einer Unterprima. In: DU 12 (6/1960) 73–80.
Werner Zimmermann: Friedrich Dürrenmatt. ›Der Tunnel‹. In: Deutsche Prosadichtung der Gegenwart. Interpretationen für Lehrende und Lernende III. Düsseldorf ²1961; 229–236.
Urs J. Baschung: Zu Friedrich Dürrenmatts ›Der Tunnel‹. In: SR 68 (1969) 480–490.
Whang Chin Kim: ›Der Tunnel‹ von Friedrich Dürrenmatt. Versuch einer Interpretation. In: ZfG 8 (1969) 82–105.
Johannes Wirsching: Friedrich Dürrenmatt: ›Der Tunnel‹. Eine theologische Analyse. In: DU 25 (1/1973) 103–117.
Emil Weber: Friedrich Dürrenmatt und die Frage nach Gott. Zur theologischen Relevanz der frühen Prosa eines merkwürdigen Protestanten. Zürich 1980.

III. Detektivromane und Erzähltexte (1950–1958)

Ironischerweise sind es nicht die vorher bzw. gleichzeitig entstandenen Komödien »Romulus der Große« und »Die Ehe des Herrn Mississippi«, die dem Autor schnell ein großes Leserpublikum sichern – es sind seine ersten Detektivromane.

Der Terminus »Detektivromane« wird an dieser Stelle im Gegensatz zu »Kriminalroman« u.a. deswegen verwendet, da die Person des Detektivs im Zentrum des Erzählvorgangs steht, nicht etwa die Analyse des Verbrechens bzw. des Verbrechers. Für eine Definition vgl. u.a. Richard Alewyn: Das Rätsel des Detektivromans. In: Adolf Frisé (Hg.): Definitionen. Essays zur Literatur. Frankfurt/M. 1963; 117–136; und: Peter Nusser: Der Kriminalroman. Stuttgart (= Slg. Metzler 191) ²1992. Weitere Literatur zur Gattung in den folgenden Literaturangaben.

Der entstehungsgeschichtliche Hintergrund ist weithin bekannt. Die zweite Jahreshälfte 1950 brachte dem Ehepaar Dürrenmatt eine unerwartete Zuspitzung der an sich schon heiklen Finanzlage. Das Kabarett ›Cornichon‹ hatte sich aufgelöst (hierdurch entfiel ein vertraglich gesichertes Monatseinkommen), die mit einigem Erfolg aufgeführte Komödie »Die Ehe des Herrn Mississippi« wurde zunächst vom Verlag zurückgewiesen: Der Text gelangt erst 1952 zur Veröffentlichung. Als bescheidene Einnahmequelle ergab sich die zu dieser Zeit einsetzende Theaterkritik für die ›Weltwoche‹. Daneben sah sich Dürrenmatt dringlich auf einen Zusatzverdienst angewiesen. Im Winter 1950/51 entsteht »Der Richter und sein Henker« in zweiwöchigen Fortsetzungen für den ›Schweizerischen Beobachter‹. Im Herbst/Winter 1951/52 wird am gleichen Ort der Fortsetzungsroman »Der Verdacht« veröffentlicht. Beide erscheinen wenig später in preiswerten Taschenbuchausgaben und erreichen beträchtliche Auflagenhöhen. Schon im ersten Jahrzehnt werden von beiden Romanen mehr als 350 000 Exemplare verkauft. Anfang der siebziger Jahre erreicht »Der Richter und sein Henker« bereits die Auflagenhöhe von einer Million. Der Roman wird 1975 in der Regie von Maximilian Schell verfilmt. Die erfolgreiche Filmversion verfährt im wesentlichen textnah.

Der Erfolg seiner Detektivromane bestärkt Dürrenmatt, auf dem Gebiet der erzählenden Literatur weiterhin tätig zu bleiben. Gleichzeitig mit dem Erfolgsstück »Der Besuch der alten Dame« entsteht die »Prosakomödie« »Grieche sucht Griechin« (1955), ein Text, der sich als Erzählung, möglicherweise auch als Roman klassifizieren läßt. Wie »Der Richter und sein Henker«, so wird auch die Erzählung Grundlage für eine Filmversion. Mit dem Untertitel »Eine noch mögliche Geschichte« erscheint 1956 die Kriminalerzählung »Die Panne«. Gleichzeitig entsteht eine Hörspielfassung, die erstmals am 17. 1. 1956 vom Bayerischen Rundfunk gesendet wird. Im selben Jahr erhält Dürrenmatt hierfür den Hörspielpreis der Kriegsblinden. Beide Fassungen unterscheiden sich vornehmlich durch die jeweiligen Schlüsse (zum Hörspiel vgl. S. 80f.), 1979 wird der Text als Komödie uraufgeführt (vgl. unten S. 123f.). 1957 erscheint dann das kriminalistisch angelegte Romanfragment »Im Coiffeurladen« (NZZ vom 21. 4.). Werkgeschichtlich betrachtet, stellt es eine Variante der »Panne« dar, ist im Gegensatz zu jener jedoch weitaus konkreter auf den gesellschaftlichen Hintergrund der Schweiz bezogen (später veröffentlicht als Teil des Fragments »Aufenthalt in einer kleinen Stadt« [WA 22; 165 ff.]).

Noch einmal in diesem Jahrzehnt greift Dürrenmatt die Gattung des Detektivromans auf: auf Bestellung des Produzenten Lazar Wechsler entsteht 1957 ein Drehbuch zum Thema des Sexualverbrechens an Kindern, das als Praesens-Produktion 1958 unter dem Titel »Es geschah am hellichten Tag« in den Kinos läuft. Noch im gleichen Jahr veröffentlicht der Autor als Gegenentwurf zum Drehbuch den Roman »Das Versprechen. Requiem auf den Kriminalroman«. Ähnlich wie in »Die Panne« ist es auch hier der Schluß, an dem die grundlegenden Verschiedenheiten beider Konzeptionen deutlich werden. Ästhetisch wie weltanschaulich sind die Detektivromane höchst aufschlußreich für den jeweiligen Standort des Autors. Sie als »Nebenprodukte« (Bänziger) abzutun, bedeutet nicht nur, ihre Entstehung aus Gründen des Broterwerbs unzulässig einer Wertung zugrunde zu legen (welcher Schriftsteller möchte letzten Endes nicht von seinen Produkten leben?), sondern auch, die Verwandtschaft ihres komplexen Aufbaus mit dem der Komödien außer acht zu lassen.

1. »Der Richter und sein Henker« (1950/51)

In den 1953/54 entstandenen »Theaterproblemen«, der wichtigen ersten dramaturgisch-weltanschaulichen Standortbestimmung Dürrenmatts, findet sich folgendes Aperçu: »Wie besteht ein Künstler in einer Welt der Bildung, der Alphabeten? [...] Vielleicht am besten, indem er Kriminalromane schreibt, Kunst da tut, wo sie niemand vermutet. Die Literatur muß so leicht werden, daß sie auf der Waage der heutigen Literaturkritik nichts mehr wiegt: Nur so wird sie wieder gewichtig.« (WA 24;

71 f.). Die ästhetische Kritik, die sich zwischen den Zeilen verbirgt, wendet sich einmal gegen den Anspruch des »Vollkommenen«, der »Perfektion« (ibid.), wie er an zeitgenössische Literaturproduktion herangetragen wird. Zum andern jedoch ist sie Bestandteil einer Auseinandersetzung mit der Dramaturgie der »Klassiker« – im weitesten Sinne –, die für Dürrenmatt in eine Begründung seines Komödienbegriffs mündet. Im Gegensatz zur Teleologie der Tragödie, die angesichts der heutigen gesellschaftspolitischen Situation die Lage des Menschen ästhetisch nicht mehr erfassen kann, erlaubt die künstlerische und gesellschaftliche Offenheit der Komödie die Darstellung einer Welt, die anders nicht mehr darstellbar ist als im scheinbar freien Spiel der Möglichkeiten. Anstoß der Komödie ist der »Einfall« (WA 24; 61), der sich in der Handlung als Zufall äußert, als Koinzidenz des Unplanmäßigen.

Dürrenmatts Komödienbegriff, der durchaus als ideologie- und kunstkritische Stellungnahme gegen das Illusionstheater und gegen das politische Lehrstück zu sehen ist, läßt sich als entscheidender Deutungsansatz für die Detektivromane anwenden. Indem der Zufall hier zum Gestaltungsprinzip wie zum Auslöser der Handlung erhoben wird und somit ästhetisch wie strukturell Zentralfunktion gewinnt, wird offensichtlich, daß Dürrenmatts Detektivromane, zumindest von ihrer Intention her, als Aufhebung und Überwindung dieser Gattung angelegt sind, daß sie – ob der Leser sich dieses Mechanismus bewußt ist oder nicht – gleichsam »gegen den Strich« gelesen werden müssen. Der traditionelle Detektivroman »[...] spielt in einer Welt ohne Zufall, einer Welt, die zwar möglich, aber nicht die gewöhnliche ist.« (Alewyn 1. c. 125). Er vereint, höchst zwiespältig, eine »aufklärerisch[e] und rational[e]« (Knopf K 20; 47), fortschrittsgläubige Komponente – nicht von ungefähr setzt die Produktion von Detektivromanen im beginnenden 19. Jahrhundert ein und erreicht ihren Höhepunkt gerade in den angelsächsischen Ländern in den Jahren nach dem Ersten Weltkrieg – mit einer antiaufklärerischen, prärationalen Grundstruktur. Erstere ist bedingt durch die Tatsache, daß kriminalistischer Spürsinn und der Einsatz technologischer Mittel unweigerlich zur Ergreifung des Täters führen. Letztere durch die damit implizit verbundene Wiederherstellung einer quasi kosmischen Ordnung. Aufs Künstlerische übertragen bedeutet das die Wiederherstellung jener Geschlossenheit, wie sie der klassischen Tragödie und den traditionellen Entwicklungsromanen zugrundeliegt. Dürrenmatts Detektivromane setzen den der Gattung inhärenten Fortschrittsglauben radikalem Zweifel aus. Erheblich komplexer indessen ist ihr Verhältnis zu der prärationalen, die Existenz einer ›höheren‹ Ordnung suggerierenden Grundstruktur, wie sie den Detektivroman kennzeichnet. Hier ist ein Blick auf den Text notwendig.

Hauptfigur der beiden ersten Detektivromane ist der todkranke, vor der Pensionierung stehende Kommissär Bärlach von der Berner Kriminalpolizei. Seine äußeren Kennzeichen wie sein Vorgehen lassen ihn eher als Antihelden erscheinen denn als attraktives Identifikationsangebot. Im Hinblick auf die literarische Tradition gehört er jener Gruppe von Außenseitern an, die sich von Agatha Christies Poirot über Georges Simenons Maigret zu Ross MacDonalds Lew Archer erstreckt. Als Vorbild dürfte Dürrenmatt, mit einiger Einschränkung, Friedrich Glausers (1896–1938) Wachtmeister Studer, Held des gleichnamigen Romans (1936), vier weiterer Detektivromane und zahlreicher Erzählungen gedient haben. Dürrenmatt selbst streitet dies ab: »Ich kannte Glauser zur Bärlach-Zeit nicht.« (E 25; 8). Er gibt an, er habe »Der Richter und sein Henker« »[…] unter dem (sprachlichen) Einfluß von Fontanes ›Stechlin‹ geschrieben.« (ibid.) Wiederum widersprechen das Gedächtnis des Autors und der philologische Befund einander: Gerade was die Einbettung der Handlung in das Schweizer Milieu betrifft, sind die Einflüsse Glausers kaum zu übersehen. Dürrenmatt übernimmt jedoch nicht dessen klassenspezifisch ausgerichtete Gesellschaftskritik. Sollte sich andererseits seine Fontane-Lektüre in den Texten niedergeschlagen haben, dann sind ihre Spuren so fein, daß sie an dieser Stelle unberücksichtigt bleiben können.

Zeit und Schauplatz von »Der Richter und sein Henker« sind der Wirklichkeit der Schweiz im Oktober/November 1948 entlehnt. Der Autor liefert hier, ähnlich wie in »Der Verdacht« und »Das Versprechen«, ein Netzwerk dokumentarischer Einzelheiten (das sogar ein ironisches Selbstporträt in Form des in Ligerz wohnenden Schriftstellers einschließt), vor dessen Hintergrund sich das Geschehen entwickelt. In der neueren der beiden Filmversionen tritt der Autor selbst verschiedentlich auf und stellt, auch durch seine Meditationen über Mensch und Universum, ein episches Element dar. Der Polizist Tschanz, Mörder seines Kollegen Schmied, wird wohl durch detektivische Arbeit zur Strecke gebracht, nicht aber dem bürgerlichen Justizapparat überliefert, sondern er dient Bärlach als Schachfigur, als »Henker« seines Kontrahenten Gastmann. Voraus ging eine Wette zwischen Bärlach und Gastmann, die ihre literarische Herkunft von Goethes »Faust« nicht verleugnen kann. Bärlach, der »Richter«, bringt im Namen einer eigenwilligen Gerechtigkeit den »Nihilisten« Gastmann zu Fall. Zu Hilfe kommt ihm, neben seiner Skrupellosigkeit, der Zufall. Gleichsam als Nachspiel ergibt sich das Ende Tschanz': Er verunglückt auf der Flucht tödlich.

Die Frage nach Intention und Wirkung des Textes hat die Interpreten hinlänglich beschäftigt. Es wurde darauf hingewiesen, daß der Autor »[...] den Kanon des Kriminalromans dabei auch wieder parodieren kann« (Brock-Sulzer K 2; 93), daß überhaupt eine parodistische Intention vorliege. Dies ist nur bedingt richtig. Dürrenmatt parodiert wohl die Fortschrittsgläubigkeit traditioneller Kriminalromane, sicherlich auch die mit ihr häufig einhergehende unreflektierte Schwarzweißzeichnung, die Einteilung der Welt in zwei Lager. Bärlach unterscheidet sich von seinen Außenseiterkollegen grundsätzlich dadurch, daß er sich souverän der Manipulationen bedient, die gemeinhin ins ›andere‹ Lager gehören. Die Gattung indessen erscheint weniger parodiert als von innen her aufgehoben, indem ihre Spielregeln ad absurdum geführt werden: Bärlach geht es nicht um eine intersubjektivierbare Gerechtigkeit, wenn er Tschanz auf Gastmann hetzt, sondern, im Fall Tschanz, um Rache, im Fall Gastmann indessen darum, das letzte Wort zu behalten. Aber auch dieses ist durch das Betrugsmanöver des Kommissärs belastet, denn genaugenommen verliert er die Wette, obgleich er sie gewinnt. Es ist in diesem Sinne also durchaus richtig, »Der Richter und sein Henker« bereits als einen Abgesang auf die traditionelle Detektivgeschichte zu deuten (Knopf). Im »Abbau der mythischen Reste des Detektivromans« (Wieckenberg l. c. 10) liegt zweifellos die Leistung dieses und der folgenden Detektivromane Dürrenmatts, in denen sich in der Tat »gewichtige« Literatur im leichten, gefälligen Gewand präsentiert.

Ein grundsätzlicher Einwand muß sich indessen sowohl gegen die ästhetische als auch gegen die ideologiekritische Funktion des Zufalls richten. Indem der Autor diesen zum waltenden Prinzip erhebt, Bärlach aber zugleich als einzigen von der Einwirkung des Zufälligen ausnimmt, setzt er nicht nur den verschrobenen Gerechtigkeitsbegriff des Kommissärs absolut, er unterläuft auch teilweise die emanzipatorische Wirkungsabsicht des Romans. Somit erweist sich sein Bruch mit der prärationalen Grundstruktur des Detektivromans als nur partiell, als ein Ausweichen ins Private. Denn an die Stelle der traditionellen Alternative von ›Gut‹ und ›Böse‹ setzt Dürrenmatt seine eigene: hier die individuelle ›Gerechtigkeit‹, wie sie der alles durchschauende einzelne ausübt – dort organisiertes Chaos, das den Gesetzesbrecher in beiden Fällen (Gastmann und Tschanz) unbehelligt davonkommen ließe, wenn nicht der Zufall und sein Verwalter eingegriffen hätten. So offenbart sich die Zweischneidigkeit in der Funktion des Zufalls, der einerseits als »schlimmstmögliche Wendung« zum Denkanstoß werden kann, andererseits als Fügung ›aus zweiter Hand‹ die realistisch entworfene Ausgangskonfrontation ins Phantastische hinüberspielt und sie dort nur ästhetisch aufzuheben vermag. Insofern wächst der Zufall als »[...] Einschränkung oder gar Suspendierung des Kausalprinzips« (Hienger l.c. 71) stellenweise durchaus über sich selbst hinaus.

Erst mit dem Ende der Romanfassung von »Das Versprechen« geht Dürrenmatt grundsätzlich anders vor. Die Lösung ist hier weniger theatralisch, berücksichtigt im ganzen auch den Freiraum des Zufalls (der hier enger der Wahrscheinlichkeit verpflichtet bleibt), sie verzichtet aber darauf, ihn zum allmächtigen Regulativ werden zu lassen, indem sie den Helden selbst an ihm scheitern läßt.

2. »Der Verdacht« (1951/52)

Dürrenmatts zweiter Detektivroman setzt direkt nach dem Ende von »Der Richter und sein Henker« ein. Als Folge der unmäßigen Mahlzeit, mit der er den Sieg über Gastmann feierte, war für Bärlach eine Magenoperation notwendig geworden, zuvor jedoch das Auskurieren einer Herzattacke. Bärlach leidet an Krebs. Die Romanhandlung beginnt mit dem 27. 12. 1948. Der Autor beschränkt sich diesmal nicht auf eine Aktualisierung des Geschehens durch Einbettung in zeitgenössische schweizer Verhältnisse. Er geht einen Schritt weiter und greift das Thema der Kriegsverbrechen – »Medizin ohne Menschlichkeit« – auf, das zu dieser Zeit nicht nur auf ein ungebrochenes öffentliches Interesse, sondern auch auf einen gewissen Sensationswert hoffen konnte. Am Handlungsgefüge werden die Unterschiede zum vorhergehenden Roman deutlich: »Der Verdacht« entwickelt sich vergleichsweise linear und einsträngig. Er verläßt sich anfangs mehr auf das klassische Muster der Entdeckung: Bärlach, noch geschwächt von seiner Operation, läßt sich in das Sanatorium des angesehenen Arztes Emmenberger einliefern, selbstverständlich inkognito, da er Emmenberger für den KZ-Arzt Nehle hält. Sein Verdacht bestätigt sich, er wird erkannt und soll umgebracht werden. Buchstäblich in letzter Minute – »Vielleicht, daß ein Zufall ihn retten konnte« – kommt ihm der Zufall in Gestalt des Juden Gulliver als makabrer »deus ex machina« (Spycher) zu Hilfe. Gulliver tötet Emmenberger – Bärlach kann nach Bern zurückkehren und dort in Frieden sterben.

Ein deutlicher Bruch durchzieht die Handlung: Ist es zunächst der Zufall, der den Verdacht, Emmenberger sei Nehle, bei Hungertobel und bei Bärlach aufkommen läßt, so wendet sich der Zufall – weitaus konsequenter als im ersten Detektivroman – dann gegen den Kommissär selbst: Er wird gestellt und gerät in akute Lebensgefahr. Die abenteuerlichen Umstände seiner Rettung, das Erscheinen des Riesen Gulliver aus dem Nirgendwo, die abermals dem Zufall zugeschrieben werden, diskreditieren diesen, der sich bis dahin als einleuchtendes Gestaltungsprinzip erwiesen hatte, derart, daß das Ende des Romans künstlich und aufgesetzt wirken muß. Nicht nur im Festhalten an einer »detektivischen« Anlage über weite Strecken also, mehr noch in seiner Schlußwendung fällt »Der Verdacht« hinter die gattungs- und erkenntniskritische Position des ersten Detektivromans zurück. Als anti-empirisches, dem Gebot jeder sachlichen Wahrscheinlichkeit widerstrebendes Prinzip ähnelt der Zufall in »Der Verdacht« – deutlicher noch als in »Der Richter und sein Henker« – der vorprogrammierten Konzeption traditioneller Detektivromane. Dürrenmatt gerät hier, mehr als in irgendeiner anderen Stelle seines Werks, in den Randbezirk einer Ersatzmetaphysik, als deren ausübendes Organ der Zufall fungiert.

Verschiedene Interpreten bestätigen diese Kritik, wenn auch von anderem Blickpunkt aus: Der Text gilt als »[...] eilig hingeschriebenes und deshalb weniger scharf von der Selbstkontrolle gezähmtes Werk« (Brock-Sulzer K 2; 99), »unbeholfener« (Bänziger) als sein Vorgänger, als »Requiem auf die Vernunft« (so der Titel des nachstehend verzeichneten Aufsatzes von Waldmann). Für seine »Unausgewogenheit« wird in erster Linie ein Übermaß an formalen Elementen verantwortlich gemacht: »This time theoretical elements are disproportionate: they spill over the brim.« (Tiusanen K 21; 142). Es ist nicht nur die Thematik, die den Roman der Bewältigungsliteratur zuweist, sondern die Hervorhebung der Dialoge, die als Fixierung der jeweiligen Positionen dienen. Die von Bärlach vertretene Auffassung, die er schon eingangs andeutet (»[...] der Hauptgrund bleibe doch, daß die bürgerliche Weltordnung auch nicht mehr das Wahre sei« [WA 19; 136]), spitzt sich dann in der Frage nach den Ursachen zu, die jene Verbrechen gegen die Menschlichkeit ermöglichten: »Was in Deutschland geschah, geschieht in jedem Land, wenn gewisse Bedingungen eintreten. Diese Bedingungen mögen verschieden sein. Kein Mensch, kein Volk ist eine Ausnahme.« (WA 19; 203).

In der großen Dialogkonfrontation mit Dr. Marlok, Opfer und Helferin Emmenbergers, und mit Emmenberger selbst wird diese Frage dann vom konkreten Bezugsort (sei er nun Deutschland oder, indirekter, die Schweiz) abgezogen und ins Philosophische transponiert. Bemerkenswert ist, daß der »Nihilist« Emmenberger selbst sich dabei wiederholt auf die Funktion des Zufalls beruft. Seine Frage nach dem Glauben Bärlachs bleibt unbeantwortet. Dieses Schweigen des Kommissärs ist der Anlaß zu ungewöhnlich vieldeutigen Interpretationen des Romans geworden. Einmal wird die Hauptfigur als sturer Gerechtigkeitsfanatiker gedeutet, der bei der Durchsetzung seiner Ziele »auch über Leichen geht« (Knopf), zum anderen wird das Sanatorium als Modellfall der modernen Welt gesehen, in der »[...] only a supreme act of will can create freedom.« (Peppard K 14; 112). Beides mag gelten. Der Text selbst beantwortet indirekt – durch die phantastische Rettung Bärlachs – die Frage Emmenbergers nach dessen Glauben, denn was sonst hätte Bärlach helfen können als ein Wunder? Vor dem Hintergrund einer Bewältigung der Vergangenheit und ihrer grauenhaften Verbrechen gegen die Menschlichkeit mutet dieses Wunder freilich seltsam hilflos an.

3. »Das Versprechen« (1958)

»Das Versprechen« kann als Schlußpunkt der werkgeschichtlich ersten Auseinandersetzung Dürrenmatts mit dem Detektivroman gelten, eines ästhetischen Klärungsprozesses, der in der völligen Auflösung der Form gipfelt. Anschaulich illustriert dies die Gegenüberstellung der Filmfassung »Es geschah am hellichten Tag« und der im gleichen Jahr – als Gegenkonzept – entstandenen Buchversion. Zu bedenken bleibt, daß der von Lazar Wechsler in Auftrag gegebene Film in erster Linie einen aufklärerischen Zweck verfolgt, vor Sexualverbrechen an Kindern und Jugendlichen warnen will. Dürrenmatt entwirft in Gemeinschaftsarbeit mit dem Regisseur Ladislao Vajda ein Drehbuch, das unter allen seinen Versuchen mit dem Detektivroman einer konventionellen Erfüllung dieser Form am nächsten kommt. Das Geschehen entwickelt sich in dem aus der Kriminalliteratur wohlbekannten zweiteiligen Schema: der Scheinaufklärung des Mordes an einem achtjährigen Mädchen, die in falschem Geständnis und im Selbstmord des verdächtigten Hausierers Jacquier gipfelt. Der zweite Teil bringt, nachdem das Verbrechen

rechtens geklärt ist, die eigentliche Detektivarbeit des Außensei-
ter-Polizisten Matthäi, die zur Erhellung des Hintergrundes
und schließlich zur Ergreifung des Täters Schrott (der Zuschauer ahnte es schon längst) führt.

Dürrenmatt war nicht zufrieden mit dem geradezu ›klassischen‹ Detektivfilm: wohl mit seiner Didaxe, die er ja nur durch
ein geschlossenes Ende voll entfalten konnte, nicht aber mit der
inhaltlichen Konzeption, die weit hinter diejenige der beiden
ersten Detektivromane zurückfällt. Seine Überarbeitung läßt
den ersten Teil weitgehend unangetastet. Auch hier wird dem
Leser Schritt für Schritt klar, daß in Gestalt des Hausierers ein
Unschuldiger von der Justizmaschinerie zerrieben wird. Matthäi wird, mehr noch als im Filmdrehbuch, zur ambivalenten
Figur: Einerseits besticht sein Gerechtigkeitssinn, andererseits
gerät er ins Zwielicht des Unredlichen, wenn er ein Kind (weitaus skrupelloser als im Film) als Köder gegen den Verbrecher
ausspielt. Dürrenmatt benutzt eine komplexe Form, stellenweise einen doppelten Erzählrahmen, um Figur wie Geschehen
weitestgehend zu objektivieren: »Aus einem bestimmten Fall
wurde der Fall des Detektivs, eine Kritik an einer der typisch-
sten Gestalten des neunzehnten Jahrhunderts [...]« (WA 22;
203). Indem der Erzähler – ein Kriminalschriftsteller – den Ablauf von Matthäis ehemaligem Chef erfährt, ergibt sich durch
den gebrochenen Erzählvorgang sowohl eine didaktische Ausrichtung als auch ein gattungskritischer Ansatz. Dieser wird
bereits eingangs deutlich, wenn der Kriminalschriftsteller in
Chur gerade zur gleichen Zeit einen Vortrag hält wie der Goe-
theforscher Emil Staiger. Indem die Welt des »späten Goethe«
ironisch der fortschrittsgläubigen Sphäre des Kriminalromans
traditioneller Couleur (bei dem am Ende ja auch alles wieder ins
Lot kommt) parallelisiert wird, erscheinen beide radikalem
Zweifel ausgesetzt. Später äußert sich Dürrenmatt selbst – in der
Folge des sog. Züricher Literaturstreits – polemisch zur Frage
der »heilen Welt« der Klassiker.

Der Schluß des Romans, der präludierend bereits vorwegge-
nommen ist, spricht für sich: Matthäi zerstört sich selbst auf der
Suche nach dem Verbrecher. Die Verfolgung wird zur idée fixe,
der Detektiv, »[...] verklärt von einem unermeßlichen Glau-
ben« (WA 22; 16), »verkam, versoff, verblödete« (ibid. 141). Die
Enthüllungsszene im Wald – dramatischer Höhepunkt des
Films – gerät zur Wunschvorstellung des Kriminalisten und des
Erzählers: In Wirklichkeit kommt es nicht dazu. Der Zufall in
Form eines Autounglücks hat längst über Schrott verfügt, die

47

Falle bleibt leer. Die Schlußwendung, so »lächerlich, stupid und trivial« (ibid. 144) sie ist, erweist sich damit als das eigentliche »Requiem auf den Kriminalroman«. Nicht nur erinnert das Resümee des Texts: »Das Schlimmste trifft *auch* manchmal zu« (ibid. 145) an die Entwicklung der »Physiker«, darüber hinaus ist seine Konzeption derjenigen der Komödien auf lange Strecken vergleichbar. An die Stelle des personifizierten ›Bösen‹ der früheren Detektivromane – Gastmann, Emmenberger – tritt das ungewollt Zerstörerische in Gestalt des Triebverbrechers Schrott, das aber letztlich ungreifbar bleibt. Die Hauptfigur, die sich zuvor virtuos des Zufalls bedient hatte (»Der Richter und sein Henker«) oder zumindest doch in letzter Minute auf ihn bauen durfte (»Der Verdacht«), erscheint nun reduziert zu »[...] geradezu stupender, wirklichkeitsfremder Engstirnigkeit« (Knopf K 20; 59). Der Detektiv fällt auf »besonders triste Weise« (WA 22; 145) dem Zufall zum Opfer. Hierin wird man keineswegs ein affirmatives Einschwenken auf die konventionelle Grundlinie des Detektivromans (Knopf) erblicken können. Denn daß Matthäi am Ende doch »recht« hat, spricht ihn nicht frei vom blinden Vertrauen auf die Planmäßigkeit seines Vorgehens, sondern erweist sich eher als ironische Pointe des Autors, Scheinzugeständnis an die Erfordernisse der Gattung. Für Matthäi bleibt der Umstand ohnehin belanglos. Er ist zu verstockt, um ihn überhaupt zu begreifen.

Literatur zu den Detektivromanen

Eugene E. Reed: The Image of the Unimaginable. A Note on Dürrenmatt's ›Der Richter und sein Henker‹. In: RLV 27 (1961) 117–123.
Günter Waldmann: Requiem auf die Vernunft. Dürrenmatts christlicher Kriminalroman. In: Pädagogische Provinz 15 (1961) 376–384.
William Gillis: Dürrenmatt and the Detectives. In: GQ 35 (1962) 71–74.
Heinrich Bodensieck: Dürrenmatts Detektivgeschichten. Ihr literarischer Wert und die Möglichkeiten ihrer Behandlung im Deutschunterricht. In: Pädagogische Provinz 17 (1963) 385–396.
Brigitte Prorini-Hagen: ›Der Richter und sein Henker‹. In: *Johannes Beer* (Hg.): Deutsche Romane der Gegenwart II. Stuttgart 1963; 144–146.
Zdenek Horinek: Detektiva, divadlo, Dürrenmatt. In: Divadlo Nr. 3 (1965) 41–47.
Bernard Ashbrook: Dürrenmatt's Detective Stories. In: The Philosophical Journal 4 (1967) 17–29.
Gordon N. Leah: Dürrenmatt's Detective Stories. In: Modern Languages 48 (1967) 65–69.

John R. Pfeiffer: Windows, Detectives and Justice in Dürrenmatt's Detective Stories. In: RLV 33 (1967) 451–460.

Roger Ramsey: Parody and Mystery in Dürrenmatt's ›The Pledge‹. In: Modern Fiction Studies 17 (1971/72) 525–532.

Ralph William Beckmeier: Dürrenmatt and the Detective Novel. Commitment and Responsibility. New York Univ. (= Phil. Diss.) 1973.

Günter Waldmann: Theorie und Didaktik der Trivialliteratur. Modellanalysen – Didaktikdiskussion – literarische Wertung. München (= Kritische Information 13) 1973.

Georg F. Benham: ›Escape into Inquietude‹. Der Richter und sein Henker. In: RLV 41 (1976) 147–154.

Jörg Hienger: Lektüre als Spiel und Deutung. Zum Beispiel: Friedrich Dürrenmatts Detektivroman ›Der Richter und sein Henker‹. In: *J. H.* (Hg.): Unterhaltungsliteratur. Zu ihrer Theorie und Verteidigung. Göttingen (= Kleine Vandenhoeck-Reihe 1423) 1976; 55–81.

Wlodzimierz Bialik: Der Zufall in den Detektivgeschichten von Friedrich Dürrenmatt. In: Studia Germanica Posnaniensia 5 (1976) 37–61.

Ernst-Peter Wieckenberg: Dürrenmatts Detektivromane. In: I 4; 8–19.

Armin Arnold und *Josef Schmidt:* Friedrich Dürrenmatt. in: *A. A.* u. *J. S.* (Hg.): Reclams Kriminalromanführer. Stuttgart 1978; 146 f.

Hartmut Kircher: Schema und Anspruch. Zur Destruktion des Kriminalromans bei Dürrenmatt, Robbe-Grillet und Handke. In: GRM (1978) 195–215.

Ira Tschimmel: Kriminalroman und Gesellschaftsdarstellung. Eine vergleichende Untersuchung zu Werken von Christie, Simenon, Dürrenmatt und Capote. Bonn 1978.

Felix Müller: Der Anhauch des Nichts und der Kampf für das Gute. Friedrich Dürrenmatts Kriminalromane. In: SM 59 (1979) 545–558.

Peter Nusser: Der Kriminalroman. Stuttgart (= Slg. Metzler 191) ²1992; 111–114.

Armin Arnold: Die Quellen von Dürrenmatts Kriminalromanen. In: I 7; 153–174.

Ira Tschimmel: Kritik am Kriminalroman. In: I 7; 175–190.

Armin Arnold: On the Sources of Friedrich Dürrenmatt's Detective Novels. In: I 9; 189–202.

Gerhard P. Knapp: Friedrich Dürrenmatt. Der Richter und sein Henker. Frankfurt (= GG 6037) 1983; ³1991.

Frederick Betz: Dürrenmatt's *Der Richter und sein Henker*. A Literary Debt to Fontane? In: Germanic Notes 15 (2/1984) 17–19.

Margit Weber: Dürrenmatt. Das Versprechen. Versuch einer Analyse. In: DD 16 (1985) 275–282.

Ueli Niederer: Grotesken zum wahren Ende. Neuerlicher Versuch über Dürrenmatts Kriminalromane. In: die horen 34 (1989) 61–71.

Walter Jens: Friedrich Dürrenmatts Kriminalromane. In: I 10; 57–64.

Monika Dallwitz: Sehen statt Lesen? Dürrenmatts »Der Richter und sein Henker« als Film. Erfahrungen mit einer vergleichenden Untersuchung in einer 9. Klasse. In: DD 23 (1992) 479–492.

49

4. »Grieche sucht Griechin« (1955)

Als eine Art Zwischenspiel zwischen »Ein Engel kommt nach Babylon« und dem »Besuch der alten Dame« steht die ursprünglich mäßig erfolgreiche, heute vergessene »Prosakomödie«, »Grieche sucht Griechin«. Dürrenmatt versucht sich an einer Mischform, die Spuren »eines modernen Märchens« (Spycher, Peppard) mit Elementen der Parodie des Liebesromans (Grimm) und einer Kritik der »Hochkonjunktur« (A. Arnold) vereint. Hinzu kommt – der Untertitel deutet es an – eine stark szenische Anlage des Erzähltexts, die auf ein bewußtes Experiment der Übertragung des Komödienkonzepts auf die Form der Erzählprosa schließen läßt. Hierfür spricht auch, daß sowohl das Personal der Erzählung als auch Schauplatz, Situationen und Zusammenhänge in deutlicher Typisierung erscheinen. In der »Werkausgabe« wird der Text zusammen mit dem Fragment »Mr. X macht Ferien« und der Glosse »Nachrichten über den Stand des Zeitungswesens in der Steinzeit« unter dem Sammeltitel »Grotesken« veröffentlicht.

Schauplatz ist eine westeuropäische Metropole, die Handlung umspannt vier Tage und berichtet vom Aufstieg des Arnolph Archilochos, eines reichlich verkrampften Buchhalters, zum Generaldirektor, Mitglied eines »Weltkirchenrates« und Ehrenkonsul der Vereinigten Staaten. Den unverhofften Glücksumschwung in seinem Leben verdankt Archilochos seiner Braut Chloé, einer ehemaligen Prostituierten, die sich der besten Verbindungen erfreut. Die Symbolik der Figuren und ihres jeweiligen Stellenwerts in Industrie, Kirche, Kunstbetrieb, Politik und dem ältesten Gewerbe der Welt ist kaum zu übersehen. Als Archilochos Einblick in die Vergangenheit seiner inzwischen angetrauten Frau gewinnt, wird er zum Revolutionär. Mit einer Handgranate will er den Staatspräsidenten umbringen, ist aber unfähig, sein Vorhaben auszuführen. In einer abschließenden Wutszene jagt er seinen Bruder samt einer Gruppe Zecher aus seinem Rokokoschlößchen. Ein zweites Ende – mit weniger klaren gesellschaftspolitischen Implikationen – »für Leihbibliotheken« ist dem eigentlichen Schluß nachgestellt. Es zeigt die Wiedervereinigung mit Chloé in Griechenland. Inzwischen hat in der Heimat eine Revolution stattgefunden, das Machtkartell gewechselt. Politisch bleibt alles beim alten, der Dollar ist nach wie vor »notwendig«. Archilochos und Chloé, die zurückgekehrt sind, reisen desillusioniert wieder nach Griechenland. Die einzige ernste Note in diesem Vexierspiel westlicher Kulturgüter und der heiligen Kühe industriell-politischer Verfilzung ergibt sich durch die Zentralstellung der (Nächsten-)Liebe als läuternde Kraft. Bemerkenswert ist, daß gerade der Staatspräsident, den Archilochos ermorden will, als Repräsentant dieser Liebe erscheint. Hier, im nächtlichen Gespräch im Palais, mündet die parodistisch-kritische Intention der Erzählung ins Märchenhafte, das dann (für den intellektuell weniger privilegierten Leser öffentlicher Bibliotheken) im zweiten Schluß vollends die Oberhand gewinnt.

Dürrenmatts »Prosakomödie« ist einhellig als »[...] eine seiner witzigsten, heitersten, liebenswürdigsten, feinstgesponnenen Erzählungen« (Spycher K 17; 230) gewürdigt worden. Ob der Humor des Texts, der sich zumeist in grober Situationskomik oder platten Wort- und Namensspielereien erschöpft, diese Würdigung verdient, sei dahingestellt. Fest steht indessen, daß die bunte Mischung herkömmlicher Gattungen eine klare Aussage weitgehend blockiert, daß die Erzählung – ihre Wirkungsgeschichte und das Fehlen von Spezialuntersuchungen beweisen das – kaum anders zu lesen ist als ein traditioneller Komödientext: mehr oder weniger unterhaltsam, dabei grundsätzlich affirmativ gegenüber der komödiantisch erhellten Weltordnung. Der Text wurde 1967 verfilmt.

Literatur

Peter Nusser: ›Grieche sucht Griechin‹. Dürrenmatts didaktisches Spiel mit dem trivialen Frauenroman. Ein Beitrag zur Überwindung von Literaturbarrieren. In: WW 33 (1983) 41–52.

5. »Die Panne« (1956) und »Im Coiffeurladen« (1957)

Die Dürrenmatt-Forschung ist sich uneins, ob die Hörspielfassung vor oder nach der Buchfassung der »Panne« entstand. Die Umstände der jeweiligen Veröffentlichungen sprechen indessen ebenso wie die Textgestalt dafür, daß die Erzählung später als das Hörspiel geschrieben wurde – gleichsam als Gegenentwurf. Eine Bühnenfassung, die sich etwa gleichzeitig in Arbeit befand, ist erst 1979 veröffentlicht worden.

Die Erzählung trägt einen deutlich kriminalistischen Anstrich, auch wenn sie mit ihrer Grundkonzeption an Kafkas »Der Prozeß« (A. Arnold), in der Thematik an Arthur Millers »Tod des Handlungsreisenden« (Bänziger) erinnert. Sie gehört in den unmittelbaren Entstehungszusammenhang von »Der Besuch der alten Dame«. Motivische Parallelen sind ebenso offensichtlich wie eine weitgehende Annäherung der Erzählprosa an Spielprinzipien der Komödie. Auslöser des Geschehens ist abermals ein Zufall, nun in Gestalt einer Automobilpanne (der ersten »Panne« der Erzählfassung, der einzigen in der Hörspielversion), die den Generalverteter Alfredo Traps zur Übernachtung im Hause des pensionierten Richters Werge nötigt. Im Lauf des Abends wird Traps von Werge und seinem Freundeskreis des Mordes an seinem Chef Gygax überführt – eines Mordes, den er im juristischen Sinne nicht begangen hat. Zunächst beteuert er seine Unschuld, im Lauf des Verhörs bekennt er sich dann schuldig und nimmt das gegen ihn ausgesprochene Todesurteil an. Zum Entsetzen seiner Gastgeber – hier die zweite »Panne« – erhängt er sich daraufhin in seinem Zimmer. In der Hörspielfassung fährt er dagegen, unbelehrt und ungerührt, am Morgen im rotlackierten Studebaker zum nächsten Opfer seines skrupellosen Geschäftssinnes.

Gemessen am kriminalistischen Zuschnitt der Erzählung, der die Lesehaltung weitgehend bestimmt, durchweg aber Züge der Parodie trägt, entzieht sich die dem Text zugrundeliegende Frage nach einer wie auch immer gearteten Gerechtigkeit zunächst einer eindeutigen Antwort. Traps, der schäbige »Zeitgenosse« (WA 20; 40), entspricht dem in den »Theaterproblemen« umrissenen Repräsentanten der modernen Welt: »Mit einem kleinen Schieber, mit einem Kanzlisten, mit einem Polizisten läßt sich die heutige Welt besser wiedergeben als mit einem [...] Bundeskanzler. Die Kunst dringt nur noch bis zu den Opfern vor, dringt sie überhaupt zu Menschen, die Mächtigen erreicht sie nicht mehr.« (WA 24; 60). Der letzte Satz ist der entscheidende. Traps ist ebenso sehr Repräsentant wie Opfer seines Zeitalters der Hochkonjunktur. ›Schuldig‹ ist er vielleicht im moralisch-ethischen Sinne (wobei feststeht, daß sein Opfer Gygax keinesfalls ›besser‹ ist als er), nicht mehr und nicht weniger indessen als viele seiner Zeitgenossen. Insofern muß der Text eher als Sozialpathographie eines Zeitalters gelesen werden denn als individuelle Charakterstudie. Hierfür spricht auch die vom Autor »Erster Teil« betitelte Einleitung des eigentlichen Geschehens: »So droht kein Gott mehr, keine Gerechtigkeit, kein Fatum wie in der fünften Symphonie, sondern Verkehrsunfälle, Deichbrüche infolge Fehlkonstruktion, Explosion einer Atombombenfabrik, hervorgerufen durch einen zerstreuten Laboranten, falsch eingestellte Brutmaschinen.« (WA 20; 39)

Gerechtigkeit als verbindliches, vorherrschendes Prinzip existiert nicht mehr in der Welt des Alfredo Traps. Sie kann sich bestenfalls im schrulligen Ritual der alten Männer manifestieren, und dort nur als bizarrer Ausnahmefall. Wie Dürrenmatt in »Das Versprechen« (Buchversion) das bürgerlich-legalistische Ordnungsprinzip endgültig destruiert, so denunziert er in »Die Panne« ein prinzipielles, ethisch fundiertes Gerechtigkeitsdenken als Hirngespinst, das nur noch in den Köpfen einiger zechender Greise seine Daseinsberechtigung hat. Gerechtigkeit ist, wie alles andere, im Zeitalter des Wirtschaftswunders derart vermarktet worden – hier die Thematik des gleichzeitig entstandenen Stückes »Der Besuch der alten Dame« –, daß sie nur noch vom einzelnen, und da in ihrer skurrilsten Form, realisiert werden kann.

Insofern also scheint der Selbstmord Traps' weniger eine Schuldanerkennung im Sinne eines vorangegangenen Läuterungsprozesses zu signalisieren (Spycher vertritt diese Meinung: »[...] in der *Panne* weiht sie [sc. die Gerechtigkeit] einen Mann [...] spielerisch, verständnisvoll, ja fast gnadenhaft in ihr hehres Geheimnis ein und hebt den einsichtig Gewordenen zu sich empor« [K 17; 235]), als vielmehr eine ironische Wendung des Erzählvorgangs, die auf die Unmöglichkeit verweist, das Problem von Schuld und Sühne in einer vermarkteten, verdinglichten Welt noch künstlerisch plausibel darzustellen. Ironisch zugespitzt bedeutet das, daß sogar dann, wenn ›Gerechtigkeit‹ nur im bizarren und scheinbar folgenlosen privaten Schauprozeß ›durchspielt‹ wird, es zur »Panne« kommen kann, die den Spaß am Richten und Plädieren gründlich verdirbt. Im harmlosen Zeitvertreib der alten Männer (nicht umsonst sind alle Figuranten des ›Prozesses‹ Pensionäre!) erweist sich so das Verfechten dieser Gerechtigkeit als gefährlicher Anachronismus: Die Regeln der ›alten‹ Zeit lassen sich nicht ungestraft auf die Gegenwart anwenden.

Von diesem Blickpunkt aus gesehen, ist die Erzählfassung der »Panne« die überzeugendere Version. Die Zurücknahme eines verbindlichen Gerechtigkeitsbegriffs ist, bei aller Ironisierung, noch nachdrücklicher ausgesprochen als im Hörspiel, wo Traps zwar seine Schuld auf sich nimmt, das Ganze aber am Folgetag als »spaßig« abtut. Trotzdem scheint der Autor, was den Schluß betrifft, »[...] im Zustand einer sonderbaren Unentschiedenheit zu verharren« (H. Mayer 15; 40). Diese bezieht sich weniger auf die Durchführung des Themas als auf die jeweils zu erwartende andere Rezeption. Es trifft wohl zu: »Jedenfalls ist durch das Gericht und den turbulenten Abend in Traps nichts verändert worden.

Auch durch seinen Tod wird nichts verändert.« (H. Mayer l.c. 45). Trotzdem läßt gerade der Selbstmord in der Erzählung auf das Vorhandensein eines Gerechtigkeitsprinzips ›hinter den Kulissen‹ schließen und den Text somit völlig mißverstehen. Dürrenmatt muß diese Ambiguität gesehen haben.

Auch in dem kurzen Text »Im Coiffeurladen« ist ein traditioneller Gerechtigkeitsbegriff ad absurdum geführt, wenn die Hauptfigur – ein bankrotter Bankier – unabsichtlich zum Attentäter wird und sich daraufhin selbst der Polizei übergibt. So erscheint das Romanfragment als mögliche Variante zur »Panne«, allerdings in weitaus konventionellerer Durchführung. In seiner späteren Einbettung in das vierteilige Fragment »Aufenthalt in einer kleinen Stadt« gewinnt der Text keineswegs an Plausibilität. Dürrenmatt hätte besser auf die Veröffentlichung des ganzen verzichtet.

Literatur

Lida Kirchberger: ›Kleider machen Leute‹ und Dürrenmatts ›Panne‹. In: Monatshefte 52 (1960) 1–8.
Werner Kohlschmidt: Selbstrechenschaft und Schuldbewußtsein im Menschenbild der Gegenwartsdichtung. Eine Interpretation des ›Stiller‹ von Max Frisch und der ›Panne‹ von Friedrich Dürrenmatt. In: *Albert Schaefer* (Hg.): Das Menschenbild in der Dichtung. München (= Becksche Schwarze Reihe 34) 1965; 174–193.
Armin Arnold: Friedrich Dürrenmatt and Edgar Wallace. In: International Fiction Review 3 (2/1976) 142–144.
Hans Bänziger: Die Gerichte und das Gericht von Alfredo Traps in einer ländlichen Villa. In: I3; 218–232.
Weitere Literaturangaben unten S. 125

IV. Komödien und Hörspiele (1948-1988)

Mit der Arbeit an »Romulus der Große« vollzieht sich die Wende Dürrenmatts zum Komödienautor. Sein Bühnenwerk beschränkt sich in der Folge auf die Form der Komödie, auch wenn die Stücke im einzelnen beträchtlich variieren. Daß diese Wende »über Nacht« (Tiusanen) geschieht und daß sie einen »Bruch« (Brock-Sulzer) in der Entwicklung des Autors darstellt, erscheint nach genauer Betrachtung der ersten Stücke und der frühen Prosa falsch. Nicht nur stellte das erstveröffentlichte Stück »Es steht geschrieben« – wenn auch noch mit teils unbeholfenen Mitteln – einen zögernden Vorstoß auf das Feld der Komödie dar, von dem der Autor zu lernen vermochte. Auch die Auseinandersetzung mit dem christlichen Weltbild, der Prozeß einer »Säkularisation« (Bark), hatte in den Texten der Sammlung »Die Stadt« ihren Abschluß erreicht. Nicht umsonst vermerkt Dürrenmatt in den »Sätzen für Zeitgenossen« (1947/48) bereits bündig: »Das allermerkwürdigste scheint mir, daß viele an einen Gott glauben, den man photographieren kann.« (WA 28; 12).

Der Zug zur Objektivierung und zur Abstraktion, der die späteren Komödien prägt, deutet sich schon in der 1947/48 verfaßten Aphorismensammlung »Hingeschriebenes« an, in der man Sätze wie die folgenden findet: »Wer eine Welt gebaut hat, braucht sie nicht zu deuten.« Oder: »Auch in der Dramatik wird der Held durch ein Kollektiv ersetzt.« (WA 27; 11). Zweifellos fällt in diese frühe Phase der vorläufigen Konsolidierung des Komödienbegriffs auch Dürrenmatts erste Auseinandersetzung mit Brecht. Das genaue Ausmaß dieses Einflusses – daß ein solcher vorgelegen hat, läßt sich unmißverständlich an den ersten Komödien ablesen – ist werkgeschichtlich nicht restlos geklärt. Dürrenmatt selbst hat sich über die Bedeutung Brechts für die eigene literarische Entwicklung weitgehend ausgeschwiegen.

Waren also wesentliche Stufen auf dem Weg zur Formulierung eines Komödienkonzepts in den frühen Texten ansatzweise vorgezeichnet, so begünstigen die äußeren Umstände diese Wende. Die praktische Arbeit am Kabarett unterstützt die Hinwendung zu zeitgenössischen Stoffen und zu einer Form, die offensichtlich dem Publikumsbedürfnis der vierziger und fünfziger Jahre entgegenkam. Im Hinblick auf die Situation des deutschsprachigen Theaters dieser Jahre wird offensichtlich, daß ein akuter Bedarf an aktuellen Komödientexten vorlag. Einerseits galt die Komödienproduktion der Expressionisten aus den Jahren nach dem Ersten Weltkrieg und der gescheiterten Revolution 1918/1919, von Autoren also wie Sternheim, Toller und Kaiser, als verstaubt. Zum anderen waren die Werke vieler Exilschriftsteller, die im Ausland starben, noch nicht wieder »entdeckt«. Dürrenmatt stößt (ähnlich wie sein Landsmann Frisch mit einer gänzlich verschiedenen Konzeption) in ein theatergeschichtliches Vakuum, das sich erst um das Jahr 1960 mit einer neuen Generation von Stücken, neuen Inhalten in gewandelter Darbietung, zu füllen beginnt. Und in der Tat sind es die Jahre von 1952 bis etwa 1965, in denen seine Anerkennung als Bühnenautor ihren Höhepunkt erreicht. So bleibt die Entwicklung des Bühnenwerks nicht nur an das ›äußere‹ Weltgeschehen gebunden, zu dem es kritisch Stellung bezieht, sondern sie richtet sich auch nach den sich wandelnden Rezeptionsbedingungen, die, wenn nicht über den Wert eines Textes, so doch über seinen Erfolg oder Nichterfolg entscheiden.

Etwa gleichzeitig mit der Komödienproduktion Dürrenmatts setzt seine theoretische Reflexion übers Theater ein, zunächst in Form von »hingeschriebenen« Aphorismen, in denen grundlegende Erkenntnisse mit offenkundigen Gemeinplätzen sich abwechseln, dann – und dieser Komplex ist bislang zu wenig beachtet worden – mit Theaterkritiken, die er während der Spielzeit 1951/52 im Auftrag der Züricher ›Weltwoche‹ schreibt. Als Zeugnisse eines Reifungsprozesses bieten diese Texte neben Banalem und Alltäglichem manche wichtige Einsicht. Man vergleiche etwa die beiden Kritiken zu Schillers »Räubern« aus den Jahren 1948 und 1951: Wo sich erstere (WA 25; 23 ff.) mit einer psychologisierenden, stellenweise theologisierenden Nachzeichnung der Handlung begnügt, bietet die zweite eine ästhetische Kritik, die über den Mangel an komischen Zügen im Stück zu dem Verdikt einer Wirkungslosigkeit der »Klassiker« vorstößt: »Man erschrickt nicht bei Klassikern. Man klatscht.« (WA 25; 45). Oder Dürrenmatt bespricht eine Komödie von Christopher Fry – dessen beträchtlicher Einfluß auf sein eigenes Werk noch zu untersuchen wäre –; kritisiert »[...] die unglaubliche Billigkeit [...], die geradezu fürchterliche Primitivität [...]« (WA 25; 54) der in einem Theaterstück zusammengefaßten Philosophie Sartres; lobt Molière und Lessing und macht erstmals Bekanntschaft mit dem Operettenkomponisten Paul Burkhard, der später die Musik zu »Frank der Fünfte« schreiben wird. Sein »Offener Brief des Schriftstellers Friedrich Dürrenmatt an den Theaterkritiker Friedrich Dürrenmatt« will am Beispiel von Bruckners »Pyrrhus und Andromache«, zuvorderst wohl in eigener Sache, den Beweis erbringen, daß die Tragödie keine tragfähige Gattung mehr ist. (Zu Dürrenmatts Strindberg-Rezeption vgl. S. 111 f.)

Gleichzeitig mit den Theaterkritiken entstehen die Versuche, seinen eigenen theoretischen Standort zu bestimmen. Die am 22. 2. 1952 (in ›Die Weltwoche‹) veröffentlichte »Anmerkung zur Komödie« liest sich zunächst wie ein Literaturkatalog von Aristophanes über Brecht, Giraudoux, Karl Kraus zu Wedekind, mit einem besonderen Akzent abermals auf Fry und Nestroy (hier nennt der Autor tatsächlich seine literarischen Vorläufer fast vollzählig beim Namen), um dann zum erstenmal den eigenen poetologischen Standort festzulegen. Als wichtigstes Stilmittel der modernen Komödie nennt Dürrenmatt dabei das Groteske, »[...] eine äußerste Stilisierung, ein plötzliches Bildhaftmachen und gerade darum fähig, Zeitfragen, mehr noch, die Gegenwart aufzunehmen, ohne Tendenz und Reportage zu sein« (WA 24; 24 f.). Entscheidend ist schon hier die Ablehnung von »Tendenz« und »Reportage«, eine Absage sowohl an episch-didaktisches wie auch an mimetisches Theater. In der folgenden größeren Abhandlung »Theaterprobleme« (1954), seiner wichtigsten Stellungnahme zu Aufgabe und Möglichkeit des Theaters, liefert Dürrenmatt die *gesellschaftlich-politischen* Grundlagen einer Komödientheorie. Allein die Komödie, so argumentiert er, vermag die notwendige *Distanz* zu vermitteln in der Darstellung einer Welt der Technologie, des Kollektivs, der totalitären, undurchschaubaren Machtstrukturen, die realiter nur noch in der Explosion der Atombombe Ausdruck finden können. Er greift historisch auf die Schuld der »Väter und Vorväter« zurück und verweist die Frage nach Schuld und Schuldverweigerung allein in den privaten Bezirk. Seltsam anachronistisch hebt sich die Figur des »mutigen Menschen« (Dürrenmatt nennt unter seinen Bühnengestalten den Blinden, Romulus, Übelohe und Akki [WA 24; 63]) von der historischen Realität ab: »In der Wurstelei unseres Jahrhunderts, in diesem Kehraus der weißen Rasse, gibt es keine Schuldigen und auch keine Verantwortlichen mehr. Alle können nichts dafür und haben es nicht gewollt. [...] Uns kommt nur noch die Komödie bei.« (ibid. 62)

Die sich hier andeutende Polarität zwischen Tragik (d. h. Verantwortung) des einzelnen einerseits und dem Verlust jeder Individualität und somit Verantwortlichkeit des Kollektivs andererseits wird als Spielprinzip und zugleich als emanzipatorischer Anspruch am einzelnen Komödientext evident. Sie zieht sich, mit Modifizierungen, auch durch die Detektivromane bis hinein in die essayistischen Schriften. Streng genommen unterscheidet sich die Komödientheorie Dürrenmatts bereits in diesem Punkt aufs schärfste von der Konzeption Brechts, die grundsätzlich auf eine Überwindung der individuellen Problematik in der kollektiven Lösung zielt. Dürrenmatt verweist auf diese Unterschiede, wenn er vermerkt: »Brecht denkt unerbittlich, weil er an vieles unerbittlich nicht denkt.« (ibid. 64). Neben der politischen Begründung zielt Dürrenmatt auf eine *ästhetische* Abgrenzung seines Komödienbegriffs, einmal durch seine Betonung des »Einfalls« – »[...] die Einführung eines empirisch beispiellosen extremen Reizfaktors [...]« (Buddecke M 46; 643) – als Spielprinzip, deutlicher aber noch in der Differenzierung von Kunst und Wissenschaft. Wissenschaft, so folgert er in bewußter Verkürzung, sei lediglich am »Resultat« von Prozessen interessiert. Der Bühnenautor hingegen betrachte es als seine Aufgabe, eben jene Vorgänge sichtbar zu machen, die zu Resultaten führen, »[...] Versuchsanordnungen zu erproben, die sich in keinem Laboratorium simulieren lassen, deren potentieller Erkenntniswert ihm aber außer Frage zu stehen scheint« (Buddecke M 46; 644]. An einer Theoriebildung sei ihm dabei ebensowenig gelegen wie an der Ableitung ethischer oder gesellschaftlicher Maximen. Dürrenmatt betont von vornherein den ästhetisch wie politisch ›offenen‹ Charakter seiner Dramaturgie und umreißt somit schon hier jene ›ideologiefeindliche‹ Position, die für die westeuropäischen Verhältnisse der fünfziger und beginnenden sechziger Jahre typisch ist und direkt in seine Arbeiten bis hin zu den späteren Stücken Eingang gefunden hat: »Die Bühne stellt für mich nicht ein Feld für Theorien, Weltanschauungen und Aussagen, sondern ein Instrument dar, dessen Möglichkeiten ich zu kennen versuche, indem ich damit spiele.« (WA 24; 32) Damit setzt sich Dürrenmatt abermals deutlich von der klassizistischen Dramaturgie, aber auch von Brecht ab. Seine Objektivierung der Kunst drängt nicht, wie diejenige Brechts, vermittels einer verfremdenden, durch Abstraktion der Wirklichkeit abgewonnenen Konfiguration auf die eingreifende Stellungnahme des Zuschauers bzw. auf eine Anwendung in der Realität. Sie soll im Gegenteil gerade dadurch erreicht werden, daß sie der Wirklichkeit den Gegenentwurf des freien Spiels gegenüberstellt. Theater ist und bleibt für Dürrenmatt Spielort von Möglichkeiten und Konstellationen, die weder der empirischen Absicherung bedürfen noch notwendig auf eine Übertragung in die Praxis drängen. Auf die Problematik dieser Argumentation kann hier nicht eingegangen werden. Dürrenmatts Theatertheorie, die in ihrem gesellschaftlichen *Anspruch* auf die Freisetzung des Individuellen in der Kunst zielt, die de facto aber hinter die Voraussetzungen einer arbeitsteiligen Gesellschaft zurückfällt, entzieht sich durch ihren Mangel an Systematik, ihre Bedeutung im einzelnen Ansatz wie durch ihre stellenweise gewollte, provokante Widersprüchlichkeit weitgehend einer verkürzenden Darstellung. Sie wird im folgenden Überblick zum Bühnenwerk punktuell herangezogen. Ebenfalls sei auf die Darstellung der essayistischen Schriften (in Kapitel V) verwiesen: Dort verschiebt sich, bei gleichbleibender Tendenz, das Gewicht der Argumentation zugunsten der politischen Stellungnahme, die jedoch wiederum unter dem Aspekt der Dramaturgie erarbeitet wird und nur von diesem Blickpunkt aus auch bewertet werden kann.

1. »Romulus der Große« (1948; 1957; 1961; 1963; 1980)

Kein anderer Text Dürrenmatts ist so häufig einer Revision unterzogen worden wie die erste Komödie »Romulus der Große. Eine ungeschichtliche historische Komödie«. Kein anderes Stück bietet ein vergleichbar anschauliches Beispiel für den theoretischen Reflexionsprozeß, der diesen Änderungen zugrundeliegt. Geschrieben wird diese erste Komödie in Ligerz am Bieler See, gefördert wird ihr Entstehen durch die bescheidene finanzielle Hilfe, die Dürrenmatt mit seiner ersten öffentlichen Anerkennung – dem Preis des Berner Gemeinderats für sein Erstlingsdrama – erhält. Der Autor bricht die Arbeit an dem später von ihm selbst vernichteten »Turmbau von Babel« ab und wendet sich dem Stoff des Untergangs des Römischen Reiches zu. Die Komödie wird am 25. 4. 1949 in Basel uraufgeführt; Regie führt Ernst Ginsberg. Im gleichen Jahr wird in Zürich das Stück in einer leicht modifizierten Fassung inszeniert. Beide Aufführungen haben nur bedingt Erfolg. Das gilt auch für die Göttinger Inszenierung vom Oktober 1949, die erste Dürrenmatt-Aufführung in Deutschland.
Der Text liegt in fünf verschiedenen Fassungen vor:

a) Fassung der Basler Uraufführung (Typoskript des Reiss-Bühnenvertriebs, Basel 1956);
b) 2. Fassung von 1957, uraufgeführt am 24. 10. 1957 im Schauspielhaus Zürich; veröffentlicht 1957;
c) 3. Fassung von 1961, veröffentlicht 1961;
d) 4. Fassung von 1963, Bearbeitung für das Théâtre National Populaire Paris; veröffentlicht 1964;
e) 5. Fassung, »Neufassung« von 1980, die »im wesentlichen« auf der zweiten und vierten Fassung beruht.

Die jeweiligen Veränderungen betreffen, von Details abgesehen, vor allem den IV. Akt. Die Fassung der Uraufführung zeigt Romulus als planvoll Handelnden, als Politiker des Friedens. Hier dominiert eine Komik, die in den späteren Fassungen seit 1957 durch Anflüge einer persönlichen Tragik, des Scheiterns eines nun nicht mehr so gradlinig handelnden Kaisers gebrochen erscheint. Insofern reflektieren die Überarbeitungen die immer konsequentere Übertragung der theoretischen Schriften zum Theater auf den Text, die sich in der sukzessiven Entwertung des individuellen Handlungsspielraums ausdrückt. Läßt a) die Konzeption eines humorvollen »Landesverräters« in der Figur des Romulus erkennen (so vermerkt Dürrenmatt in der ersten »Anmerkung«: »Ich rechtfertige einen Landesverräter [...] aber einen von denen, die es nie gibt.« [A6; 177]), des humanitären Endzeitpolitikers, so wird diese in b) bereits dem Bild des »mutigen Menschen« angepaßt, des Schwärmers, der in c) und d) dann zum Narren hin tendiert. So verändert sich das Stück in seinen fünf Fassungen vom utopischen Gegenentwurf einer Politik der Menschlichkeit (der »bewußt utopische[n] Politidylle« [Scholdt]) zur resignativen Satire, deren letzter Befund nur die Machtlosigkeit des einzelnen angesichts der Willkür weltpolitischer Umbrüche sein kann.

In vier »Anmerkungen« aus den Jahren 1949 bis 1980 umreißt der Autor die ihm jeweils wichtigen Deutungsaspekte (vgl. A6; 175f. bzw. 177f.; A1; 78f. bzw. WA2; 119–123) des Stückes. Zu a) vermerkt er: »Aber Romulus rebelliert. Auch wenn die Germanen kommen. Dies sei gelegentlich zur Nachahmung empfohlen. [...] Ich bitte, den Staaten scharf auf die Finger zu sehen und sehe ihnen scharf auf die Finger.« (A6; 177f. bzw. WA2; 121). Tatsächlich trägt die »ungeschichtliche historische« Komödie in ihrer Erstfassung Züge eines Lehrstücks. In der Gestalt des hühnerzüchtenden Kaisers entheroisiert Dürrenmatt Geschichte und gibt sie dem Gelächter seines Publikums preis. Die Gegenkonzeption zur Realhistorie, wie sie die vier Akte des Stückes vorführen, löst zugleich die Form des historischen Dramas von innen her auf (Ansätze waren hierfür bereits in »Es steht geschrieben« sichtbar) und erhebt die Frage, ob Geschichte nicht auch *so*, als der *planmäßige* Vollzug der Destruktion eines Großreiches, denkbar sei. Die innere Dialektik strebt durch die drei ersten Akte direkt auf den Schluß hin, in dem sich dann die Strategie des Kaisers – und des Stückes – voll enthüllt. Verweisen die lehrstückhaften Aspekte direkt auf eine erste Brecht-Rezeption Dürrenmatts, die in den späten vierziger Jahren anzusetzen ist, so hält die Struktur der Komödie (dies gilt auch für alle Bearbeitungen) klar an den aristotelischen Einheiten fest: Akt I bietet eine Exposition, indem er die Charakterisierung des Romulus der Lage des Reiches konstrastiert. Akt II und Akt III bringen die Durchführung des Geschehens,

das lediglich 24 Stunden umspannt, und Akt IV – nach der
Scheinkrise der versuchten Ermordung des Kaisers am Ende
von III, die komisch-wirkungslos verpufft – die Lösung des
Konflikts in ironisch-komödiantischer Pointierung. Integra-
tionspunkte für den Verlauf der Handlung wie der inneren
Dialektik bilden jeweils die Schlußsentenzen der einzelnen
Akte: »Rom hat einen schändlichen Kaiser!« (I) »Dieser Kaiser
muß weg!« (II) »Wenn dann die Germanen da sind, sollen sie
hereinkommen.« (III). Die Sprache des Stückes – sichtbar beeinflußt von Wedekind, Shaw und Fry – antizipiert im ganzen
schon den späteren Komödienstil. Neben der ›entschärfenden‹
Pointe, dem sprachlichen understatement, verwendet Dürrenmatt Sprachspiele und den bewußten Kontrast verschiedener
Stilebenen, des Pathos und der Platitüde, die dem dramaturgischen Stilmittel einer Gleichsetzung des Ungleichwertigen ent-
sprechen. Hier arbeiten stilistische Pointe und grotesker Effekt
erstmals Hand in Hand.

Die Ästhetik des Stückes vereint somit bereits alle für die
Komödien Dürrenmatts spezifischen Komponenten: ein Anti-
Illusionstheater, das Wirklichkeit nicht nachahmen, sondern
durch ein artistisches Gegenkonzept in Frage stellen will; die
sich selbst in der Pointe durchgängig relativierende Sprache,
deren komödiantischer Anstrich nicht auf die Vermittlung *rea-
ler* gesellschaftspolitischer Alternativen angelegt ist, die aber im
gelungenen Einzelfall durchaus die Bloßstellung abgelebter
Denk- und Sprachformen zu leisten vermag. Die lehrstückhafte
Anlage der Erstfassung drängt, wiewohl das Ganze bereits im
ungeschichtlichen Raum suspendiert erscheint, noch auf eine
zumindest spielerische Anwendung hin. Diese wird dann, entsprechend der späteren Komödientheorie, in den Revisionen
zurückgenommen: Es tritt die schlimmstmögliche Wendung
ein.

Weniger geschlossen als die Urfassung erscheinen dagegen
alle späteren Überarbeitungen, auch wenn sie im dramaturgischen Detail überzeugender wirken. Zu b) merkt der Autor an,
daß der Kaiser »[...] dem Publikum nicht allzu schnell sympa-
thisch erscheinen darf« (A 6; 176 bzw. WA 2; 120). In der Tat
wird so die Verfremdung, die in a) Resultat der Gesamtkonzep-
tion ist, auf den Exponenten übertragen, der nun als tragisch
Handlungsunfähiger aus dem Geschehen heraus bzw. neben das
Geschehen tritt. Romulus wird zum Bärlach der Detektivromane und verliert an Geschlossenheit, indem er eine Tragik
annimmt, die »[...] in der Komödie seines Endes, in der Pensio-

nierung liegt [...]« (A 6; 176 bzw. WA 2; 120). In Fassung d), die etwa mit der Arbeit am »Meteor« zusammenfällt, überlagert sich ihr dann zusätzlich der Zug der Ohnmacht in der Lächerlichkeit: Romulus, nachdem alle seine Pläne gescheitert sind, nachdem er sein Volk geopfert hat, darf (wie Schwitter im »Meteor«) nicht sterben. Sein Kalkül hat sich gegen ihn gewendet, er kann sich nur – wie der Möbius der »Physiker« im Irrenhaus – in der Villa des Lukull zur Ruhe setzen. Der Wandel in der beabsichtigten Tendenz der vier Fassungen des Stücks signalisiert Schritt für Schritt den Weg vom komödiantischen Entwurf eines Lehrstücks einer Politik der Humanität über die Einsicht in die Unmöglichkeit einer Einflußnahme des einzelnen auf weltgeschichtliche Zusammenhänge – es sei denn im Solipsismus des »mutigen«, aber tragisch-scheiternden Menschen – zu der für die frühen sechziger Jahre typischen Position der totalen ideologischen Verweigerung.

Im Urteil der Interpreten über die Gestalt des Romulus, die für jede Deutung des Stückes zentral bleiben muß, spiegelt sich die Zwiespältigkeit der späteren Konzeptionen: Romulus wird als eine Verschmelzung des Schweyk mit Marc Aurel, dem Philosophen der Humanität (Durzak), gesehen, als »Trottel« und doch »beinahe als tragischer Held« (A. Arnold). Gerade angesichts dieser Widersprüchlichkeit ist kein anderes Stück Dürrenmatts geeigneter, den Wandel im ästhetisch-dramaturgischen Konzept sichtbar zu machen, vor allem jedoch die Veränderungen eines Geschichtsbilds, das ebenfalls keineswegs widerspruchsfrei sich entwickelt.

Literatur

Philippe Ivernel: ›Romulus le Grand‹. In: Théâtre Populaire 54 (1964) 90 f.
Horst Haller: Friedrich Dürrenmatts ungeschichtliche Komödie ›Romulus der Große‹. Ein Versuch, sie zu verstehen. Braunschweig (= Germanistische Studien 1) 1966; 77–106.
Elfriede Bayerl: Friedrich Dürrenmatts ›Romulus der Große‹. Ein Vergleich der Fassungen. Wien (= Phil. Diss.) 1970.
Günter Scholdt: Romulus der Große? Dramaturgische Konsequenzen einer Komödien-Umarbeitung. In: ZfdPh 97 (1978) 270–287.
Donald G. Daviau: Romulus der Große. A Traitor for our Time? In: GR 54 (1979) 104–109.
Wilhelm Große (Hg.): Materialien. Friedrich Dürrenmatt »Romulus der Große«. Stuttgart 1980.
Ulrich Profitlich: Geschichte als Komödie: Dürrenmatts *Romulus der*

Große. In: *Walter Hinck* (Hg.): Geschichte als Schauspiel. Deutsche Geschichtsdramen. Interpretationen. Frankfurt (= suhrkamp taschenbuch 2006) 1981; 254–269.
Hans Wagener: Heldentum heute? Zum Thema Zeitkritik in Dürrenmatts *Romulus der Große.* In: 17; 191–206.
Jennifer E. Michaels: Vom ›Romulus‹ zum ›Engel‹. In: 18; 54–70.
Gerhard P. Knapp: Friedrich Dürrenmatt. Romulus der Große. Frankfurt (= GG 6062) 1985.
Hans Wagener (Hg.): Erläuterungen und Dokumente. Friedrich Dürrenmatt. Romulus der Große. Stuttgart (= Reclams UB 8173) 1985.
Wilhelm Große: Friedrich Dürrenmatt. Romulus der Große. München (= Oldenbourg Interpretationen 47) 1990.

2. »Die Ehe des Herrn Mississippi« (1950; 1957; 1961; 1969; 1980)

Gleichzeitig mit »Der Richter und sein Henker« entsteht, noch immer in Ligerz, »Die Ehe des Herrn Mississippi. Eine Komödie in zwei Teilen«, an der Dürrenmatt noch bis zur Uraufführung am 26. 3. 1952 in den Münchner Kammerspielen (Regie: Hans Schweikart) feilt. In den unmittelbaren werkgeschichtlichen Kontext gehört das Hörspiel »Der Prozeß um des Esels Schatten« (vgl. S. 74 f.) und Dürrenmatts Arbeit als Theaterkritiker der ›Weltwoche‹. Die Uraufführung wird zum uneingeschränkten Erfolg bei Publikum und Kritik. Sie bedeutet für den Autor die endgültige Anerkennung als einer der wichtigsten Bühnenautoren deutscher Sprache. Die Erstfassung erscheint bereits 1952 im Druck. Aufführungen im westlichen Ausland (New York 1958, London 1959) werden wohlwollend, aber (noch) ohne große Begeisterung zur Kenntnis genommen.

Dürrenmatt selbst inszeniert das Stück 1954 in Bern – seine erste Erfahrung als Regisseur. Anläßlich einer Züricher Neuinszenierung (unter Leopold Lindtberg) entsteht 1957 eine zweite Fassung, die im gleichen Jahr veröffentlicht wird. Ein Filmdrehbuch liegt 1961 vor (Regie: Kurt Hoffmann; die Aufführung beim Berliner Filmfestival 1961 wird zum Mißerfolg), zugleich die dritte Revision der Komödie (vgl. WA 3; 115 ff.). Im Rahmen seiner Tätigkeit als Mitglied der Direktion der Basler Bühnen entwirft Dürrenmatt 1969 eine vierte Fassung, die er wegen seines Ausscheidens aus der Bühnenleitung zwar nicht zur Aufführung bringt, aber im Folgejahr als »Mississippi 1970« veröffentlicht. Die verschiedenen Überarbeitungen während eines Jahrzehnts stellen in erster Linie dramaturgische und sprachliche Eingriffe dar. An der Substanz des Stückes ändert sich wenig. Am größten sind die Unterschiede zwischen der ersten und der zweiten Fassung, wobei die Tendenz der Revision offensichtlich auf eine Reduktion des »phantastischen« Anstrichs der Komödie, des sprachlichen Pathos und überdeutlicher religiöser Anklänge hinausläuft (Phelps l.c.). Ein Vergleich der Bearbeitungen zeigt jeodch einen gedanklichen Klärungsprozeß, der sich von dem Experimentcharakter der zwei ersten Fassungen zur überzeugenden Konfiguration (insbesondere im Drehbuch) verdichtet. Die »Neufassung 1980« bildet eine »Art Synthese«: »Im großen und ganzen ist der Erste Teil der zweiten und der Zweite Teil der dritten Fassung nachgebildet [...]« (»Anmerkung III« in: WA 3; 210).

Die Untersuchung der literarischen Einflüsse, die in der Komödie wirksam werden, hat die Interpreten genügend beschäftigt; zu greifbaren Ergebnissen ist man indessen kaum gelangt. Offensichtlich ist – im Situativen wie im Sprachlichen – der Einfluß Wedekinds. Dürrenmatt mußte sich gegen den Vorwurf des Plagiats verwahren, der von Tilly Wedekind, der Witwe des Autors, vor dem Schutzverband Deutscher Schriftsteller 1952 gegen ihn erhoben wurde: Er habe »Schloß Wetterstein« abgeschrieben bzw. andere Arbeiten Wedekinds reichlich geplündert. Dürrenmatts Stellungnahme zu diesem Vorwurf (»Bekenntnisse eines Plagiators«, ›Die Tat‹ 9. 8. 1952 bzw. WA 3; 211 ff.) stellt eine seiner aufschlußreichsten Äußerungen über den eigenen Arbeitsprozeß dar, weil sie diesen erhellt und nicht, wie häufig, verschleiert. Auch die Parabeln Brechts dürfen als möglicher Denkanstoß für die Grundkonzeption gelten, läßt Dürrenmatt doch im »Mississippi« erstmals seine Figuren bestimmte ideologische Positionen verkörpern. Jene »Dialektik *mit* Personen« (ibid. 216), die er selbst auf Wedekind (und indirekt auf Kleist!) zurückführt, dürfte weit eher in den Wirkungskreis Bert Brechts verweisen – ein Umstand, der den Interpreten bislang entgangen ist. Daß diese »Dialektik« am Ende dann komödiantisch-resignativ abgebogen wird, ändert grundsätzlich nichts an ihrem Einfluß auf die Ästhetik des Stückes. Unübersehbar sind ebenfalls die zahlreichen episierenden Einschübe, die weniger parodistisch (Durzak) als mit deutlicher Experimentierfreude eingesetzt erscheinen. Auch eine Einwirkung Frischs auf das Stück ist betont worden (Bänziger). Tatsächlich ist der fast gleichzeitig entstandene »Graf Öderland« (1. Fssg. 1951) Frischs Antwort – die er übrigens 1956 und 1961 revidierte – auf eine ähnlich gelagerte Ausgangsfrage, und die radikal unterschiedliche Gesellschaftskritik beider Stücke läßt eindringlich auf die jeweiligen Positionen der beiden schweizer Autoren schließen. (Vgl. hierzu auch Dürrenmatts »Öderland«-Kritik WA 25; 38 ff.) Gemeinsamkeiten scheinen am ehesten im geteilten Unbehagen an der Gesellschaft zu liegen, weitere Einflüsse können beim genaueren Textvergleich ausgeschieden werden. Schließlich scheint die Komödie zumindest in ihrer Grundkonstellation Spuren einer Strindberg-Rezeption aufzuweisen, die werkgeschichtlich noch nicht näher untersucht wurde. Tatsächlich sah Dürrenmatt den »Totentanz« nach eigener Maßgabe 1948 in Basel. Drei Jahre später rezensiert er eine Aufführung der »Gespenstersonate« in der ›Weltwoche‹. Als erstes Anzeichen einer Auseinandersetzung mit Strindberg, die in »Der Meteor« aufgegriffen und in »Play Strindberg« weitergeführt wird, verdiente der Fragenkomplex Aufmerksamkeit.

Dürrenmatt selbst hat mit Deutungsversionen für sein Stück nicht gegeizt: der Beweis einer »bemerkenswerten Unsicherheit« (Durzak) des Autors seinem Stoff gegenüber? So läßt er in einem langen episierenden Monolog im ersten Teil den Grafen Bodo von Übelohe-Zabernsee feststellen, »[...] daß es dem neugierigen Autor auf die Frage ankam, ob der Geist – in irgendeiner Form – imstande sei, eine Welt zu ändern, die nur existiert, ohne eine Idee zu besitzen, ob die Welt als Stoff unverbesserlich sei [...]« (A 1; 118; vgl. WA 3; 57). Die drei Männer, die die Welt »aus verschiedenen Methoden« verändern wollen, verkörpern jeweils die Grundpositionen der derzeit herrschenden Ideologien: Florestan Mississippi, bürgerlicher Generalstaatsanwalt alttestamentarischen Zuschnitts, bekämpft den Verfall der (westlichen) Rechtsgrundsätze. Frédéric René Saint-Claude, überzeugter Marxist, arbeitet für die Weltrevolution. Der dritte schießlich, Übelohe, im Besitz der göttlichen Gnade, verkörpert nach Dürrenmatts eigener Aussage den »mutigen Menschen« im Angesicht einer »verlorene[n] Weltordnung«, die er »in seiner Brust« (WA 24; 63) wiederherzustellen vermag. Am Totentanz der Ideologien – hier die an Strindberg gemahnende Konstellation, die durch die ›mörderische‹ Ehe Mississippis und Anastasias noch unterstrichen wird – entfaltet sich die Argumentation des Stückes in formaler Zweiteilung. Sprachlich ist der Text insofern noch den Arbeiten der zweiten Schaffensphase verpflichtet, als er stellenweise eher verspielt als konzis erscheint und bis zur Manier auf die Pointe hin drängt. Andererseits zeigen gerade die beiden letzten Überarbeitungen eine Tendenz zur stilistischen Verkürzung, wie sie die Komödienproduktion ab dem »Besuch« prägt.

Der Verlauf dieser »Dialektik« von Ideen ist nicht ohne die Berücksichtigung des Hintergrundes, vor dem das Stück entsteht, adäquat zu deuten. »Mississippi« ist Dürrenmatts erste Komödie, in der er einen Stoff der Gegenwart bearbeitet. Die Positionen der Antagonisten Mississippi und Saint-Claude stehen für die weltgeschichtlich sich immer mehr verhärtenden Fronten von West und Ost. Beide sind gleichermaßen skrupellos angelegt: in ihrem Fanatismus bieten sie keine plausible Alternative. Der Staatsanwalt, der seine erste Frau ermordet hat, läßt unbedenklich die Todesstrafe walten, wo er das Gesetz Mosis gebrochen sieht. (Dürrenmatt hat hier die ökonomische Basis des bürgerlichen Rechtsdenkens noch nicht erkannt. Hiervon wird er dann in »Stranitzky« und im »Besuch« handeln.) Saint-Claude versucht sich als Revolutionär und wird als Stümper erledigt. Der rigorose Moralismus, wie ihn beide vertreten, wirkt als Abstraktion der »Spielregeln« der jeweiligen Lager letztlich nicht überzeugend, und Mississippis Schlußsentenz: »So fielen wir, Henker und Opfer zugleich, durch unsere eigenen Werke« (A 1; 157 bzw. WA 3; 112) bleibt im ästhetischen Raum der Komödie verfangen – übertragbar auf die symbolisch verkörperte Realität ist sie nicht. Auch das Ende der Titelfigur spricht für sich: Der Staatsanwalt hatte sich der Gattenmörderin Anastasia in einer Strindbergschen Ehe verbunden, die »für beide Teile die Hölle« bedeutete. Er stirbt im Bühnenstück durch Gift. In der Filmversion dagegen landet er im Irrenhaus, gleich dem Physiker Möbius, am Ende hilflos beteuernd: »Ich wollte doch nur die Welt ändern. Und die Welt muß geändert werden. Es ist mir nicht gelungen. Aber andere werden kommen. Immer wieder. Mit immer neuen Ideen. Die Welt muß geändert werden ... Die Welt muß geändert werden ... Die Welt muß geändert werden ... Die Welt muß geändert werden ...« (WA 3; 205).

Genau besehen, ist es im Rahmen des Spiels nicht eigentlich die ›Welt‹, an der diese Änderungsversuche scheitern. Es ist Anastasia, Katalysator für Mississippi und Saint-Claude, ästhetisches Regulativ der Skrupellosigkeit der Antagonisten, die sie selbst noch zu übertreffen vermag, eben weil sie nicht ›ideologisch‹ belastet und völlig amoralisch ist. Als Vorwegnahme der Claire Zachanassian, auch der Rolle des Kurt in »Play Strindberg«, verkörpert sie das Prinzip der Käuflichkeit, moderner ausgedrückt: der totalen Vermarktung. Indem sie jedoch, als neuzeitliche Variante der mittelalterlichen Allegorie von der »Frau Welt«, als »Große Hure von Babylon« (Tiusanen), über sich selbst hinauswächst, bestätigt sie den Befund des Stückes. Nur Übelohe bleibt am Ende übrig: eine armselige Don-Quixote-Karikatur, die als einzige – und ebensowenig einleuchtend wie Knipperdollinck auf dem Rad – noch an die Gnade Gottes glaubt.

»Mississippi« ist die erste konsequente Anwendung der in den »Theaterproblemen« entworfenen Komödientheorie und somit ein politisches Stück. Es kann kaum zutreffen, daß die Komödie »[...] dem Mißverständnis am offensten zugänglich ist« (Brock-Sulzer K 2; 45). Im Gegenteil: der Autor entwickelt Schritt für Schritt seine Gesellschaftstheorie am Zusammenprall der Ideologien, der zur gegenseitigen Vernichtung führt. An einer historischen *Analyse* dieser Grundpositionen ist ihm nicht gelegen, ja sie erscheint ihm von vornherein aufgrund der

Machtverfilzung ausgeschlossen: »Der heutige Staat ist jedoch unüberschaubar, anonym, bürokratisch geworden, und dies nicht etwa nur in Moskau oder Washington, sondern auch schon in Bern, und die heutigen Staatsaktionen sind nachträgliche Satyrspiele, die den im Verschwiegenen vollzogenen Tragödien folgen.« (»Theaterprobleme« WA 24; 59 f.)

Die »Dialektik« des Stückes bleibt, indem sich ihre Positionen gegenseitig aufheben, ungelöst. Sie verweist unmittelbar auf die Ästhetik zurück, denn nur im Kunstraum der Bühne kann ein hoffnungsloser Befund nochmals durchgespielt und, komödiantisch, auf seine Tragfähigkeit hin überprüft werden. Das Ende in Form der gegenseitigen Vernichtung der Spiel-Ideologien antizipiert die Möglichkeit einer realgeschichtlichen Entwicklung. Es täuscht zugleich ein Ergebnis vor, das keineswegs als erwiesen gelten kann: die Unwandelbarkeit des Menschen. Ausgeklammert bleibt die Frage nach den gesellschaftlichen bzw. historischen Verhältnissen, denen der Mensch ausgesetzt ist und die durchaus veränderlich sind. Der Spielrahmen der Komödie hebt sie von vornherein ästhetisch auf. Derart entfaltet der Text durch die extreme groteske Verzeichnung der einzelnen Positionen zwar eine begrenzt emanzipatorische Wirkungsabsicht, er verharrt jedoch auf dem »statischen« (Knopf) Geschichtskonzept der Frühdramen. Die (unausgesprochene) Prämisse einer »absoluten Sittlichkeit« (Durzak), die dem Stück zugrundeliegt, wird Dürrenmatts spätere Bühnenproduktion gleichermaßen bestimmen wie der hier schon extrem verfochtene Ideologieverdacht.

Literatur

Gottfried Benn: Die Ehe des Herrn Mississippi. In: I 1; 31–33.
Leland R. Phelps: Dürrenmatt's ›Die Ehe des Herrn Mississippi‹. The Revision of a Play. In: MD 8 (1965) 156–160.
Cesare Cases: Friedrich Dürrenmatt, ›Die Ehe des Herrn Mississippi‹. In: C. C.: Stichworte zur deutschen Literatur. Kritische Notizen. Wien 1969; 241–252.
Reinhold Grimm: Nach zwanzig Jahren. Friedrich Dürrenmatt und seine ›Ehe des Herrn Mississippi‹. In: Basis. Jahrbuch für deutsche Gegenwartsliteratur 3 (1972) 214–237.
Gerwin Marahrens: Friedrich Dürrenmatts ›Die Ehe des Herrn Mississippi‹. In: I 3; 93–124.
Helmut Schirmer: Raum und Zeit in Dürrenmatts Tragikomödie *Die Ehe des Herrn Mississippi.* In: Acta Germanica 11 (1979) 161–180.

3. »Ein Engel kommt nach Babylon« (1953; 1957; 1980)

Dürrenmatts dritte Komödie entsteht zwar bereits in Neuchâtel, wo die Familie seit 1952 ansässig ist, sie greift jedoch auf den schon 1948 bearbeiteten Stoff des »Turmbau von Babel« zurück. Eine erste Fassung, die den ersten Akt des vernichteten Stückes einarbeitet, wird 1953 niedergeschrieben und 1954 mit dem Untertitel »Eine Komödie in 3 Akten« veröffentlicht. Die Uraufführung der Münchner Kammerspiele in der Regie von Hans Schweikart am 22. 12. 1953 verläuft nur mäßig erfolgreich. Der Autor ist mit dem Resultat nicht zufrieden und überarbeitet das Stück. 1957 wird die zweite Fassung in Göttingen aufgeführt. Mit dem Untertitel »Eine fragmentarische Komödie in 3 Akten« liegt sie 1958 im Druck vor. Rudolf Kelterborn vertont den Text nahezu zwanzig Jahre später. Seine gleichnamige Oper wird am 5. 6. 1977 in Zürich uraufgeführt.

Der Vergleich der Fassungen zeigt keine drastischen Veränderungen. Die Revision betrifft vor allem eine stringentere motivische Anordnung im zweiten und dritten Akt sowie die allgemeine Zuspitzung des Dialogs. In seiner »Anmerkung« zu der zweiten Fassung (A 1; 252 u. A 6; 179) erklärt der Autor den Untertitel, der den Fragmentcharakter des Stückes unterstreicht: Eine Fortsetzung sei geplant, unter dem Titel »Die Mitmacher«, in der der eigentliche Turmbau dann zu zeigen sei: »Alle sind gegen den Turm, und dennoch kommt er zustande...« (ibid.). Die Fortsetzung des »Engel« ist nicht zustande gekommen. Die »Neufassung 1980« verschmilzt die beiden ersten Fassungen und liegt, im Verein mit einer modifizierten »Anmerkung«, in WA 4 vor. Dort findet sich auch des Autors »Anmerkung zu einem Themenkomplex«, die 1977 zur Uraufführung von Kelterborns Oper verfaßt wurde (WA 4; 128–133).

Stellt »Die Ehe des Herrn Mississippi« einen Vorstoß zur zeitgenössischen Thematik dar, so ist der »Engel« zweifellos als ›Anachronismus‹ innerhalb der Werkgeschichte zu betrachten. Dabei ist das von Forschung und Kritik geschätzte, ja überschätzte Stück (»Endlich wird wieder märchenhafter Zauber auf der Bühne zugelassen« [Bänziger K 1; 163]) nur die ästhetische Realisierung einer – wenn auch radikal anderen – ebenfalls in den »Theaterproblemen« vorgezeichneten Position. Wie er im »Mississippi« die Verkörperung von Ideologien in Szene setzte, geht es Dürrenmatt nun um die Verinnerlichung, die Konzentration auf die Person des mutigen, begnadeten Menschen. Insofern träfe es durchaus zu, den »Engel« als eine Art Gegenentwurf zu seinem Vorläufer zu lesen, auch wenn er gedanklich eher auf die frühen Dramen zurückweist. Die Ausgangssituation der Komödie ist Brechts »Der gute Mensch von Sezuan« entlehnt. Auch an der Durchführung lassen sich formale Paral-

lelen ablesen: Das Mädchen Kurrubi will, in Begleitung eines
Engels, den Menschen die göttliche Gnade bringen. Gnade indessen definiert der Autor schillernd und keineswegs im strikt
theologischen Sinne. Eine seiner Definitionen lautet: »Gnade
hat mit Zufall zu tun: denn wenn etwas unberechenbar ist, so ist
es die Gnade. Ich würde sagen, daß die Gnade für mich ein
existentielles Signal ist.« (E 25; 19)
Der Zufall will es, daß Kurrubi auf den als Bettler verkleide-
ten König Nebukadnezar trifft. Nicht jener aber, sondern der
Bettler Akki, der »mutige Mensch« des Stückes, verdient die
Gnade. Er verläßt am Ende mit Kurrubi Babylon, ein Land, in
dem der König den »wahrhaft sozialen Staat« einführen will.
Nebukadnezar scheitert, seine »neue Ordnung der Dinge« will
nicht gelingen: »Ich suchte die Armut zu tilgen. Ich wünschte
die Vernunft einzuführen. Der Himmel mißachtete mein Werk.
Ich blieb ohne Gnade.« (A 1; 249) Der letzte Satz der zitierten
Passage entfällt in der Fassung von 1980 (WA 4; 121). Ähnlich
wie in Brechts Sezuan-Parabel stellt sich heraus, daß Gnade –
wie dort »Güte« und Gerechtigkeit – auf dieser Welt nicht reali-
sierbar ist. Verweist indessen die Konsequenz der Parabel bei
Brecht auf die Notwendigkeit einer Veränderung der Verhältnisse, so mündet Dürrenmatts Märchenkomödie im Eskapis-
mus und, denkt man sie weiter, im utopischen Idealzustand
einer Welt ›ohne Staat‹. Die Frage nach der Möglichkeit einer
gerechten, »begnadeten« Welt bleibt unbeantwortet, im Ästhetischen aufgehoben. Insofern muß die Anwendbarkeit des
Schlüsselsatzes aus der »Anmerkung« auf den Text zweifelhaft
erscheinen: »Nur was in sich stimmt, stimmt auch an sich.«
(A 1; 252; gestrichen in der Fassung von 1980) Denn in der
Komödie, in der der Engel die Schönheit der Erde besingt, ist
ein Ausweichen »in die Wüste« noch möglich – in der Realität
wohl kaum.
Die Komödie wurde zunächst als Alternative zu Brechts »Der
gute Mensch von Sezuan« gedeutet: »Vom *Engel* scheint [...]
der Ausweg aus der Sackgasse Brecht [sic] möglich.« (Bänziger
K 1; 166) Doch als solche ist der Rekurs auf den Gnadenmythos, bedenkt man die historische Lage, auf die er trifft, kaum
tragfähig. Zwar verkündet Akki, wenn er die Henkerskutte an-
legt, mit programmatischem Anspruch seine Philosophie des
Überlebens: »Die Welt zu bestehen, muß der Schwache sie erkennen, um nicht blind einen Weg zu gehen, der sich verliert, in
eine Gefahr zu rennen, die zum Tode führt. [...] Stelle dich
dumm, nur so wirst du alt« (A 1; 221 bzw. WA 4; 85) und stellt

sich damit in die Nachbarschaft der Shen Te und des Schweyk. Doch seine Lage ist grundverschieden: Er vermag sich durch die Einwirkung der Gnade und vermittels der Armut aus einer verwalteten Welt zu retten. Auch als Parodie der oftmals beschönigenden Funktion von Literatur ist die Komödie verstanden worden. Dürrenmatt selbst deutet diese Intention durch parodierende Zitateinlagen wie durch unverhohlenen Spott über die ›Dichter‹ an. Dieser Deutung widerstrebt jedoch einerseits der relativ konsequente Einsatz der formalen Mittel Brechts, zum anderen auch die qualitative Umkehr der Grundstruktur des »Engels«, wie sie wenig später im »Besuch der alten Dame« erfolgt. So wird man nicht umhin können, den »Engel« als Experiment der Verschmelzung von Märchenkomödie und epischem Theater zu betrachten und zugleich als endgültige Absage des Autors an metaphysische Lösungsversuche der diesseitigen Misere.

Literatur

Friedrich Dürrenmatt: Zur zweiten Fassung meiner Komödie ›Ein Engel kommt nach Babylon‹. In: Blätter des deutschen Theaters in Göttingen Nr. 109, 1956/57, 154f.
Ernst L. Weiser: Dürrenmatt's Akki: An Actor's Life for Me! An Interpretation. In: Monatshefte 68 (1976) 387–394.

4. Die Hörspiele (1946; 1951–1956)

Dürrenmatts Hörspielproduktion umfaßt acht Texte. Mit Ausnahme des Vorläufers »Der Doppelgänger« sind sie alle in den Jahren von 1951 bis 1956 entstanden und gehören somit, grob gesprochen, der zweiten Arbeitsphase zu. Die Hörspiele sind, außer den ersten beiden, Auftragsarbeiten für deutsche Rundfunkanstalten. Chronologisch fallen sie in die fruchtbarsten Jahre des Genres Hörspiel, das von Anbeginn offenbar durch die deutschen Rezeptionsbedingungen besonders begünstigt wurde: In den Jahren von 1927 bis 1960 wurden in Deutschland rund 200 Hörspiele veröffentlicht, 160 davon allein in den weni-

gen Jahren nach dem Zweiten Weltkrieg. Die Zahl der Sendun-
gen liegt weitaus höher. Statistiken verzeichnen etwa
180 Hörspielsendungen pro Jahr seit 1945 bzw. eine jährliche
Gesamtausstrahlung von annähernd 500 Titeln in der Bundesrepublik (einschließlich Wiederholungen und Übersetzungen).
Dürrenmatt gehört mit Aichinger, Bachmann, Böll, Brecht, Eich
und anderen zu den Autoren, die das Hörspiel nicht nur als
notwendige Einkommensquelle betrachten, sondern innovativ
über die Grenzen des bisher Geleisteten vorzustoßen versuchen. Im Fall Dürrenmatts bedeutet dies weniger eine Experimentierfreude mit der Gattung des Hörspiels an sich als die Möglichkeit, *dramaturgische* Entwürfe bzw. Gegenkonzepte experi-
mentell durchzuspielen und gegebenenfalls auf andere Medien
zu übertragen. So wurden mehrere der Hörspiele szenisch oder
als Fernsehspiele aufgeführt, »Die Panne« auch als Erzählung
veröffentlicht (vgl. S. 51 ff.) und zwei der Texte sogar vertont.

Besteht einerseits ein deutlicher Zusammenhang, vor allem im Formalen, zwischen den Hörspielen Dürrenmatts und der westdeutschen
Nachkriegsproduktion, so liegen andererseits thematische Unterschiede vor. Wo dort im Gefolge des starken Einflusses von Borchert
zunächst Stoffe Vorrang besitzen, die sich der ›Bewältigung‹ der unmittelbaren Vergangenheit verschrieben haben (Kriegs-, Heimkehrer- und
»Zonen«-Thematik), und später, bis zu den Anfängen des »neuen
Hörspiels« der sechziger Jahre, konkret gesellschaftskritische Themen
im Vordergrund stehen, geht Dürrenmatt zumindest stellenweise eigene
Wege. Das Hörspielwerk bleibt dabei grundsätzlich der Theaterarbeit
verbunden, auch in Form des bewußten Gegenentwurfs und auch dann,
wenn medienspezifische Überlegungen im Vordergrund stehen: »Der
westdeutsche Rundfunk und das westdeutsche Fernsehen etwa sind
nicht zufällig für die Schriftsteller oft lebenswichtig, diese Anstalten
brauchen einfach Stücke [...] Überhaupt tut es dem Schriftsteller gut,
sich nach dem Markte zu richten. Er lernt so schreiben, listig schreiben,
das Seine unter auferlegten Bedingungen zu treiben. Geldverdienen ist
ein schriftstellerisches Stimulans.« (»Schriftstellerei als Beruf« in:
WA 26; 59) Als Theoretiker des Hörspiels hat sich der Autor nicht
betätigt. In einer der wenigen Stellungnahmen zur Gattung begnügt er
sich mit einer Abgrenzung gegenüber der Bühne: Das Radio stelle
gegenüber Theater und Film eine Abstraktion dar. In den visuellen
Medien sei, im Gegensatz zum Funkspiel, eine »größere Steigerung« des
ästhetischen Effekts möglich, da Sprache »als der eigentliche Höhepunkt« erreicht werde. Letzten Endes aber – und dies kann durchaus
aus poetologischer Befund gelten – macht er wenig Unterschied zwischen den Gattungen: »Es handelt sich überall um den Menschen, um
den Menschen, der redet, der durch das Spiel zum Reden gebracht
wird.« [»Vom Sinn der Dichtung in unserer Zeit« (WA 26; 65)].

Das Hörspielwerk ist im ganzen unterschiedlich beurteilt worden. Neben der häufig vertretenen Abqualifizierung der Texte als Gelegenheitsarbeiten des Bühnenautors liest man etwa, Dürrenmatt habe gerade hier »[...] seine höchste Potenz erreicht« (Usmiani M 59; 126), auch wenn er die Gattung selbst nicht durch neue Formvorschläge gefördert hat, wie z.B. Eich dies leistete. Tatsächlich dürfte die Geschlossenheit und Gedrängtheit der Dürrenmattschen Hörspieltexte Anlaß genug sein, sein eigenes Verdikt über die Gattung aufs neue zu befragen. Besonders im Vergleich mit den Dramatisierungen – etwa des »Herkules« auf der Bühne oder der Bearbeitung der »Abendstunde« als Fernsehspiel bzw. der Bühnenfassung »Dichterdämmerung« – überzeugt der Hörspielentwurf auf lange Strecken mehr als die Bühnen- bzw. Filmrealisierung, gerade *weil* die Beschränkung auf das Wort eine (sprachliche) Konzentration erzwingt, die die Bühne nicht leistet.

Eine im größeren Rahmen werkgeschichtliche Betrachtung wird davon auszugehen haben, daß Hörspiel – wie Film und Fernsehspiel – für Dürrenmatt jeweils eine Verlängerung bzw. Verkürzung des Bühnenmediums mit anderen, wenn auch vergleichbaren Mitteln darstellt. Seine Hörspiele stellen also in erster Linie *dramaturgische* Entwürfe dar, die sich sowohl innerhalb der Chronologie der Komödien ansiedeln als auch außerhalb. Interessant ist dabei, daß sie keineswegs durchgängig als »Komödien« anzusehen sind. Hatte sich der Bühnenautor schon mit dem »Romulus«, später mit den »Theaterproblemen« und anderen theoretischen Stellungnahmen auf die Komödienform festgeschrieben, so gilt dieser werkimmanente Formzwang nicht für die Funkspiele. Für die Werkgeschichte sind sie zusätzlich deshalb von Bedeutung, weil sie im Detail die Entwicklung der Jahre 1951 bis 1956 erhellen. Diese Zeitspanne ist, das dürfte aus dem Vorangegangenen schlüssig geworden sein, für die endgültige gesellschaftliche und ästhetische Orientierung des Autors von entscheidender Bedeutung. Beispielhaft belegt so auch die Hörspielproduktion, der Fortschritt von »[...] sermons in dialogue form to radioplays of great subtlety and wit« (Peppard K 14; 108), den Reifungsprozeß zum Dramatiker ersten Ranges.

Betrachtet man die Chronologie des Werkkontexts (»Der Doppelgänger« wird, da er noch der Gruppe der Frühwerke angehört, nicht berücksichtigt), so ergibt sich folgendes Bild:

Hörspiele	Werkumkreis
a) Der Prozeß um des Esels Schatten« (1951)	»Die Ehe des Herrn Mississippi« (1950)
	»Der Richter und sein Henker« (1950/51)
»Nächtliches Gespräch mit einem verachteten Menschen« (1952)	»Der Verdacht« (1951/52)
»Stranitzky und der National- held« (1952)	»Ein Engel kommt nach Baby- lon« (1953)
b) »Herkules und der Stall des Augias« (1954)	
»Das Unternehmen der Wega« (1954)	»Theaterprobleme« (1954)
	»Der Besuch der alten Dame« (1955)
»Die Panne« (1955)	»Die Panne« (1956)
»Abendstunde im Spätherbst« (1956)	

Die erste Gruppe der Hörspiele (a) steht stark unterm Einfluß der Detektivromane. Sie zeichnet sich darüber hinaus, »Stra- nitzky« am eindeutigsten, durch scharfe Kritik an den gesell- schaftlichen Verhältnissen aus. Insofern bilden die Texte dieser Gruppe, wenn auch mit einiger Einschränkung, Gegenstücke zur »Ehe des Herrn Mississippi«. Die zweite Gruppe (b) verbin- det zeitgenössisches Engagement mit einem Rekurs auf den Mythos im »Herkules«, stellt in Form des »Unternehmens der Wega« dem »Engel« ein Science-Fiction-Gegenkonzept zur Seite und leitet mit »Abendstunde im Spätherbst« zur Thematik der Hochkonjunktur über: einem Thema, das etwa gleichzeitig im »Besuch« bearbeitet wird. Die endgültige Entscheidung des Autors für die Komödienform dürfte in der Zeit der Arbeit am »Besuch« gefallen und durch dessen Erfolg bestätigt worden sein. Dürrenmatt hat seither kein Hörspiel mehr geschrieben.

a) »Der Doppelgänger« (1946)

Dieser erste Hörspieltext entsteht schon 1946 in Bern, noch während des Studiums. Im gleichen Jahr lehnt Radio Bern das Spiel ab. Eine Buchausgabe liegt 1960 vor. In einer Gemeinschaftsproduktion vom Norddeutschen (NDR) und Bayerischen Rundfunk (BR) wird es 1961 gesendet. Eine Kurzoper von Jiri Smutny (»Doppelgänger«) entsteht 1975 und wird im gleichen Jahr in Gelsenkirchen uraufgeführt.

Thematisch gehört das Funkspiel zum Frühwerk. Innerhalb eines episierenden Rahmens, der im Dialog zwischen Regisseur und Schriftsteller das Geschehen umgreift und kommentierend durchkreuzt, vollzieht sich der Kampf eines »Mannes« mit seinem »Doppelgänger«. Der Mann wird von seinem Doppelgänger mit der Anklage, er sei ein Mörder, aus dem Schlaf geschreckt, begeht dann tatsächlich einen Mord und stellt sich dem »hohen« Gericht. Epischer Rahmen und Spielgeschehen verschmelzen am Ende, wenn Schriftsteller und Regisseur das leere Schlößchen, Sitz des Gerichts, gemeinsam betreten. Die Quintessenz des Texts liegt in der Frage nach einer ›höheren‹ Gerechtigkeit bzw. der Ungerechtigkeit der Welt, die nur durch Gnade überspielbar ist: »Nur wer seine Ungerechtigkeit annimmt, findet seine Gerechtigkeit, und nur wer ihm [sc. dem hohen Gericht] erliegt, findet seine Gnade.« (A 4; 36) An zentraler Stelle wird die lutherische Glaubensformel im Dialog zwischen Mann und Regisseur paraphrasiert (A 4; 35).

Der Gedanke einer paradoxen Gerechtigkeit hat Dürrenmatt von Anfang an beschäftigt. In der Verbindung mit theologischen und philosophischen Aspekten durchzieht er das Frühwerk sowie – verändert und seiner metaphysischen Beiklänge beraubt – die Mehrzahl der Komödien. Das Hörspiel ist somit vor allem der frühen Prosa, aber auch den beiden ersten Dramen verwandt. Wie jene, zeigt es klare Spuren einer Kafka-Rezeption (»Das Urteil«, »Der Prozeß«), deren religiöse Deutung Dürrenmatt ohne Zweifel seinen Berner Lehrern der deutschen Literaturwissenschaft verdankt. In seiner gedanklichen Abstraktion wie in der parabolischen Anlage steht der Text im Hörspielwerk für sich.

b) »Der Prozeß um des Esels Schatten« (1951; 1980)

Das Funkspiel wird am 5. 4. 1951 erstmals vom Studio Bern gesendet. Dies bleibt die einzige Erstaufführung eines Dürrenmattschen Hörspiels durch den Schweizer Rundfunk. Die Buchausgabe erscheint 1956 mit dem Untertitel »Nach Wieland – aber nicht sehr.« Die Fassung von 1980 (WA 8; 119 ff.) ist praktisch unverändert.

Mit der Bearbeitung des vierten Teils von Wielands Roman »Geschichte der Abderiten« erstellt das Spiel ein Gegenkonzept zur literarischen Tradition. Wenn dort der Streit aufklärerisch-heiter endet – nur der Esel fällt ihm zum Opfer: er wird von den feindlichen Parteien zerrissen –, so verfährt Dürrenmatt anders. Sein Abdera, das unverkennbare Züge der westeuropäischen Nachkriegsgesellschaft trägt, steht – wie jene unter den Vorzeichen des Kalten Krieges – am Rand der Katastrophe. In diese Phase der Auseinandersetzung »[...] Zwischen dem Geist und dem Materialismus, zwischen der Freiheit und der Sklaverei« (WA 8; 163) fällt der Streit zwischen »Eseln« und »Schatten«, der letzten Endes nur der Kriegsindustrie nützt. Am Schluß geht Abdera in Flammen auf. Der zeitkritische Vorwurf reiht den Text mit »Mississippi« und dem »Besuch der alten Dame« in die Gruppe der Werke ein, die eine historisch-gesellschaftliche Wirkung anstreben. So stellt »Der Prozeß um des Esels Schatten« Dürrenmatts nur wenig verschleierte Antwort auf den Korea-Krieg dar. Die literarische Vorlage ermöglicht zwar den Bezug zu einem historischen bzw. zeitgenössischen Geschehen, sie dient aber auch der Differenzierung der jeweils unterschiedlichen Ausgangsposition: Der begrenzte Konflikt der Supermächte schließt jetzt die Möglichkeit einer unbegrenzten nuklearen Konfrontation ein. Erstmals erscheint hier auch das Proletariat als Interessengruppe, in der gleichen komödiantischen Verzeichnung wie alle Beteiligten. (Die Anleihe an Brechts Seeräuber-Song [Lied des Typhis] ist somit nicht nur ornamentaler Natur, denn auch in Abdera herrscht ja das Gewinninteresse.) Im Gegensatz zu Frischs wenig späterem Hörspiel »Herr Biedermann und die Brandstifter« (1952) insistiert Dürrenmatt im »Prozeß« darauf, daß die Wurzeln des Zerfalls der westlichen Gesellschaft in ihr selbst liegen, und zwar in allen Schichten, ja daß sie ihre eigene Zerstörung aktiv betreibt. Frisch hingegen verlagert die Frage auf die Ebene einer Sozialpathographie bzw. -psychologie des spezifisch Bürgerlichen, das durch seine Feigheit und Unbedarftheit der Katastrophe Tür und Tor öffnet.

Es braucht kaum eigens betont zu werden, daß Abdera – ein kleines Land, das vom Kriegsgewinn lebt – als Modell auch für die Schweiz steht. Mit dem Hörspiel setzt Dürrenmatts Kritik am eigenen Staat ein, die vier Jahre später im »Besuch der alten Dame« einen ersten Höhepunkt erreichen wird.

c) *»Nächtliches Gespräch mit einem verachteten Menschen«*
   (1951)

Das 1951 entstandene Hörspiel wird unter dem Titel »Nächtlicher Besuch« am 25. 7. 1952 in der Regie von Hans Schweikart an den Münchner Kammerspielen szenisch uraufgeführt. Ebenfalls 1952 wird es vom Bayerischen Rundfunk gesendet. Im Folgejahr wird es von Radio Bern

(9. 4. 1953) übernommen. Die Buchveröffentlichung mit dem Untertitel »Ein Kurs für Zeitgenossen« liegt 1957 vor. Eine Vertonung – die Kurzoper »Nächtliches Gespräch« – von Jiri Smutny wird im Dezember 1968 in Stuttgart uraufgeführt.

Wie »Stranitzky und der Nationalheld« leistet auch das »Nächtliche Gespräch« einen Beitrag zur Bewältigung der europäischen, insbesondere der deutschen Vergangenheit. Beide Spiele greifen darüber hinaus, ersteres als Befund, letzteres im warnenden Exempel, direkt in die gesellschaftliche Gegenwart ein. Thematisch und hinsichtlich des didaktischen Anspruchs, den sie erheben, gehören sie zusammen. Dürrenmatt kommt in diesen beiden Spielen – abgesehen von den Bearbeitungen der späten sechziger und frühen siebziger Jahre – dem Typus des Lehrstükkes relativ am nächsten.

Das »Gespräch« wurde vielfach theologisch gedeutet: als »moderne Kunst des Sterbens« (Johnson) verweise es auf die einzige Möglichkeit, in Demut sein Schicksal anzunehmen (Peppard, Tiusanen). Die Interpretation als »Lehrstück über die Hinfälligkeit aller kämpferischen Lehren« (Bänziger K 1; 179) eröffnet dagegen gesellschaftliche Deutungsperspektiven. Werkgeschichtlich zu stützen wäre sie durch die Erzählung »Der Tunnel«, die im gleichen Zeitraum entstanden ist. Doch auch sie bleibt zu abstrakt und läßt wesentliche Verweiselemente innerhalb des Spiels wie auch den Rezeptionshintergrund der frühen fünfziger Jahre außer acht.

Das Funkspiel verzichtet nahezu vollständig auf szenische Elemente. Im Mittelpunkt steht das Zwiegespräch eines Schriftstellers mit seinem Henker. Aus dem Dialog erschließt der Zuhörer den Schauplatz eines totalitären Staates, in dem jede Lebensregung überwacht wird, das Pochen auf Freiheit ein Todesurteil nach sich zieht. Widerstand ist sinnlos, und so ergibt sich das Opfer seinem Henker. Die dramaturgische Konfiguration dieses dritten Funkspiels schließt also durchaus an diejenige des »Doppelgängers« an, wenn auch mit verändertem Inhalt. Die intendierte Wirkung des Texts setzt bei der Situation des Schriftstellers in der absoluten Diktatur an. Der Tod der einen Figur und die fast wohlwollende Komplizenschaft der anderen stellen demnach keinen Endpunkt der Dialektik dar, sondern deren provokativen Beginn. Am warnenden Exempel – nicht umsonst nennt der Untertitel das Stück einen »Kurs« für Zeitgenossen – soll sich der Widerstand gegen das Dargestellte entfalten: »[...] es ist eine traurige Zeit, wenn man um das Selbstverständliche kämpfen muß.« (WA 17; 31) Evident ist, wenn man die Entstehungszeit berücksichtigt, daß Dürrenmatt hier die Diktatur des Dritten Reiches im Auge hatte, deren Beispiel einen Denkanstoß gegen eine mögliche Wiederholung in Form des Meinungskonformismus oder der Übernahme des öffentlichen Lebens durch Bürokratie und Verwaltung geben soll. Publikum und Kritik der Münchener Inszenierung von 1952 interpretierten das Stück anders: als Anklage gegenüber totalitären Systemen des Ostens. Eine Übertragung auf die eigenen Verhältnisse kam nicht zustande. Verantwortlich war in erster Linie die (allzu) abstrakte Anlage des Stückes, zusätzlich sicher ein Publikum, das zu Beginn des Wirtschaftswunders selbstkritischer Reflexion kaum zugänglich war.

d) »Stranitzky und der Nationalheld« (1952)

Der 1952, kurz vor der Übersiedlung nach Neuchâtel entstandene Hörspieltext wird am 9. 11. 1952 vom NWR (Hamburg) erstmals gesendet. Eine Übernahme durch den Schweizer Rundfunk findet nicht statt. Die Erstveröffentlichung datiert ins Folgejahr; 1959 liegt die Buchpublikation vor.

Formal (was die Erzählerrolle, den Szenenwechsel, die Einblenden und Geräuscheffekte betrifft) gilt das Stück als gelungenstes Funkspiel Dürrenmatts. Stofflich verweist »Stranitzky« auf die Nachkriegs- und Heimkehrerthematik, wie sie Borcherts »Draußen vor der Tür«, früher schon Tollers »Hinkemann« darstellten. Der Text verlängert aber das Motiv des von der Kriegsmaschinerie als nutzlos ausgeworfenen Krüppels und läßt es direkt in die Wohlstandsgesellschaft der frühen fünfziger Jahre hineinwirken. Der Name des Protagonisten gemahnt einerseits an den Schneider Strapinsky aus Kellers »Kleider machen Leute«, zum anderen an den Bühnenautor Joseph Anton Stranitzky (1676–1727), den Begründes des Wiener Volkstheaters. Ob die jeweilige Anspielung intendiert ist, mag dahingestellt bleiben. (Vgl. zu Dürrenmatts Rezeption der »alten Wiener Volkskomödie« seinen Artikel aus dem Jahr 1953 [WA 24; 26–30].) Als äußerlicher Anlaß für das Hörspiel soll der Tod der Eva Perón gedient haben, der 1952 die Boulevardpresse ebenso wie eine sensationslüsterne Öffentlichkeit beschäftigte. Andere zeitgenössische Vorfälle wären gleichermaßen denkbar. Stranitzky und sein Freund Anton, vom Krieg verkrüppelt bzw. geblendet, werden dem »Nationalhelden« Baldur von Moeve (die Namensanspielung auf Baldur von Schirach ist kaum zu überhören) kontrastiert, der an der »sensationellen« Krankheit einer aussätzigen Zehe leidet. Moeve steht für die unbewältigte Vergangenheit des Landes – in diesem Fall der Schweiz, auch wenn alle Bezüge übertragbar sind –, dessen organisierte Meinungsmanipulation durch die Medien ebenso unbarmherzig gegeißelt wird wie die Manipulierbarkeit seiner Bevölkerung. Erstmals richtet der Autor deutlich seine Kritik auf die neue Gesellschaft amerikanischer Prägung. Im Lauf des Spiels wird Stranitzky und Anton Schritt für Schritt die Illusion genommen, daß sie in diesem Staat noch mitreden können. Am Ende gehen beide ins Wasser.

Selten übt Dürrenmatt so unverhohlene Gesellschaftskritik wie in diesem Funkspiel. Von einer komödiantischen Anlage kann auch hier – wie in den vorangegangenen Hörspieltexten mit der möglichen Ausnahme des »Prozesses« – nicht die Rede sein. Dort, wo Humor durchbricht, äußert er sich in bitterem Sarkasmus, und das Ende der Kriegsinvaliden unterstreicht den im ganzen hoffnungslosen Befund. Daß die beiden Krüppel selbst nur Produkte ihrer gesellschaftlichen Umwelt sind und dieser keine Alternativen entgegenzusetzen haben – im Gegenteil: sie streben verzweifelt nach Integration bei der »Regierung« – gehört ebenso zur Bestandsaufnahme des Spiels wie seine Technik einer gewissenhaften Diagnose der Symptome. Eine Veränderung der Verhältnisse wird nicht in Betracht gezogen.

e) »Herkules und der Stall des Augias« (1954)

Das 1954 entstandene Hörspiel wird im gleichen Jahr von NWR (Hamburg) erstgesendet und am 20. 10. von Radio Bern übernommen. Ebenfalls 1954 liegt, mit dem Untertitel »Mit Randnotizen eines Kugelschreibers«, die vom Autor illustrierte Buchveröffentlichung vor. Eine von Dürrenmatt besprochene Schallplatte (Auszug) erscheint 1957. Die Theaterfassung entsteht 1962 (vgl. S. 97 f.). Erst 1978 publiziert der Autor einen »Entwurf zum Hörspiel« (A 8; 93-99).

Thematisch schließt der gelungene Hörspieltext an »Stranitzky und der Nationalheld« an. Auch hier geht es um den »Nationalhelden«, die Entmythisierung des Heros, der angesichts einer allmächtigen Bürokratie versagen muß. Verweisen schon die Namen der Figuren auf die heimatliche Schweiz, so macht dies der Text überdeutlich: »Die Elier sind ein Bauernvolk. Fleißig, einfach, ohne Kultur. Sie vermögen nur bis drei zu zählen.

Geistig eben zurückgeblieben.« (WA 8; 191) Am Modell Schweiz, nur notdürftig verschleiert durch den mythologischen Stoff, entfaltet sich abermals die Gesellschaftskritik Dürrenmatts an der ›freien Welt‹, nun aber in eindeutig komödiantischer Anlage. (Die gleiche »griechische« Maskierung verwendet Dürrenmatt in der Prosakomödie »Grieche sucht Griechin«, die direkt nach dem Hörspiel entsteht.) Unüberhörbar mischt sich in die Kritik an der administrativen Verfilzung die durch das antikische Kolorit geförderte Parodie des europäischen Kulturbetriebs. Der Schluß stützt sich auf den »Einfall« der Komödientheorie: Zwar verläßt Herkules Elis unverrichterer Dinge, der Mist indessen ist über Nacht zu fruchtbarer Erde geworden. Augias, trotz seiner Eigenschaft als Politiker, hat das »Gute« getan, das »Eigene«, und unbürokratisch das Problem gelöst. Er öffnet damit die ehedem verseuchte Stadt der »Gnade«, auf die sein Sohn Phyleus nun hoffen darf. Phyleus, das legt der Schluß nahe, wird die einmal begonnene Arbeit fortsetzen. Im Entwurf von 1953 ist dieser Schluß noch nicht vorgesehen, hier bleibt das Land »unausgemistet« (vgl. WA 8; 175–178). Am Ende des Funkspiels läßt sich somit klar erkennen, wie der theoretische Diskurs der »Theaterprobleme« unmittelbar in die Arbeit am Text einwirkt: Der ästhetisch außer Kraft gesetzte Mythos des Nationalhelden wird gegen den Gnadenmythos eingelöst.

f) »Das Unternehmen der Wega« (1954)

Das Spiel entsteht 1954 und wird im Folgejahr in einer Gemeinschaftsproduktion des Bayerischen, Süddeutschen und Norddeutschen Rundfunks erstgesendet. Die Erstveröffentlichung liegt 1958 vor.

Könnte man »Herkules und der Stall des Augias« als Gegenentwurf zu »Stranitzky und der Nationalheld« deuten, so »Das Unternehmen der Wega« zweifelsfrei als Gegenstück zu »Ein Engel kommt nach Babylon«. Das technisch experimentelle Stück – Dürrenmatt arbeitet mit einer Vielzahl von Geräuscheffekten und Verfremdungsmechanismen – spielt im Jahre 2255. Seine Anlage überwindet die Gattung der Science-fiction, ähnlich wie die Detektivromane die dort herkömmliche Form von innen her auflösen. Anstelle der (oftmals naiv) fortschrittsgläubigen Tendenz, die der Science-fiction zugrundeliegt, entwirft Dürrenmatt mit grundsätzlich dem gleichen Instrumentarium eine düstere Zukunftsprognose. Die Erdbewohner stehen auf der Schwelle vom kalten zum heißen Krieg und wollen für ihre

79

Zwecke die unwirtliche Strafkolonie Venus als Stützpunkt gewinnen. Die Unterhändler des Raumschiffes Wega sehen sich einer Gemeinschaft gegenüber, die im Kampf mit den Elementen vollauf beschäftigt ist und nicht in das Kriegsgeschehen hineingezogen sein will. Der kunst- und literaturliebende Sir Horace Wood, Außenminister der »freien verbündeten Staaten Europas und Amerikas«, ordnet die Zerstörung des Planeten mit Nuklearwaffen an, um einem möglichen Pakt der Venusbewohner mit »den Russen« zuvorzukommen. Die Quintessenz des Spiels: »Der Mensch ist etwas Kostbares und sein Leben eine Gnade.« (WA 17; 115) Während aber die Venusbewohner nach dieser Erkenntnis leben müssen, haben die Erdmenschen sie längst vergessen. Die Lehre der »Physiker« kündigt sich hier an, wenn Bonstetten Wood entgegenhält: »Du kannst die Tat nicht zurücknehmen, die du denken konntest.« (ibid. 119) In letzter Konsequenz beantwortet das Funkspiel so seine Ausgangsfrage. Hier ist die in den »Theaterproblemen« programmatisch angekündigte Bühne der »Möglichkeiten« erstmals voll verwirklicht, anstelle der Dramaturgie der »vorhandenen Stoffe« tritt die Dramaturgie der »erfundenen Stoffe« (WA 24; 68), der Antizipation.

g) »Die Panne« (1955)

Das Funkspiel scheint vor der gleichnamigen Erzählung (vgl. S. 51–54) entstanden zu sein. Es wird am 17. 1. 1956 vom Bayerischen Rundfunk erstgesendet und am 26. 4. 1956 von Radio Bern übernommen. Der Text wird ausgezeichnet mit dem Hörspielpreis der Kriegsblinden für das Jahr 1956. Eine Bearbeitung als Fernsehspiel wird im Februar 1957 (Regie: Fritz Umgelter) übertragen. Die Buchveröffentlichung des Hörspiels erfolgt 1960, später als die der Erzählung. Der Text wurde mehrfach und in verschiedenen Übertragungen für die Bühne bearbeitet. Die bekannteste Bearbeitung von James Yaffe (»A Deadly Game«) wird 1960 in New York uraufgeführt. Dürrenmatts eigene Bühnenbearbeitung erscheint erst 1979 (vgl. S. 123 f.).

Auch wenn man, wie in unserer Deutung der Erzählung, davon ausgeht, daß der Erzähltext in seiner doppelten – und doppelbödigen – Verwendung der »Panne« (einmal mit Blick auf die Fahrtunterbrechung, die zur ›Gerichtssitzung‹ führt; dann hinsichtlich des unplanmäßigen Selbstmordes) überzeugender wirkt, ist das Hörspiel in mehrfacher Weise beachtenswert. Erstens: Deutlicher noch als die Dektektivromane denunziert es ein ethisch fundiertes Gerechtigkeitsdenken in einer Gesellschaft der »Hochkonjunktur« als Farce – gerade weil der »Zeitgenosse« Traps am Ende unbeschwert neuen Geschäften entgegeneilt. Zweitens: In seiner Konzeption eines neuen, jeder Verbindlichkeit entkleideten Gerechtigkeitsbegriffs ist das Funkspiel als Variante der gleichzeitig entstandenen Komödie »Der Besuch der alten Dame« zu betrachten. Und drittens: Wie jene liefert es ein gelungenes Beispiel der Dramaturgie des Grotesken, der Gleichzeitigkeit des Ungleichwertigen – ein Darstellungsmittel, das die folgenden Texte immer stärker bestimmen wird. In der Konfrontation des schäbigen Traps und der skurrilen Gerechtigkeitsfanatiker bei der Henkersmahlzeit wird als »äußerste Stilisierung« die Unvereinbarkeit eines dem Idealismus entlehnten Rechtsdenkens mit einer auf materielle Bereicherung gegründeten Gegenwart sichtbar. Der entlarvende Effekt dieser grotesken Konfrontation macht letztlich die Wirkung des Funkspiels aus, auch wenn es nicht zur fatalen Konsequenz kommt.

h) »Abendstunde im Spätherbst« (1956; 1980 als »Dichterdämmerung«)

Dürrenmatts letzter Funkspieltext entsteht 1956 und wird vom Norddeutschen Rundfunk im Jahr darauf uraufgeführt (Originaltitel: »Ein Abend im Spätherbst«). Am 20. 3. 1958 wird das Hörspiel von Radio Bern unter dem Titel »Herr Korbes empfängt« gesendet. Es wird mit dem Prix d'Italia 1958 ausgezeichnet. Die Erstveröffentlichung datiert ins Jahr 1957; die Buchveröffentlichung erfolgt erst 1959. Eine szenische Aufführung findet im November 1959 unter der Regie von Rudolf Noelte im Berliner Theater am Kurfürstendamm statt; 1960 wird das Stück als Fernsehspiel für das Schweizer Fernsehen bearbeitet. Eine szenische Fassung unter dem Titel »Dichterdämmerung« entsteht im Mai/Juni 1980 und findet sich in WA 9; 97 ff.

In seinem Vortrag »Schriftstellerei als Beruf« (Studio Bern, 25. 4. 1956, revidierte Fassung in: WA 26; 54 ff.) setzt sich der Autor mit der Rolle des Schriftstellers in der westlichen, spezifisch der schweizer Gesellschaft auseinander. Er betont deutlich die ökonomischen Aspekte des Berufs: Wer überleben will, muß Erfolg haben. Freiheit des Geistes und Erfolg gehen dabei nicht notwendig Hand in Hand. Wie eine späte Erläuterung zum »Doppelgänger« liest sich folgende Notiz:

»*Freiheit:* da man für unsere Gesellschaftsordnung die Freiheit in Anspruch nimmt, hat man sich auch angewöhnt, von der Freiheit des

Schriftstellers zu reden [...] der westliche Schriftsteller sei frei, der östliche dagegen ein Sklave [...] Die Freiheit des Geistes ist das Hauptargument gegen den Kommunismus geworden, ein nicht unbedenkliches [...]« (WA 26; 56).

In der »Abendstunde« greift der Autor das gleiche Thema spielerisch-satirisch auf. Der Nobelpreisträger und Romancier Korbes, Erfolgsliterat und Verfasser von »Bekenntnisromanen«, ist das Gegenstück zum Schriftsteller im »Nächtlichen Gespräch«. Im Gegensatz zu jenem überlebt er jedoch, da er mit keinerlei Skrupeln belastet und, zwecks Produktion von Literatur, sogar zum vielfachen Mörder geworden ist. Auch in struktureller Hinsicht weist das letzte Funkspiel eindeutige Parallelen zum dritten auf: Wie dort laufen auch hier Rahmen und Handlung zusammen, der zweiundzwanzigste Mord des Autors am Privatdetektiv findet innerhalb der Handlung statt. Eine Abweichung von diesem Muster ergibt sich durch die zyklische Struktur, die Anfang und Ende verschmilzt. Sie unterstreicht indessen die satirische Wirkungsabsicht. Die Nähe des Funkspiels zu den Detektivromanen ist offensichtlich.

Erstmals tritt hier zum Zweck der satirischen Anprangerung bestimmter literarischer Richtungen (die Anspielung auf Hemingway ist unüberhörbar – sogar der Name wird genannt) und der an sie geknüpften Erwartung – die auf dem ›Erlebnischarakter‹ von Literatur insistiert – der Typus des brutalen Erfolgsmenschen innerhalb des Kulturbetriebs auf. Dürrenmatt wird ihn im »Meteor« dann auf die Bühne stellen. Liest man die Worte des ›Autors‹ Korbes im einzelnen nach, so können sie als Gegenkonzeption zu dem gelten, was Dürrenmatt als die Aufgabe von Literatur betrachtet, Literatur als Handlangerin der arbeitsteiligen Gesellschaft, als lukrative Affirmation der Entfremdung eines Lebens aus zweiter Hand: »Die wahre Literatur beschäftigt sich nicht mit Literatur, sie hat die Menschheit zu befriedigen. Die dürstet [...] am wenigsten nach Erkenntnissen, die dürstet nach einem Leben, das die Hoffnung nicht braucht [...] Die Literatur ist eine Droge geworden, die ein Leben ersetzt, das nicht mehr möglich ist.« (WA 9; 191. Die veränderte Passage in »Dichterdämmerung« vgl. ibid. 133) Ästhetische Kritik und Gesellschaftskritik bezeugen im letzten Hörspiel deutlicher als sonst ihren gemeinsamen Ursprung. In der formalen und gedanklichen Durchführung fallen sie schließlich in eins.

Die 1980 entstandene Bearbeitung »Dichterdämmerung« ist ein Nebenprodukt aus der vierten Werkphase. Der Text ist mit platter Situationskomik und dürftigem Wortwitz überladen. Ein Übermaß an Theatergags reiht ihn ein in die Komödienproduktion nach der »Frist«. Von der kritischen Stoßrichtung des Funkspiels bleibt hier wenig erhalten.

Literatur vgl. S. 201ff.

Stefan Bodo Würffel: Das deutsche Hörspiel. Stuttgart (= Slg. Metzler 172) 1978.

5. »Der Besuch der alten Dame« (1955; 1980)

Die »tragische Komödie in drei Akten« entsteht 1955. Unter der Regie von Oskar Wälterlin wird sie am 29. 1. 1956 im Züricher Schauspielhaus uraufgeführt. Therese Giehse spielt die Hauptrolle; ihre Schauspielerpersönlichkeit wirkt direkt in die weitere Produktion des Autors hinein. (So ist ihr die Rolle der Mathilde von Zahnd in »Die Physiker« sozusagen ›auf den Leib‹ geschrieben.) Das Stück wird zum uneingeschränkten Publikumserfolg der Spielsaison 1956 und der des Folgejahres und bringt den Durchbruch Dürrenmatts als Bühnenautor von Weltruhm. Am Text selbst hat der Autor bis zur »Neufassung 1980« wenig geändert. Für das Berner Atelier-Theater nahm der Autor 1959 einige Änderungen am Text vor (vgl. WA 5; 144ff.). Diese wurden jedoch wieder verworfen. Er inszeniert ihn selbst, mit nur leichten Akzentverschiebungen, 1956 in Basel und 1959 in Bern. Inszenierungen in aller Welt folgen, darunter die sinnverändernde New Yorker Bearbeitung (in der Regie von Peter Brook nach der Übertragung von Maurice Valency [»The Visit. A Play in Three Acts«. Adapted by Maurice Valency. New York 1958]), die am 5. 5. 1958 uraufgeführt wird. Die tragisch akzentuierte Inszenierung von Giorgio Strehler in Mailand hat am 31. 1. 1960 Premiere. Eine Filmfassung (»The Visit«, 20th Century Fox nach dem Drehbuch von Ben Barzman; Regie: Bernhard Wicki) wird 1964 aufgeführt. Zusammen mit dem Autor erarbeitet Gottfried von Einem ein Libretto, seine gleichnamige Oper wird 1971 in Wien uraufgeführt. Sie ist bislang die bekannteste und zugleich umstrittenste Vertonung eines Dürrenmattschen Texts geblieben.

»Der Besuch der alten Dame« gilt bei der Kritik als Dürrenmatts »bestes« Stück (Jenny). Zusammen mit den »Physikern« gehört der Text noch immer zum Standardrepertoire zahlreicher Bühnen und, in den jeweiligen Verfilmungen bzw. Fernsehbearbeitungen, zum Programm der Fernsehanstalten. Er ist in alle Weltsprachen, daneben auch ins Ungarische, Dänische, Portugiesische, in Afrikaans, ins Tschechische etc. übertragen worden und steht nach wie vor zusammen mit »Die Physiker« auf den Lehrplänen schweizer und bundesdeutscher

Schulen. Beide Komödien haben eine Flut von feuilletonistischen und literaturwissenschaftlichen Deutungen in West und Ost hervorgerufen und werden als überzeugendste Realisierung der Dürrenmattschen Komödientheorie angesehen.

Als mögliche Vorlagen bzw. Denkanstöße hat man auf Gotthelfs »Schwarze Spinne« (Bänziger, Struc), überzeugender auf Mark Twains Erzählung »Der Mann, der Hadleyburg korrumpierte« (1899) hingewiesen. Der Autor selbst erwähnt in einem Gespräch (mit Bienek) eine geplante »Novelle« mit dem Titel »Mondfinsternis«, in der ein aus Amerika Zurückgekehrter sich an einem Rivalen rächt. Der Text wird 1981 in »Stoffe I–III« veröffentlicht (C 16; 251 ff.). Offensichtlich hat ihn das dramaturgische Potential dieses Einfalls zur Form des Bühnenstücks bewogen. Werkgeschichtlich ist die gedankliche, stellenweise auch die formale Nähe zu den Hörspielen »Der Prozeß um des Esels Schatten«, »Herkules und der Stall des Augias« und »Abendstunde im Spätherbst« unübersehbar. In allen vier Texten steht, mehr oder weniger komödiantisch gebrochen, die Kritik an der westlichen Gesellschaft im Vordergrund. Als gemeinsamer Entstehungshintergrund spielt die zweite Phase des schweizer Wirtschaftswunders – die Jahre der »Hochkonjunktur« von 1952 bis 1958 – die entscheidende Rolle. Ähnlich wie »Die Panne« inszeniert »Der Besuch« den Einbruch des Unvorhergesehenen in eine scheinbar festgefügte Welt. Wie andere Autoren der Zeit (vgl. Frisch: »achtung: Die Schweiz« [1955]) verdichtet Dürrenmatt vor dem Hintergrund des wirtschaftlichen Aufschwungs seine Gesellschaftskritik, die zwischen radikaler Infragestellung der bestehenden Verhältnisse und resignativem Rückzug auf das Individuum, zwischen Anarchismus und Moralismus schwankt: »Der Schriftsteller kann seiner moralischen Aufgabe nur dann nachkommen, [...] wenn er Anarchist ist. Er muß angreifen, aber nicht engagiert sein. Der einzige Platz, der ihm zukommt, ist der zwischen Stuhl und Bank.« (E 7, Werkstattgespräche; 126).

In nahezu klassischer Formstrenge setzt Dürrenmatt seine »tragische Komödie« – eine Gattung, in die viele der folgenden Bühnentexte fallen – ins Werk: Der erste Akt bringt eine Exposition in Form der Einführung des verarmten, am Rande des Wirtschaftsbooms dahinsiechenden Städtchens Güllen und seiner Bewohner, die die Ankunft der schwerreichen Claire Zachanassian (und mit ihr die mögliche Sanierung der Gemeinde) erwarten. Gegen Ende des ersten Akts, wenn die alte Dame ihr Angebot von einer »Milliarde« Kopfgeld für die Tötung ihres

Jugendgeliebten Alfred Ill präsentiert, ergibt sich ein erster dramaturgischer Höhepunkt. Bis hierher ist der Zuschauer willig der komödiantischen Anlage gefolgt, die sich stellenweise auf groteske Verzeichnung (die Umgebung der Zachanassian) oder auf Wildersche Verkürzung und Abstraktion des skurrilen Geschehens (Liebesszene im Konradsweilerwald) verläßt. Die Ästhetik des Stückes zielt auf die langsame, trügerisch-harmlose Annäherung an den »Einfall«. So ist Grundvoraussetzung für die folgende tragische Entwicklung nicht nur der Zustand Güllens, die Anfechtbarkeit seiner Bewohner, sondern die schrittweise Demaskierung der Zachanassian als eine neue Variante des rächenden Gottes im Frühwerk, der für Dürrenmatt so zentralen Henkergestalt. Im Augenblick, wo sich der Zuschauer der vollen Tragweite dieser grausig-grotesken Wendung bewußt wird, setzt die innere Zwangsläufigkeit des Stückes ein: jener Moment seiner Intention, den der Autor als »tragisch« bezeichnet. So bringt Akt II in Form der fortschreitenden Korruption des Städtchens, das zunächst entrüstet das Angebot der Zachanassian von sich gewiesen hatte, die Durchführung und Zuspitzung zur Krise. Diese kündigt sich dann, nunmehr alles andere als komödiantisch, in Ills Ausruf an: »Ich bin verloren.« (WA 5; 85) Der Schlußakt, der in der nur leicht kaschierten Tötung Ills kulminiert, enthüllt zweierlei: einmal die Ausgangsthese Dürrenmatts, daß alles, inklusive der »Gerechtigkeit«, käuflich sei, daß »Die Versuchung [...] zu groß, die Armut zu bitter [ist].« (Anmerkung zum »Besuch« ibid. 144) Gegenläufig zu dem Prozeß des moralischen Verkommens, wie ihn die Güllener vorführen, enthüllt er aber auch die Wandlung des »verschmierte[n] Krämer[s]« Ill, des schäbigen Zeitgenossen, zum mutigen Menschen, der – für Dürrenmatt – tragischen Figur: »[...] ein einfacher Mann, dem langsam etwas aufgeht, [...] etwas höchst Persönliches, der an sich die Gerechtigkeit erlebt, weil er seine Schuld erkennt [...] Sein Tod ist sinnvoll und sinnlos zugleich.« (ibid. 143)

Die Überzeugungskraft der Komödie, das hat man längst erkannt, liegt paradoxerweise in der Zwangsläufigkeit, die ihr zugrunde liegt, mit der sie die Wirklichkeit als fragwürdig entblößt. Denn, die Frage liegt nahe, warum flieht Ill nicht, warum gibt es keine Versöhnung, keine Rettung? Der Aufbau des Stückes läßt diese Alternativen nicht zu. Seine Wirkung – die sich szenisch im Kontrast und in ständiger Wechselwirkung des offen Bedrohlichen mit dem scheinbar Bieder-Gutgläubigen entfaltet – beruht auf der exakten Konvergenz der beiden Entwicklungslinien, die die Güllener am Ende materiell saniert, wenn auch moralisch zerstört, Ill als Opfer und zugleich als Sieger des Kräftespiels zurücklassen. Insofern und auf der Grundlage einer künstlerisch durchkonstruierten Struktur, die dem Zufall keinen, der Wahrscheinlich nur einen bedingten Freiraum läßt, trifft die Eigeninterpretation des Autors »was Kunst ist, muß nun als Natur erscheinen« (ibid. 142) nicht zu. Sie belegt einmal mehr die Tatsache, daß Autoren selten ihre besten Interpreten sind.

Dürrenmatts Filmversion – wie schon die Bearbeitung Valencys für die Broadway-Inszenierung – macht deutlich, daß die Übertragung eines Texts in ein anderes Medium bzw. seine Konfrontation mit grundsätzlich verschiedenen Publikumserwartungen selten ohne künstlerische Einbußen geschieht. Der äußerst erfolgreiche Film übernimmt zwar den Grundeinfall der Handlung, biegt ihn aber in ein läppisch-versöhnliches Ende um. Derart verdeutlichen beide Bearbeitungen, das Broadway-Stück wie die Hollywood-Produktion, »[...] den Prozeß der graduellen Entleerung der substanziellen Handlungsfunktion und der zunehmenden Stilisierung des Surrogats« (M. Knapp l.c. 64).

Die künstlerische Wirkung der Oper verläßt sich weit mehr auf prärationale als auf rationale Rezeptionsebenen, in den Worten von Einems: »Denn die Musik spricht, stärker als das Wort, das Unbewußte des Zuhörers an.« Das Libretto der Vertonung von Einems ist um etwa ein Drittel kürzer als die Bühnenfassung. Die Kürzungen betreffen vor allem den zweiten Akt, auch der Dialog Ills und des Lehrers zu Beginn des dritten Akts entfällt. Das Operngeschehen erhält so eine zwingende formale – nicht gedankliche – Finalität, der ein Teil der logischen und psychologischen Motivierung der Bühnenfassung zum Opfer fällt. Im ganzen fördert das Libretto die dem Stoff inhärenten »tragischen« Momente, seine antiempirische Kausalität, zu Ungunsten der komödiantischen Wirkung, die nun eher in den Hintergrund tritt. Ein exakter Vergleich beider Fassungen, der auch im Hinblick auf den Standortwechsel des Autors ertragreich sein dürfte, steht noch aus (Vorarbeiten hierzu: vgl. Briner l.c.).

Literatur

Gordon Rogoff: Mr. Duerrenmatt [!] Buys New Shoes. In: TDR 3 (1958) 27–34.
Melvin W. Askew: Dürrenmatt's ›The Visit of the Old Lady‹. In: TDR 4 (1961) 89–105.

Ian C. Loram: ›Der Besuch der alten Dame‹ and ›The Visit‹. In: Monatshefte 53 (1961) 15–21.

Eugene E. Reed: Dürrenmatt's ›Besuch der alten Dame‹. A Study in the Grotesque. In: Monatshefte 53 (1961) 9–14.

Hans Romulus: Dürrenmatt ›Der Besuch der alten Dame‹. In: Thh 2 (3/ 1961) 36 f.

Hans P. Guth: Dürrenmatt's ›Visit‹. The Play behind the Play. In: Symposium 16 (1962) 94–102.

Paul Josef Breuer: Friedrich Dürrenmatt (›Der Besuch der alten Dame‹). In: *Kurt Bräutigam* (Hg.): Europäische Komödien. Frankfurt/M. 1964; 214–242.

Jenny C. Hortenbach: Biblical Echoes in Dürenmatt's ›Der Besuch der alten Dame‹. In: Monatshefte 57 (1965) 145–161.

Kurt J. Fickert: Dürrenmatt's ›The Visit‹ and Job. In: Books Abroad 41 (1967) 389–392.

Charles R. Lefcourt: Dürrenmatt's Güllen und Twain's Hadleyburg. The Corruption of Two Towns. In: RLV 33 (1967) 303–308.

Ernst S. Dick: Dürrenmatts ›Der Besuch der alten Dame‹: Welttheater und Ritualspiel. In: ZfdPh 87 (1968) 498–509.

Eli Pfefferkorn: Dürrenmatt's Mass Play. In: MD 12 (1969/70) 30–37.

John E. Sandford: The Anonymous Characters in Dürrenmatt's ›Der Besuch der alten Dame‹. In: GLL 24 (1970/71) 335–345.

María Luisa Punte: La justicia en ›La visita de la anciana dama‹ de Friedrich Dürrenmatt. In: Boletín de Estudios Germanicos 9 (1972) 95–112.

Andres Briner: Zu Gottfried von Einems Dürrenmatt-Oper ›Der Besuch der alten Dame‹. In: *Karl S. Weimar* (Hg.): Views and Reviews. Festschrift für Adolf D. Klarmann. München 1974; 251–256.

Donald G. Daviau und *Harvey I. Dunkle:* Friedrich Dürrenmatt's ›Der Besuch der alten Dame‹. A Parable on Western Society in Transition. In: MLQ 35 (1974) 302–316.

E. Speidel: ›Aristotelian‹ and ›non-Aristotelian‹ Elements in Dürrenmatt's ›Der Besuch der alten Dame‹. In: GLL 28 (1974/75) 14–24.

Roman S. Struc: Sinn und Sinnlosigkeit des Opfers: Gotthelfs ›Die schwarze Spinne‹ und Dürrenmatts ›Der Besuch der alten Dame‹. In: Proceedings. Pacific Northwest Conference on Foreign Languages 25 (Corvallis, Oregon) (1974) 114–117.

Erna K. Neuse: Das Rhetorische in Dürrenmatts ›Der Besuch der alten Dame‹: Zur Funktion des Dialogs im Drama. In: Seminar 11 (1975) 225–241.

Karl Schmidt: Friedrich Dürrenmatt: Der Besuch der alten Dame. Erläuterungen und Dokumente. Stuttgart (= Reclams UB 8130) 1975.

Hugo Dittberner: Dürrenmatt, der Geschichtenerzähler. Ein 50-Dollar-Mißverständnis zum ›Besuch der alten Dame‹. In: I 2; 86–92.

Manfred Durzak: Die Travestie der Komödie in Dürrenmatts ›Der Besuch der alten Dame‹ und ›Die Physiker‹. In: DU 28 (1976) 86–96.

Mona Knapp: Die Verjüngung der alten Dame. Zur Initialrezeption Dürrenmatts in den Vereinigten Staaten. In: I 2; 58–66.

Michael Peter Loeffler: Friedrich Dürrenmatts ›Der Besuch der alten Dame‹ in New York. Ein Kapitel aus der Rezeptionsgeschichte der neueren Schweizer Dramatik. Basel 1976.

Günter Scholdt: ›Timeo Danaos et dona ferentes‹ oder Die alte Dame kommt aus Montevideo. Zur Dramaturgie Friedrich Dürrenmatts und Curt Goetz'. In: DVJs 50 (1976) 720–730.

Krishna Winston: The Old Lady's Day of Judgment: Notes on a Mysterious Relationship Between Friedrich Dürrenmatt und Ödön von Horváth. In: GR 51 (1976) 312–322.

Hans Wysling: Dramaturgische Probleme in Frischs ›Andorra‹ und Dürrenmatts ›Besuch der alten Dame‹. In: Akten des V. Internationalen Germanistenkongresses Cambridge 1975. Frankfurt (= Jahrbuch für Internationale Germanistik, Reihe A, 2) 1976; 425–431.

Ulrich Profitlich: Dürrenmatt. Der Besuch der alten Dame. In: *Walter Hinck* (Hg.): Die deutsche Komödie. Vom Mittelalter bis zur Gegenwart. Düsseldorf 1977; 324–341; 406–409.

Rodger Edward Wilson: The Devouring Mother: An Analysis of Dürrenmatt's *Der Besuch der alten Dame.* In: GR 52 (1977) 274–288.

Ulrich Klingmann: Epik und Dramatik in Dürrenmatts *Der Besuch der alten Dame.* In: AG 13 (1980) 151–164.

Horst Haller: Friedrich Dürrenmatts tragische Komödie ›Der Besuch der alten Dame‹. In: *Harro Müller-Michaels* (Hg.): Deutsche Dramen. Interpretationen zu Werken von der Aufklärung bis zur Gegenwart. Bd. 2. Königstein 1981; 137–162.

Gerd Labroisse: Die Alibisierung des Handelns in Dürrenmatts *Der Besuch der alten Dame.* In 17; 207–223.

Sigrid Mayer: Friedrich Dürrenmatt. Der Besuch der alten Dame. Frankfurt (= GG 6081) 1981; ⁶1992.

Dominik Jost: Vom Gelde. ›Der Besuch der alten Dame‹. In: I 8; 71–84.

Ulrich Klingmann: Lehrstück mit Lehre. Dürrenmatts *Der Besuch der alten Dame.* In: Deutschunterricht in Südafrika 13 (1/1982) 2–11.

Nicole Dufresne: Violent Homecoming: Liminality, Ritual, and Renewal in The Visit. In: I 9; 39–53.

Mario Andreotti: Die kollektivierte Figur. Dürrenmatts »Besuch der alten Dame« als moderner Text. In: Sprachkunst 15 (1984) 352–357.

August Obermayer: Dürrenmatts *Besuch der alten Dame* als theatrum mundi. In: *Walter Veit* [...] (Hg.): Antipodische Aufklärungen. Festschrift für Leslie Bodi. Frankfurt 1987; 323–332.

Werner Frizen: Der Besuch der alten Dame. Interpretation. München (= Oldenbourg Interpretationen 7) ²1988.

Carlotta von Maltzan: Bemerkungen zur Macht in Dürrenmatts *Der Besuch der alten Dame.* In: AG 19 (1988) [1989] 123–135.

Ernst S. Dick: Dürrenmatts Dramaturgie des Einfalls. *Der Besuch der alten Dame* und *Der Meteor.* In: *Herbert Mainusch* (Hg.): Europäische Komödie. Darmstadt 1990; 389–435.

6. »Frank der Fünfte«; zus. m. Paul Burkhard
(1958; 1964; 1980)

Im Jahre 1958 entsteht aus der Zusammenarbeit mit dem Operetten-komponisten Paul Burkhard (*1911) »Frank der Fünfte. Oper einer Privatbank«. Ursprünglich war eine Ode im Auftrag der Zürcher Neues Schauspielhaus AG zur Feier von deren zwanzigjährigem Bestehen geplant. Die Oper wird am 19. 3. 1959 unter der Regie von Oskar Wälterlin im Schauspielhaus Zürich uraufgeführt. Die Premiere ist ein Mißerfolg. Auch Inszenierungen in München und Frankfurt finden wenig Anklang. Die Druckfassung der Oper liegt 1960 vor; gegenüber dem Text der Uraufführung ist sie leicht revidiert. Anläßlich einer geplanten Neuinszenierung in Bochum, die aufgrund von Differenzen zwischen Autor und Intendant nicht zustande kommt, überarbeitet Dürrenmatt den Text gründlich. Die »Bochumer Fassung« von 1964 läßt den ursprünglichen Untertitel fallen und nennt sich statt dessen »eine Komödie«. Sie wird ab 1965 in A 2 veröffentlicht und 1966 vom Autor als NDR-Fernsehbearbeitung inszeniert, die dann 1967 gesendet wird. Aufführungen in sozialistischen Ländern (u. a. in Polen und der Tschechoslowakei) werden mit Beifall und Anerkennung aufgenommen. Die »Neufassung 1980« trägt den Untertitel »Komödie einer Privatbank« und kehrt zum Schluß der Erstfassung von 1958 zurück.

Die Ablehnung der westlichen Kritik läßt sich im wesentlichen auf zwei Gründe reduzieren: Einmal habe sich Dürrenmatt an Brechts »Dreigroschenoper« gemessen. Sein Stücke halte jedoch dem Vergleich nicht stand (Marianne Kesting). Zum anderen werden werkinterne Kriterien geltend gemacht: der Mangel an Handlung, die Dürftigkeit eines »fidelen Zynismus« (Bänziger). Der Autor selbst hat dreimal öffentlich Stellung zu diesen Urteilen bezogen und damit entscheidende Anhaltspunkte für die dem Text zugrundeliegende Intention geliefert: in einer »Standortbestimmung« (1960), den »Richtlinien der Regie« für die geplante Bochumer Inszenierung (1964) und in der Münchener Rede »An die Kritiker Franks des Fünften« (1963). Letztere ist das am wenigsten ergiebige Dokument. Die Rede läßt in ihrer Gereiztheit spätere Reaktionen des Autors auf Angriffe der Kritik vorausahnen. In der »Standortbestimmung«, die dem Entstehen der »Bochumer Fassung« vorausgeht, entwirft Dürrenmatt die Ansätze einer neuen Dramaturgie. Anstelle des »Denken[s] über die Welt« habe sich seine Dramaturgie zum »Denken von Welten« entwickelt (WA 6; 155). Dürrenmatt sieht die Gefahr, mit einem »fingierten Modell« ins Leere zu stoßen, »sich im bloß Ästhetischen oder bloß Geistreichen zu verlieren« (ibid. 157). Er macht demgegenüber geltend, daß jede

Fiktion in sich Realität zu enthalten habe, zumindest den Schlüssel zu ihrer Deutung, verwahrt sich indessen gegen die Aufgabe, diese Deutung »als Bühnenschriftsteller« zu liefern: »Der Wert eines Stückes liegt in seiner Problemträchtigkeit, nicht in seiner Eindeutigkeit.« (ibid. 159). In der Tat wird man dem stark von der »Dreigroschenoper« und von Shakespeares »Titus Andronicus« beeinflußten Text nicht die »Problemträchtigkeit« absprechen können. An der Geschichte einer Gangsterbank, deren Chef den Weg zur Ehrbarkeit einschlagen möchte, dabei beseitigt und durch seinen Sohn Frank VI. (vormals Herbert) abgelöst wird, läßt sich das Modell einer Welt ableiten, in der Kapital und Menschlichkeit unvereinbar sind. (So und ähnlich wurde das Stück von Kritikern sozialistischer Staaten gedeutet.) Diese Sicht erschließt sich dem Zuschauer allerdings keineswegs mühelos. Die (in der »Bochumer Fassung«) 14 Szenen dieses Stückes lassen jene gradlinige Zielstrebigkeit, wie sie der Gattung Oper eignet, vermissen. Ein Zuviel an Nebenhandlung, an komödiantischer Verzeichnung und Überzeichnung wirkt der lehrhaften Anlage beständig entgegen. Eben jene kontextuale und szenische Einbettung der Einzelaussage, auf die Dürrenmatt in seiner Münchener Rede pocht, ist im Spielverlauf nicht genügend gesichert. Hinzu kommt die Diskrepanz von Musik und Text: die 22 Nummern der Partitur Burkhards, deren teils reißerischer, teils schmalziger Tonfall das Geschehen ironisch unterstreichen soll, werden dem Nachdruck von Dürrenmatts Aussage nicht gerecht.

Am Ende des Stückes ergibt sich eine durchaus »lehrhafte« Wirkung: Bank und Staat arrangieren sich, unter veränderten Vorzeichen und ohne »Gaunerein« bleibt alles grundsätzlich beim alten. Anders ausgedrückt: »Bürger sind eigentlich Gangster.« (H. Mayer I 5; 27). Gedanklich wird diese Lösung indessen durch nichts vorbereitet. Hier stehen sich der zynisch-komödiantische Ausklang und der Beweis der »[...] Unmöglichkeit der Freiheit innerhalb einer Verbrecherdemokratie« (WA 6; 163), den das Stück antreten will, unversöhnlich gegenüber. Ästhetik des Textes und Dialektik der Oper ziehen wohl am gleichen Strick, allerdings in verschiedene Richtungen.

Wenn »Frank der Fünfte« in gewisser Weise als gedankliche Weiterführung des »Besuchs« angesehen werden kann – wie sein Vorläufer, nur viel eindeutiger noch, enthüllt der Text die ökonomischen Grundstrukturen kapitalistischer Gesellschaftssysteme –, so spitzt sich hier die Widersprüchlichkeit seiner Argumentation noch weiter zu. Wirtschaftliche Zwangsläufigkeit und das nicht programmierbare Regulativ des Zufalls, dem jene untersteht, müssen das Zustandekommen einer einheitlichen, nachprüfbaren Aussage blockieren. Darin liegt der einschneidende Unterschied zur »Dreigroschenoper«, deren Lehre »Frank der Fünfte«, wenn auch aus anderem Blickpunkt, bestätigt. Dürrenmatt wird, das zeigt die Betrachtung seiner folgenden Komödie, die Ansätze dieser neuen Dramaturgie, wie sie Eingang in die Oper fanden, nicht direkt weiterverfolgen. Das Modell der »Physiker« stellt im Gegensatz zu »Frank der Fünfte« keine Mischform von Fiktion und direkter Ableitung gesellschaftlicher bzw. ökonomischer Verhältnisse auf die Bühne. Es kann nur als totaler Gegenentwurf zur Wirklichkeit gedeutet werden. Die hier im Ansatz erprobte Dramaturgie geht erst später in der »kritischen Dramaturgie« der späten sechziger und siebziger Jahre auf. Gerade aber am Experiment der Oper zeigt sich bereits ihre inhärente Schwäche, ihr Verharren auf der Position der fünfziger Jahre. Denn *glaubhaft* beizukommen ist ökonomischen und politischen Prozessen nicht durch die Ersatzmetaphysik des Zufalls. Im Gegenteil, innerhalb des Texts muß der Kontrast, der in der Verklammerung gegensätzlicher Bereiche entsteht, eine weiterführende Einsicht in jene Prozesse blockieren.

Zu beachten ist in diesem Zusammenhang auch die 1966 entstandene »Skizze zu einem nicht ausgeführten Kolossalgemälde« »Letzte Generalversammlung der Eidgenössischen Bankanstalt« (F1; Nr. 56), in der sich die Bankiers entweder durch Erhängen oder durch Erschießen selbst töten – bei einer üppigen Henkersmahlzeit, versteht sich. Auch im Bild wird so der Entwurf des sich *von innen* selbst zerstörenden Kapitals entworfen, wobei wohl abermals der Zufall jenem die Hand führt. Ein Zusammenspiel grundsätzlich anderer geschichtlicher Kräfte – etwa in Form von Intelligenz und Proletariat –, das Brecht viel früher propagierte, scheidet für Dürrenmatt aus.

Literatur

Robert E. Helbling: ›Frank der Fünfte‹. Eine kritische Bilanz der Gangsterbank nach über zwanzig Jahren. In: 18; 85–96.

7. »Die Physiker« (1961; 1980)

Die 1961 entstandene »Komödie in zwei Akten« wird nach dem »Besuch« zum zweiten großen Welterfolg Dürrenmatts. Am 20. 2. 1962 findet unter der Regie von Kurt Horwitz im Schauspielhaus Zürich die Uraufführung statt. Sie wird zum Theatererfolg der Saison. Die Rolle der Mathilde von Zahnd übernimmt Therese Giehse, der das Stück in der Druckausgabe des gleichen Jahres gewidmet ist. Der Autor selbst betrachtete die Züricher Inszenierung als derart beispielhaft, daß er sie den Bühnenanweisungen der Druckfassung zugrunde legte und sie damit gleichsam dokumentierte. Es folgen, nach der deutschen Erstaufführung in München (29. 9. 1962), Inszenierungen an fast allen größeren und den meisten kleineren Bühnen des deutschen Sprachraums; eine erfolgreiche Londoner Inszenierung (9. 1. 1963) unter der Regie von Peter Brook; eine gefeierte Broadway-Inszenierung des Folgejahres, die den Siegeszug des Stückes in Ost und West einleitet. 1964 wird der Text als Fernsehspiel bearbeitet (Regie: Fritz Umgelter). Noch bis in die siebziger Jahre hat er sich auf dem Repertoire vieler Bühnen gehalten. Während der achtziger Jahre (vgl. unten Kap. VII) zählt er mehrfach zu den meistgespielten Bühnenstücken an westdeutschen Theatern. Die »Neufassung 1980« bringt einen stilistisch und kosmetisch überarbeiteten Text, der in seiner Substanz nur wenig verändert ist.

Werkgeschichtlich geht der Komödie ein Kabarett-Sketch (»Der Erfinder« [1949; WA 17; 136ff.]) voraus, den Dürrenmatt für das ›Cornichon‹ verfaßt hatte. Hierin setzt er sich spielerisch-satirisch mit der Atombombe auseinander – die als Symbol der ständigen totalen Bedrohung der Menschheit durch die Technik an entscheidender Stelle auch Eingang in die »Theaterprobleme« findet – und läßt den Erfinder der Bombe diese dadurch ›entschärfen‹, daß er sie im Dekolleté einer Dame verschwinden läßt. Natürlich ist ihm dabei bewußt, daß eine Sicherung des Weltfriedens so nur auf der Kabarettbühne zu erreichen ist. Wichtiger für den Entstehungshintergrund der »Physiker« ist einmal die weltpolitische Lage im Gefolge des Korea-Kriegs, das immer gespanntere Verhältnis der Supermächte, das in der Kubakrise gipfelt, der Mauerbau in Berlin, ein hektisches Wettrüsten auf beiden Seiten, das die nukleare Konfrontation unausweichlich erscheinen läßt. Zum anderen leitet die öffentliche Diskussion des Buchs »Heller als tausend Sonnen« von Robert Jungk, das Dürrenmatt in der ›Weltwoche‹ vom 7. 12. 1956 rezensiert, eine gedankliche Auseinandersetzung mit der Physik ein, die sich zunächst in der Komödie niederschlägt, dann aber bis weit in die neueren Arbeiten hineinwirkt (vgl. etwa den Vortrag »Albert Einstein«, S. 139). Sind im populärwissen-

schaftlichen Werk Jungks wesentliche Grundgedanken der
»Physiker« vorweggenommen, so reiht sich die Komödie andererseits in eine literarische Tradition von Stücken ein, die ähnliche Themen bearbeiten. Am Anfang steht Brechts »Galileo
Galilei« bzw. »Leben des Galilei« (1938/39; 1945/46; 1955), in
dem die Frage der Verantwortung des Wissenschaftlers gegenüber der Gesellschaft unter jeweils verschiedener Akzentset-
zung durchdacht wird. Besonders die letzte Fassung insistiert
auf der Pflicht auch des einzelnen gegenüber dem Kollektiv,
seine Forschungen sinnvoll, d.h. zum Wohl aller zu verwerten.
Dies ist die Bearbeitung, die Dürrenmatt bekannt war, und die
die Entstehung seines »Physiker«-Stückes maßgeblich bestimmt. In seiner Rede anläßlich der Verleihung des Schiller-
preises im Nationaltheater Mannheim (9. 11. 1959) hatte sich
der Autor folglich viel weniger mit Schiller selbst als mit Brecht
auseinandergesetzt – eine Auseinandersetzung, die als Erweite-
rung seiner Bühnentheorie und als deren zusätzliche *politische*
Explikation zu verstehen ist. Gegenüber dem »Glaubenssatz
der Revolutionäre«, die Welt sei vom Menschen zu verändern,
der sich historisch »außer Kurs« gesetzt habe, stellt Dürrenmatt
den Befund einer gesellschaftlichen Inkohärenz, der Unstim-
migkeit des Ganzen und der Teile, die nur zu überwinden sei in
der »[…] Ahnung einer großen Befreiung, von neuen Möglichkeiten, davon, daß nun die Zeit gekommen sei, entschlossen
und tapfer das Seine zu tun« (WA 26; 97). Wenig später enthüllt
er dann den resignativen Kern seiner Geschichtskonzeption:
Freiheit existiere zwar als »Grundbedingung des Menschen«
immer, aber »sie manifestiert sich nur in der Kunst rein, das
Leben kennt keine Freiheit« (ibid. 98).

Als bekannt vorauszusetzen ist ebenfalls Zuckmayers Physikerdrama
»Das kalte Licht« (1955) – Dürrenmatt hatte früher schon den »Fröh-
lichen Weinberg« polemisch den ewig-gestrigen Bühnenstücken zuge-
wiesen (›Die Weltwoche‹ 9. 5. 1952) –, das die »Denk- und Glaubens-
krise der Gegenwart« problematisieren will und sie letzten Endes in der
Banalität versanden läßt. Das dort breit angelegte Motiv des Verrats aus
Liebe wird Dürrenmatt persiflieren: insofern ist seine wahnsinnige Ir-
renärztin auch die ironische Gegenkonzeption zu Zuckmayers Hjördis
Lundborg. Auch der ›Bund der Schwachen‹ aus Hans Henny Jahnns
Atomstück »Der staubige Regenbogen« (anderer Titel: »Die Trümmer
des Gewissens«), das am 17. 3. 1961 in Frankfurt/M. uraufgeführt
wurde, dürfte ironisch in den Dreierbund der Physiker am Ende von
Dürrenmatts Komödie Eingang gefunden haben.

In formaler Hinsicht ist die Komödie eine der klarsten Kompositionen Dürrenmatts. Die aristotelischen Einheiten bleiben streng beachtet, nun aber in ironisch verkehrter Wirkungsabsicht: »[...] einer Handlung, die unter Verrückten spielt, kommt nur die klassische Form bei.« (WA 7; 12) Die Wirkung des Texts beruht, im Gegensatz zur herkömmlichen Komödie, auf dem Umstand, daß der Zuschauer nicht, das handelnde Personal selbst nur teilweise in die Vorgänge eingeweiht ist. Eine Serie von »Einfällen« – hier die vielleicht orthodoxeste Realisierung der Komödientheorie – führt von dem komödiantisch-kriminalistischen ersten Akt zur radikalen Enthüllung im zweiten. Groteske Zuspitzungen ergeben sich in I/5, wenn der Physiker Möbius die ihn liebende Krankenschwester Monika scheinbar unmotiviert tötet; in II/3, wenn sich seine Physikerkollegen als Spione der feindlichen Großmächte zu erkennen geben; schließlich in II/4, wenn die Chefärztin verkündet, sie habe eben jene Erfindung, die Möbius im Irrenhaus verstecken wollte, ihrem mächtigen »Trust« übergeben, der nun die Weltherrschaft zu übernehmen bereit sei. Das planmäßige Handeln Möbius' erweist sich so als Fehlschluß, der von der Wirklichkeit längst überrollt ist. Die Ästhetik des Stückes arbeitet, indem sie den Zuschauer wie den Protagonisten – im Schlußteil sogar alle drei Physiker – mehrfach düpiert, Hand in Hand mit seiner Dialektik. Im Rahmen der aristotelischen Bühne, die ja Schauplatz der äußersten Selbstverwirklichung des *Individuellen* ist, wird der Freiraum des Individuums systematisch als Illusion denunziert, jede Handlungsfähigkeit des einzelnen durch die anachronistische Spielkonzeption um so schärfer als Anachronismus bloßgestellt. Als tragischer Rest, der sich *außerhalb* des Spiels ansiedelt, bleibt die Konsequenz für die gesamte Menschheit. (Vgl. die als Deutungsansatz dem Text nachgestellten »21 Punkte zu den Physikern« in: WA 7; 91 ff.)

Mit »Die Physiker« stößt die Komödie Dürrenmatts über die Repräsentation gesellschaftlicher Zustände vermittels der bewußten Illusionsdurchbrechung der früheren Stücke oder der Mischform des »Besuchs« und der Oper, die die gesellschaftliche Wirklichkeit durch das Bühnenmodell direkt durchscheinen läßt, endgültig zu einer sehr spezifischen Art des modernen »Welttheaters« vor. Damit vollzieht sie den entscheidenden Schritt zum von der Realität abgelösten *antizipatorischen Modell*, das sich – im Gegensatz noch zu den unmittelbaren Vorläufern – nun als Ganzes im ästhetischen Raum, d. h. auf der Bühne ansiedelt und nicht mehr partiell ableitbar ist. Insofern sind auch die »Unstimmigkeiten und Brüche« (Durzak), die die logische Entwicklung der »Physiker« im Detail aufweisen mag, innerhalb des künstlerischen Modells, das keine empirische Wirklichkeit mehr berücksichtigen *will*, im freien Spielraum der Bühne nicht nur zulässig, sondern legitim. Ist einmal der Verzicht auf das Illusionstheater total – und erst in den »Physikern« hat Dürrenmatt vollends und unwiderruflich darauf verzichtet –, so verbietet sich jede Deutung herkömmlicher Art in Form der Frage, welches Einzelelement des Texts welchem Sachverhalt in der Realität zuzuordnen sei. Folglich kann das »Physiker«-Modell nur in seiner Gesamtheit, und das heißt als *Gegen*entwurf zur Wirklichkeit gedeutet werden. Mit einiger Einschränkung betrifft diese Feststellung die folgenden Stücke der zweiten Schaffensphase mit Ausnahme der Bühnenfassung des »Herkules«. Auch im »Porträt eines Planeten« wird Dürrenmatt teilweise an der Technik des Gegenentwurfs zur Realität festhalten, und Spuren seines Theaters der Antizipation bleiben bis in die Texte der siebziger Jahre wirksam.

Die Frage, ob »Die Physiker« als »Zurücknahme« (H. Mayer) von Brechts »Galilei« zu deuten sind, ist umstritten. Zu berücksichtigen sind einmal die gewandelten Entstehungsbedingungen, dann auch die teilweise ähnliche Argumentation beider Stücke. Denn wie vor ihm Brecht zeigt Dürrenmatt auch, daß der einzelne weder die Fähigkeit noch die Kraft besitzt, über Wohl und Wehe des Ganzen zu entscheiden. Und wie jener weist er darauf hin, daß die Verantwortung für Erkenntnisse der Wissenschaft in die Hände *aller* gehört (Punkte 16 und 18 der »21 Punkte«). Schließlich wollen beide Zentralfiguren, Galilei und Möbius, keineswegs als Identifikationsangebot verstanden werden: dadurch würde die jeweilige Stoßrichtung der Stücke abgebogen. Wo Brecht aber auf die Emanzipation der Kollektive gegenüber der Wissenschaft pocht, läuft Dürrenmatt doch Gefahr, »ins Leere zu stoßen«, wenn er die gedankliche Konfrontation der *ganzen* Menschheit mit den möglichen Folgen der Kernphysik ins Werk setzen will. Die Konsequenz seines Stückes – die Resignation angesichts des vorgeführten fait accompli – ist zwingend demonstriert, fast zu überzeugend, um gedankliche Alternativen noch zu provozieren. Jene Emanzipation der kleinen Schritte, wie Brecht sie propagiert, hat eine für Dürrenmatt von Chaos und Zufall regierte, und das heißt letztlich unprogrammierbare historische Entwicklung längst ad absurdum geführt.

Literatur

Walter Muschg: Dürrenmatt und die Physiker. In: Moderna Sprak 56 (1962) 280–283.

Ernst Wendt: Mit dem Irrsinn leben? Anläßlich mehrerer Aufführungen von Dürrenmatts ›Physikern‹. In: Thh 3 (12/1962) 11–15.

Ernst Schumacher: Dramatik aus der Schweiz. Zu Max Frischs ›Andorra‹ und Friedrich Dürrenmatts ›Die Physiker‹. In: Theater der Zeit 17 (5/1962) 63–71.

Uwe von Massberg: Der gespaltene Mensch. Vergleichende Interpretation der Physiker-Dramen von Brecht, Dürrenmatt, Zuckmayer und Kipphardt auf der Oberstufe. In: DU 17 (6/1965) 56–74.

Karl S. Weimar: The Scientist and Society. A Study on Three Modern Plays. In: MLQ 27 (1966) 431–448.

Tja Huan Kim: Paradoxie als Komik und Ernst in der Komödie ›Die Physiker‹. In: ZfG 16 (1967) 87–98.

Klaus Dietrich Petersen: Friedrich Dürrenmatts ›Physiker‹-Komödie. Eine Interpretation für den Deutsch-Unterricht. In: Die pädagogische Provinz 5 (1967) 289–302.

Aya Otsuka: Über Dürrenmatts ›Die Physiker‹. [Jap. m. dt. Zusf.]. In: Aspekt 2 (1968) 25–38.

Beth Emily Mavelty: Three Phases of Comedy. A Study on the Archetypal Patterns in Leonce und Lena, Der zerbrochene Krug and Die Physiker. Univ. of Oregon (= Phil. Diss.) 1969.

Kurt J. Fickert: The Curtain Speech in Dürrenmatt's ›The Physicists‹. In: MD 13 (1970) 40–46.

Hans Kügler: Dichtung und Naturwissenschaft. Einige Reflexionen zum Rollenspiel des Naturwissenschaftlers [...] In: *H. K.:* Weg und Weglosigkeit. 9 Essays zur Geschichte der deutschen Literatur im 20. Jahrhundert. Heidenheim 1970; 209–235.

Herbert Lehnert: Fiktionale Struktur und physikalische Realität in Dürrenmatts ›Die Physiker‹. In: Sprachkunst 1 (1970) 318–330.

Brian O. Murdoch: Dürrenmatt's ›Physicists‹ and the Tragic Tradition. In: MD 13 (1970) 270–275.

Michael Morley: Dürrenmatt's Dialogue with Brecht. A Thematic Analysis of ›Die Physiker‹. In: MD 14 (1971/72) 232–242.

Peter C. Plett: Dokumente zu Friedrich Dürrenmatt ›Die Physiker‹. Stuttgart (= Arbeitsmaterialien Deutsch) 1972.

Rémy Charbon: Die Naturwissenschaften im modernen deutschen Drama. Zürich (= Zürcher Beiträge zur dt. Literatur- und Geistesgeschichte 41) 1974.

Manfred Durzak: Die Travestie der Tragödie in Dürrenmatts ›Der Besuch der alten Dame‹ und ›Die Physiker‹. In: DU 28 (1976) 86–96.

Neville E. Alexander: Friedrich Dürrenmatt: ›Die Physiker‹. Die Verantwortung des Forschers. In: *Heinrich Pfeiffer* (Hg.): Denken und Umdenken. München 1977; 176–193.

Gerhard P. Knapp: Friedrich Dürrenmatt: Die Physiker. Frankfurt/M.

(= GG 6079) 1979; ⁹1992.

ders.: ›Die Physiker‹. In: I 8; 97–109.

ders.: Dürrenmatt's *Physicists* as a Turning-Point for the Dramatist and His Concept of History. In: I 9; 55–66.

8. »*Herkules und der Stall des Augias*« (1962; 1980)

Die 1962 entstandene Bühnenfassung des Hörspiels (vgl. S. 78 f.) wird mit dem Untertitel »Ein Festspiel« am 20. 3. 1963 im Schauspielhaus Zürich unter der Regie von Leonard Steckel uraufgeführt. Die Premiere wird, ebenso wie die wenigen folgenden Aufführungen, zum Mißerfolg. Die vom Autor illustrierte Druckfassung mit dem Untertitel »Eine Komödie« liegt im gleichen Jahr vor.

Gegenüber der Hörspielfassung arbeitet Dürrenmatt in der Bühnenadaption auf stark bildhafte, plakative Effekte hin. Der Uraufführungstext gliedert sich in fünfzehn Szenen, in der Druckfassung folgt noch ein »Chor der Parlamentarier«. Der Handlungsaufbau ist grundsätzlich unverändert, mit Ausnahme des Schlusses: Im Bühnenstück bleibt Phyleus nach der Mistverwandlung nicht in Elis. Er verfolgt Herkules mit dem Schwert und hofft ihn zu töten, da dieser – wie im Funkspiel – Dejaneira entführt hat. Dieser letztlich nicht plausible Schluß dürfte entscheidend zum Mißerfolg der Theaterversion beigetragen haben.

Ästhetisch steht »Herkules und der Stall des Augias« in unmittelbarer Nähe von »Frank der Fünfte«. Auch hier arbeitet der Autor vielfach mit den Mitteln des epischen Theaters, ohne jedoch eine über den unmittelbaren Anlaß des Spiels hinausgehende Lehre anzustreben. Und wie dort verwendet er eine Mischform aus gesellschaftlicher Ableitung und modellhafter Darstellung. Dürrenmatts Gesellschaftskritik richtet sich, nur wenig kaschiert, gegen die Schweizer Verhältnisse und die bürokratische Verfilzung, die das Land außer Stand setzt, mit dem »Mist« fertig zu werden. Als Modell dient der mythologische Stoff, der zugleich, wie im Funkspiel, entmythisierende Funktion besitzt. Herkules, der Held des »Festspiels«, soll in gewisser Weise als Anti-Tell verstanden werden: seine Karikierung möchte stellvertretend den Nationalhelden entthronen. Stark kabarettistische Züge wie deutliche Anleihen an Stummfilm- bzw. Slapstick-Humor dienen hier, wie in »Frank der Fünfte« die Opernanlage, der zusätzlichen Verfremdung des Gegenstandes.

Man hat auf die Inhomogenität der Komödie hingewiesen. Tatsächlich – und dies ist eine weitere Entsprechung zu »Frank der Fünfte« – bewirkt der Mangel an Geschlossenheit der jeweiligen Szenen weniger einen ›offenen‹ Effekt als den beständigen Leerlauf der verschiedenen Wirkungsebenen, ob dies nun die »an sich wahrhaft poetischen Stellen« (Bänziger K 1; 199) betrifft oder die intendierte Gesellschaftskritik. Die epische Anlage des Ganzen wirkt eher befremdend als erklärend, da sie allein szenische Funktion besitzt und nicht etwa einer gedanklichen Dialektik als stützende Form dient. Dies zeigt sich besonders deutlich im Schlußchor, der bereits inhaltlich dem gerade vorausgegangenen Gnadenakt der Mistverwandlung zuwiderläuft. Hier wird verkündet: »Der Schutt in Herzen und Gassen / Er säubert von selber sich nie [...]« (WA 8; 117). Auch der Appell an die Politiker, der das Stück beschließt, wird nicht recht einsichtig: »Drum hurt euch nicht durch die Zeiten / Und tut, was ihr tun müßt, noch bald / Sonst wird der Tag euch entgleiten / Die Nacht ist dunkel und kalt« (ibid.). Die Anspielung auf Brecht ist, deutlicher noch als in der Oper, rein ästhetisch. Denn der Text bleibt die Erklärung dessen, was er mit der Mistmetapher bezeichnen will, ebenso schuldig wie jede Anweisung, die sich in gesellschaftliche Praxis umsetzen ließe. Werkgeschichtlich betrachtet, erreicht hier die zweite Auseinandersetzung Dürrenmatts mit dem Theater Brechts ihren Endpunkt in Form einer mißglückten Komödie, die weder Lehrstück noch »Modell« ist und die deutlich hinter die Konzeption der »Physiker« zurückfällt.

Literatur

Sevilla Baer-Raducanu: Sinn und Bedeutung der Wiederaufnahme der antiken Thematik in Dürrenmatts: ›Herkules und der Stall des Augias‹. In: Analele Universitatii Bucurestii Filologie 14 (1965) 185–197.
Ernst Gallati: ›Herkules und der Stall des Augias‹: Mythos, Parodie und Poesie. In: I 8; 110–123.
Susan Smith Wolfe: Lovers, L'abours, and Cliff Top Meals: The Architectonics of Dürrenmatt's Two *Hercules* Dramas. In: Seminar 20 (1984) 279–289.

9. »Der Meteor« (1964/65; 1980)

Vier Jahre nach dem Welterfolg der »Physiker« bringt Dürrenmatt
wieder ein neues Stück zur Uraufführung: »Der Meteor. Eine Komödie
in zwei Akten.« Es war, mit größeren Arbeitsunterbrechungen, in den
Jahren 1964 und 1965 konzipiert worden. Der Autor hatte sich, unter
dem Eindruck seiner Reise in die UdSSR im Frühsommer 1964, vorübergehend mit einem Prosatext befaßt, der erst 1971 unter dem Titel
»Der Sturz« erscheint. Am 20. 1. 1966 findet im Schauspielhaus Zürich
unter der Regie von Leopold Lindtberg die erfolgreiche Premiere des
»Meteor« statt. Dem Darsteller des Schwitter, Leonard Steckel, ist die
im gleichen Jahr veröffentlichte Druckfassung gewidmet. Von den Proben existiert eine Gouache Dürrenmatts (F1; Nr. 40), die »Steckel als
›Meteor‹« zeigt. Erfolgreiche Aufführungen in Hamburg (9. 2. 1966)
und München (12. 2. 1966) folgen, kurz darauf geht das Stück auch über
die wichtigsten Bühnen des Auslands. Eine Fernsehbearbeitung entsteht
1968. Der Autor läßt den Text der Uraufführung bis zu seiner eigenen
Wiener Inszenierung im November 1978 unangetastet. Erst dann ändert
er den Schluß dahingehend, daß Schwitter den Heilsarmeemajor Friedli
nicht – wie in der Originalfassung – vergebens um den Gnadenstoß
bittet, sondern ihn ermordet. Am Ende läuft er von der Bühne, unsterb-
lich und unwiderruflich zum Dasein verurteilt. Die »Werkausgabe« von
1980 enthält die Wiener Überarbeitung um 1978.

Die Ursprünge des »Meteor« reichen werkgeschichtlich weit
zurück. So stellt der Nobelpreisträger Schwitter der Komödie
ein Pendant zum Nobelpreisträger Korbes des Funkspiels
»Abendstunde im Spätherbst« (1956) dar. Beide sind nicht dem
Gesetz der Sterblichkeit unterworfen, sind Produkte einer Ästhetik der Massenware. Der Unterschied liegt darin, daß
Schwitter an seinem Zustand leidet, während Korbes ihn in
vollen Zügen genießt. Dramaturgische Zentralfunktion besitzt
im »Meteor« das Wunder der Auferstehung. Mit der bühnentechnischen Realisierung des »Wunders« beschäftigt sich Dürrenmatt bereits 1959, anläßlich einiger Notizen zu einer damals
ungedruckten Rezension des Films »Das Wunder des Mala-
chias«. Als »Chance« und zugleich »Gefahr« des Films bezeichnet er die Tatsache, daß dieser sein »Wunder« in eine »nicht
naive Welt« plaziert: es »[...] darf nicht nur ›poetisch‹, sondern
muß auch ›logisch‹ stimmen, in sich logisch sein.« (WA 26; 103)
Im gleichen Zusammenhang behandelt er die Frage, wie ein
solches Wunder dramaturgisch rückgängig zu machen sei. Als
frühe gedankliche Vorstufe des »Meteor« sind diese Notizen
zweifellos von Bedeutung. Auch der Hinweis, daß die meteori-
tenhafte Laufbahn Bockelsons eine Präfiguration der Komödie

darstellt (Bänziger), trägt ebenso zur werkgeschichtlichen Erhellung bei wie eine Konzentration auf das Motiv des Totentanzes Strindbergscher Prägung, das erstmals im »Mississippi«, wiederum im »Meteor« und dann, in zentraler Funktion, in »Play Strindberg« Verwendung findet. Einer bühnentechnischen Verwirklichung der Auferstehung stand in den früheren Stücken vor allem deren punktuelle Bindung an die empirische Wirklichkeit im Wege: eine Brücke, die der Autor erst in der Physiker-Komödie vollständig abgebrochen hat. Daß der Auferstehungsmythos Dürrenmatt weiterhin beschäftigte, zeigt auch seine Federzeichnung »Auferstehung« aus dem Jahre 1978, in der er jenen als Aufhebung der Schwerkraft darstellt: Eine mit Bändern verhüllte, kokonartige Mumie schießt aus der Gruft dem All entgegen.

In den »Zwanzig Punkten zum Meteor« gibt der Autor dem Stück, ähnlich wie in den »Physikern«, die eigene Deutung bei. Hier zeigt sich, im Gegensatz zum früheren Stück, ein bedenklicher Hang zum Aperçu, der zu Formulierungen wie der folgenden führt: »Eine Kritik ist ohne Analyse unmöglich.« (WA 9; 159) Diesem Gemeinplatz folgt dann die Anweisung an die Kritik, sich allein mit dem »Resultat«, dem Dargestellten zu befassen, nicht aber mit der Intention des Autors. Dürrenmatt beruft sich (Punkt 4) ausdrücklich auf die »Idee« eines Stückes. Er fällt damit hinter die »Theaterprobleme« zurück, wo er den freien, antiidealistischen Spielcharakter von Bühnentexten betonte, stellt diese Revision aber wiederum in Frage, wenn er das Stück (in Punkt 20) als »die Umwandlung einer Idee ins absolut Spontane« bezeichnet. Als Verständnishilfe der Komödie leisten die »20 Punkte« wenig. Eher erhöhen sie die Verwirrung, die für die Rezeption des Texts charakteristisch ist.

Zu Recht ist »Der Meteor« als Ausdruck einer künstlerischen Krisenlage gedeutet worden (Kesting M 38; 273). Seine Entstehung fällt zusammen mit dem Siegeszug der neuen Gattung des Dokumentartheaters, wie es die Stücke von Weiss, Hochhuth und Kipphardt vertreten. Dürrenmatt dagegen – der Schwitters Sohn Jochen direkt auf die dokumentarische, engagierte Bühne anspielen läßt (»Die Welt will harte Tatsachen, keine erfundenen Geschichten. Dokumente, keine Legenden. Belehrung, nicht Unterhaltung. Der Schriftsteller engagiert sich oder wird überflüssig.« [WA 9; 92]) – hält an der Ästhetik der »Physiker« fest. Tatsächlich könnte die Struktur des »Meteor« als Pendant zu der des früheren Stückes gelten. Im vorgegebenen Rahmen der aristotelischen Einheiten, die in der Wirklichkeit des Spiels dann allerdings aufgehoben und durch eine Suspendierung von Raum und Zeit ersetzt werden, und vermittels strenger struktureller Zweiteilung setzt der Autor seine Ereignis-Dramaturgie ins Werk. Schwitter, der abgelebte Literat, der zu Beginn des Stückes von den Toten aufersteht und das Publikum mit diesem Einfall ein weiteres Mal – zu Beginn des zweiten Aktes – überrascht, fungiert hier im Sinne der mittelalterlichen Allegorie des Meteors, dessen Auftreten ein ungewöhnliches Ereignis begleitet bzw. vorankündigt. Die Nebenfiguren des Stückes, der Maler Nyffenschwander (der im Gegensatz zu Schwitter noch an seine Kunst glaubt), seine Frau Auguste, willenloses Sexualobjekt, der Pfarrer, der Unternehmer, zusammen mit dem Mediziner Repräsentanten des organisierten Betrugs, Schwitters Sohn – als einziger mutig genug, Schwitter zum Sterben zu drängen, allerdings nur aus Gewinnsucht –, der Verleger, die gleichermaßen gewinnbesessene Abortfrau Nomsen und schließlich, in parodistischer Karikierung der organisierten Religion, die Heilsarmee repräsentieren ein buntes, wenn auch keineswegs komplettes Panorama der umgebenden Gesellschaft, das an die Stationentechnik expressionistischer Stücke erinnert. Nur daß der Protagonist hier die anderen Revue passieren läßt und sie nach und nach der Untauglichkeit ihres Daseins überführt. Auch im »Meteor« ist die empirische Realität vollständig im Gegenentwurf des Spiels aufgehoben, und so scheint es müßig – eine Frage, die die Interpreten intensiv beschäftigt hat – darüber zu spekulieren, ob Schwitter nun tot oder scheintot ist, ob seine Auferstehung als Blasphemie aufzufassen sei. Im Kontext der *Spiel*wirklichkeit ist Schwitter tot und erfährt eine – ihm selbst durchaus unerwünschte und nicht einsehbare – Auferstehung. Diese kann man sicher als Verlängerung seines Lebens »aus zweiter Hand«, der Existenz des Literaten, die sich auf Reproduktion des Wirklichen begründet, deuten – eines Lebens, das derart ›vermittelt‹ war, daß ihm ein ›echter‹ Tod nun nicht mehr möglich ist.

Zentrum des Stückes ist indessen nicht Schwitter, auch nicht die anderen Figuren, die er zerbricht oder dem Chaos preisgibt, sondern die ästhetisch durchgespielte Kollision des *verabsolutierten* Zufalls mit einer Weltordnung, die vom *begrenzten* Zufall regiert wird. Das unprogrammierbare Ereignis, das in den »Physikern« durch seine dialektische Funktion ästhetisch motiviert war, wird somit zur Dialektik selbst und bestimmt rücksichtslos die Ästhetik des Stückes. Schwitter, der den Zufall in seiner Totalität verkörpert, ist – wie Korbes in der »Abendstunde« – Produkt der Vermarktung von Kunst in der westlichen Zivilisation. Er hat sich aber, im Gegensatz zu jenem wie zu den Nebenfiguren des Stückes, verselbständigt und ist zum Naturereignis, zur kosmischen Katastrophe geworden, die jeder Empire – auch der einzig wahren Welt der Frau Nomsen, »[...] die nicht nur Abortfrau ist, sondern auch Kupplerin [...]« (»Varlin schweigt« in: WA 26; 166) – ins Gesicht schlägt. Der unsterbliche Schwitter verkörpert so, viel deutlicher noch als der Totalausverkauf der Ideologien im »Mississippi« und vergleichbar dem von Dürrenmatt im Bild festgehaltenen »Weltstier« (F 1; Nr. 88), »[...] das Sinnbild des amoklaufenden Ungeheuers, das wir ›Weltgeschichte‹ nennen« (ibid. »Persönliche Anmerkung«). Im ästhetischen Spielraum einer letzten Verabsolutierung des Zufälligen, dem gegenüber sogar das »Wunder« zur Platitüde, zum beliebig wiederholbaren dramaturgischen Gag wird, offenbart sich nicht nur der nunmehr absolute Geschichtspessimismus des Autors, gepaart mit der Demaskierung der Gesellschaft, sondern auch ein durch die Ästhetik des Stükkes bestätigter offenkundiger Vertrauensverlust in die Möglichkeiten des Theaters, genauer der Komödie, mehr als das zu leisten, was Jochen Schwitter anprangert: Unterhaltung. Insofern trifft es zu, im »Meteor« nicht nur die Umrisse künstlerischer Selbstkritik (Durzak) – die aus einer Krise des Autors resultiert – zu erkennen, sondern den Text als künstlerische Kritik an der künstlerischen Form selbst zu lesen, einer Form, die hier, noch mehr als in »Die Physiker«, ihre äußerste Perfektionierung erreicht und sich somit selbst ›überlebt‹ hat. Denn im Gegensatz zu »Die Physiker« ist hier keine Spur eines Engagements mehr sichtbar. Die Komödie wird zur Manier, zur rein artistischen Beschreibung einer zwischen Chaos und Kloake hin- und hergezerrten Welt, der auch mit theatralischen Gegenprojektionen nicht mehr zu helfen ist. Im »virtuos durchkalauerte[n] Kunstfeuerwerk«, das im Kalkül seiner Artistik nun, ganz anders als »Die Physiker«, auch im übersteigernden Einsatz der sprachlichen Mittel, »vollkommen antirational« (Jenny K 7; 106) wirken muß, führt sich Dürrenmatts Komödie ad absurdum.

Vier Jahre danach bringt Dürrenmatt diesen Komödientypus (der auch noch die »Wiedertäufer«-Bearbeitung bestimmt) nochmals auf die Bühne, im »Porträt eines Planeten«. Den Mechanismus der »Meteor«-Handlung wird er in »Die Frist« aufgreifen, dort allerdings direkt aus der Geschichte ableitbar und nicht mit dem Auferstehungsmotiv ver-

bunden. Das Nichtsterben-Können des Meteors wird dann zum Nicht-
sterben-Dürfen des Diktators.

Literatur

Hans Mayer: Komödie, Trauerspiel, deutsche Misere. Über Dürren-
matts ›Meteor‹ und Grassens ›Die Plebejer proben den Aufstand‹. In:
Thh 7 (3/1966) 23–26.
Reinhard Herdieckerhoff: Der Meteor – Ein Versuch der Deutung. In:
Rolf Bohnsack (Hg.): Gestalt – Gedanke – Geheimnis. Festschrift
Johannes Pfeiffer. Berlin 1967; 152–162.
Hertha und Egon Franz: Zu Dürrenmatts Komödie ›Der Meteor‹. In:
ZfdPh 87 (1968) 660f.
Renate Usmiani: Friedrich Dürrenmatt as Wolfgang Schwitter. An Au-
tobiographical Interpretation of ›The Meteor‹. In: MD 11 (1968) 143–
150.
Winfried Freund: Modernes Welttheater. Eine Studie zu Friedrich Dür-
renmatts Komödie ›Der Meteor‹. In: LWU 6 (1973) 110–121.
Peter Spycher: Friedrich Dürrenmatts ›Meteor‹. Analyse und Dokumen-
tation. In: I 3; 145–187.
Judith R. Scheid: Poetic and Philosophical *Einfall*: Aristophanes' and
Hegel's Influences on Dürrenmatt's Theory of Comic Action and on
His Comedy *Der Meteor*. In: Seminar 15 (1979) 128–142.
Hans Bänziger: Verzweiflung und ›Auferstehungen‹ auf dem Todesbett.
Bemerkungen zu Dürenmatts *Meteor*. In DVJs 54 (1980) 485–505.
Otto Keller: Die totalisierte Figur. Friedrich Dürrenmatts »Meteor« als
Dokument eines neuen Denkens. In: I 2 (²1980); 43–56.
Dietmar Mieth: Friedrich Dürrenmatts »Der Meteor«. Zur ethischen
und religiösen Relevanz der »Aussage«. In: *Jürgen Brummack* [...]
(Hg.): Literaturwissenschaft und Geistesgeschichte. Festschrift für Ri-
chard Brinkmann. Tübingen 1981; 753–771.
Rolf Kieser: In eigener Sache. Friedrich Dürrenmatt und sein ›Meteor‹.
In: I 8; 124–135.
Hans Bänziger: Wolfgang Schwitter's Bed. On One of the Requisites in
Dürrenmatt's *Meteor*. In: I 9; 85–95.
Renate Usmiani: The Meteor and the Tradition of *Plays with Corpses*. In:
I 9; 67–83.
Herbert Knorr: Dürrenmatts Komödie »Der Meteor«. Versuch einer
einheitlichen Deutung. In: Literatur für Leser 1984; 97–113.
Gerhard P. Knapp: Spektakulärer Totalbankrott des Einzelkämpfers.
Friedrich Dürrenmatts Komödie »Der Meteor«. In: *Winfried Freund*
(Hg.): Deutsche Komödien. Vom Barock bis zur Gegenwart. Mün-
chen (= UTB 1498) 1988; 267–281.

10. »Die Wiedertäufer« (1966)

Im Gegensatz zu früheren Revisionen eigener Stücke unternimmt Dürrenmatt jetzt eine vollständige Neubearbeitung des Stoffes seines erstaufgeführten Dramas »Es steht geschrieben« (1946). »Die Wiedertäufer. Eine Komödie in zwei Teilen« wird unter der Regie von Werner Düggelin am 16. 3. 1967 im Schauspielhaus Zürich uraufgeführt. Publikum und Kritik äußern sich zurückhaltend, zum Teil ablehnend. Die im gleichen Jahr veröffentlichte Druckfassung enthält einen ausführlichen »Anhang« – eine sich nunmehr etablierende Gewohnheit Dürrenmatts, die in der Veröffentlichung des »Mitmachers« dann zum »Komplex« über sich selbst hinauswachsen wird –, in dem sich Anweisungen zur Bühnengestaltung sowie »Dramaturgische Überlegungen« finden. Letztere verdeutlichen am »Modell Scott« die Prinzipien der Bearbeitung. Eine »Dramaturgie der Komödie als Welttheater« (WA 10; 133 f.), die sich gleichermaßen auf den vorangegangenen »Meteor« anwenden ließe, beruft sich ausdrücklich auf das grundsätzliche Geschiedensein von Komödie und Wirklichkeit und wiederholt in verkürzter Form das Postulat der »Theaterprobleme«, daß eine Lehre nicht auf der Bühne, sondern nur bei dem sich von der Komödie distanzierenden bzw. befremdeten Rezipienten wirksam werden könne. Wie schon in »Die Physiker«, deutlicher noch im »Meteor«, so weist Dürrenmatt hier dem Zuschauer die Aufgabe zu: »Das Theater ist nur insofern eine moralische Anstalt, als es vom Zuschauer zu einer gemacht wird.« (ibid. 134) Eine Intertextualität ergibt sich wiederum mit dem gleichzeitig entstandenen Ölbild »Engel und Heilige stoben davon – Da setzte sich auf Gottes Thron Der Täuferkönig Bockelson« (F 1; Nr. 54).

Struktur und Ästhetik der »Wiedertäufer« dokumentieren die zwanzigjährige Entwicklung Dürrenmatts als Dramatiker. Aus der lockeren Szenenfolge des Erstlings, die den Durchblick auf die ihr zugrundeliegende historische Folie immerhin erlaubte, ist nunmehr totale Fragmentierung geworden. Wo dort, in starker Anlehnung an die Szenenreihung des Expressionismus, die 34 Einzelauftritte meist nahtlos ineinander überlaufen, ist der dramaturgische Vollzug nun scharf in zwei Teile getrennt, die sich in jeweils 11 bzw. 9 Szenen gliedern. Teil I beschreibt den Aufstieg der Wiedertäuferbewegung, die Einnahme der Stadt Münster, die Rolle des Schauspielers Bockelson und seine Krönung zum Wiedertäuferkönig nach dem Tod Matthisons. In Teil II wird dann der Umschwung gezeigt. Der Tanz Bockelsons und Knipperdollincks findet nunmehr auf der »Bühne des bischöflichen Theaters« statt, und das Stück endet mit dem Ausruf des alten Bischofs von Waldeck: »Diese unmenschliche Welt muß menschlicher werden / Aber wie? Aber wie?« (WA 10; 122) Die Neufassung verzichtet auf eine dramaturgische Szenenbindung – innerhalb der beiden Teile wären die Einzelszenen fast beliebig austauschbar – und auf jeden Kausalnexus des Geschehens. Als Verständnishintergrund dient nun nicht mehr der historische Vorgang (alle epischen Verweiselemente darauf sind der Bearbeitung zum Opfer gefallen), überhaupt verzichtet das Stück auf jeden realen Ort. Die Eigenständigkeit des Komödiengeschehens steht somit, gerade auch durch die Anlage des Stückes als Spiel im Spiel, einer Fiktion der Geschichte gegenüber, die nicht mehr und nicht weniger gilt als ein Komödiantenspiel. Bockelson, von vornherein zum Schmierenkomödianten disqualifiziert, büßt jede historische Funktionalität ein, die ihm in der Erstfassung noch zukam. Seine Tirade auf der Folter, in der er noch immer die Gnade Gottes beschwört, muß folglich leer bleiben, da sie nun jeglicher Motivierung durch die Handlung entbehrt.

In der Neufassung hat sich die totale Wirklichkeitsaufhebung gegenüber dem partiellen Illusionsbruch des Erstlings durchgesetzt, das Stück gegenüber der Vorlage so eine künstlerische Geschlossenheit erreicht. Dieser Wandel spiegelt die Entwicklung des Geschichtsbildes bei Dürrenmatt. Dem Konzept einer chaotischen, von Zufällen regierten Geschichte, die sich jeder Planung und Sinnfälligkeit entzieht, tritt zwanzig Jahre später der absolute Vertrauensverlust in die bloße Möglichkeit einer *Darstellung* historischer Vorgänge entgegen. Geschichte, als Vermitteltes, kann nur noch *paradox*, in der äußersten Verzerrung der Komödie begriffen werden: »Dadurch, daß eine Handlung paradox wird, ist ihr Verhältnis zur ›Wirklichkeit‹ irrelevant, ob wirklich oder fiktiv, die Handlung wirkt paradox, das Verhältnis zur Wirklichkeit ist bereinigt, weil es im alten Sinne keine Rolle mehr spielt.« (WA 10; 134) Der Anspruch des Welttheaters, den bereits die Komödie des »Meteor« verwirklicht hatte, bekräftigt sich hier also aufs neue. Nicht nur wird die »metaphysische Instanz« (Böth) des Frühwerks zurückgenommen, es wird zugleich jede gültige Aussage, die das Geschehen in seiner ursprünglichen Fassung noch enthielt, vermieden bzw. bereits im Binnenspiel der Akteure in Frage gestellt. Deshalb scheint es fraglich, ob sich die vorgeschlagene Klassifizierung der »Wiedertäufer« als «politische Komödie« (Böth) halten läßt, ist doch der Bearbeitung jeder ontologische Unterschied zwischen Komödie und Politik zum Opfer gefallen. Beide werden als identisch gezeigt, aber die »schlimmstmögliche Wendung« im Geschick Bockelsons und der Wiedertäufer entbehrt in diesem Zusammenfallen jeder politischen Aussage, eben weil der historische Raum vom ästhetischen aufgesogen und somit als Bezugsort eliminiert ist. Die von Marianne Biedermann aufgeworfene Frage, ob eine Dramaturgie, die den bewußten Verzicht auf den Einbezug einer zumindest noch *möglichen* Alternative in der Wirklichkeit (wie sie »Die Physiker« etwa andeuten) zum künstlerischen Postulat erhebt, nicht zum »puren Spiel« wird, beantwortet sich bei der Analyse des Texts von selbst.

Literatur

Vgl. auch S. 33.
J. C. Hammer: Friedrich Dürrenmatt and the Tragedy of Bertolt Brecht: An Interpretation of ›Die Wiedertäufer‹. In: MD 12 (1969) 204–209.
Margareta N. Deschner: Dürrenmatt's ›Die Wiedertäufer‹. What the Dramatist has Learned. In: GQ 44 (1971) 227–234.

11. Die Bearbeitungen nach Shakespeare und Strindberg (1968–1970)

Im Herbst 1968 tritt Dürrenmatt, der sich nun stärker der praktischen Bühnenarbeit widmen will, als künstlerischer Berater und Mitglied in die Direktion der Basler Bühnen ein. Während der einjährigen Zusammenarbeit mit dem Regisseur Werner Düggelin entstehen die Bearbeitungen von Shakespeares »König Johann« und Strindbergs »Totentanz«, »Mississippi 1970« sowie eine Inszenierung von Lessings »Minna von Barnhelm«, die die gesellschaftskritischen Ansätze der Komödie, insbesondere die ökonomischen Gegebenheiten der Zeit, deutlich herausarbeitet. Im Mai 1970 wird Dürrenmatt dann in den Verwaltungsrat der Züricher Neuen Schauspiel AG aufgenommen. Neue Inszenierungen und Bearbeitungen gelangen zur Aufführung: eine stark episierte Inszenierung des »Urfaust« (Uraufführung am 20. 10. 1970 im Züricher Schauspielhaus), dann die zweite Shakespeare-Bearbeitung »Titus Andronicus« in Düsseldorf, der die Uraufführung von »Porträt eines Planeten« vorangegangen war. Ebenfalls in diesen Umkreis gehört die Züricher Inszenierung von Büchners »Woyzeck« (Uraufführung am 17. 2. 1972), die die Fragmente auf ihre dramaturgischen Grundelemente reduziert.

In Anbetracht der überladenen, manierierten Dramaturgie seiner Komödienproduktion seit dem »Meteor« überrascht es, daß Dürrenmatts Bearbeitungen »klassischer« Bühnenstücke auf einem diametral entgegengesetzten Arbeitsprinzip beruhen. Hier ist der Autor durchweg um eine Reduktion des szenischen

Apparats bemüht. Personenzeichnung, sprachliche Gestaltung und Motivbestand werden auf ein Minimum reduziert. Insgesamt haftet den Bearbeitungen der Eindruck des Skelettalen an. Das gilt für die Shakespeare- und Strindbergadaptionen (von ihnen wird unten ausführlicher gehandelt) ebenso wie für Dürrenmatts »Urfaust« und »Woyzeck«. Die beiden letzteren bleiben enger am Text der Vorlage und besitzen – über eine starke Tendenz zur thematischen Einsträngigkeit hinaus – weniger Eigenständigkeit als die Shakespeare- bzw. Strindberg-Neufassungen. Insgesamt wird man dem Urteil Jan Knopfs beipflichten: »Die ursprüngliche Fülle wird gekappt, wenige Aspekte werden isoliert und sprachlich wird vor allem ›zurückgenommen‹. Bei Goethe ist es die Reduktion auf das Thema ›Greis und Mädchen‹, bei Shakespeare isoliert Dürrenmatt die bloße Menschenschlachterei, und bei Büchner interessiert ihn die Sprachlosigkeit des Antagonisten, die um ihre soziale Dimension beschnitten wird« (K 26; 149). Während man die Episierung des »Urfaust« – Dürrenmatt erreicht sie durch geschickte Einblenden aus dem »Faustbuch« von 1589 – als halbwegs interessantes Experiment betrachten könnte, ist der »Woyzeck« in *diesem* Arrangement (»Ich wählte eine neue Fassung: meine.« [WA 13; 194]) ein klarer Rückschritt gegenüber der gängigen Aufführungspraxis der sechziger und der frühen siebziger Jahre und letztlich auch gegenüber dem Text des Fragments. Dürrenmatts Szeneneinrichtung wird der Differenziertheit und der scharf gesellschaftskritischen Stoßrichtung von Büchners Entwürfen nicht gerecht. Dieses Mißverstehen Büchners steht in seltsamem Kontrast zu seiner Faszination für Dürrenmatt, die vor allem später bei der Arbeit an den verschiedenen »Achterloo«-Fassungen (s. d.) wieder zum Tragen kommt.

»Urfaust« und »Woyzeck«, die ja immerhin Aufnahme in die »Werkausgabe« von 1980 fanden, verdienen Beachtung vorwiegend in *einer* Hinsicht: nämlich als Zeugnisse der Arbeitsprinzipien des Regisseurs und Dramaturgen.

Die Hinwendung Dürrenmatts zu Bearbeitungen bekannter Dramen sollte in ihren Motiven nicht zu einseitig gesehen werden. Sicherlich ist sie *auch* das Resultat einer Schaffenskrise, die sich bereits im »Meteor« abzeichnet und deren Verlauf die Entstehung der manierierten Komödien »Die Wiedertäufer« und »Porträt eines Planeten« bestimmt. Darüber hinaus fällt sie in die Zeit einer allgemeinen Politisierung der Kunst und der erhöhten publizistischen Tätigkeit Dürrenmatts, die in der Folge des Züricher Literaturstreits 1967 einsetzt und die Jahre der dritten Arbeitsphase bis 1972 einschließt. Ein neues Verhältnis zur literarischen Tradition, zur Literatur überhaupt etabliert sich in Westeuropa im Zuge der allgemeinen gesellschaftlich-politischen Bewußtwerdung. Die Zahl der in diesen Jahren verfaßten Bearbeitungen gerade von Stücken der »Klassiker« berechtigt durchaus, von einer literarischen Strömung zu sprechen, die sich wiederum durch ein gewandeltes Geschichtsverständnis legitimiert. Dürrenmatts Tätigkeit als Bearbeiter und Regisseur weist ihn dem größeren Kontext einer fortschrittlichen Kulturproduktion zu. Im Gegensatz zu den Überarbeitungen eigener Texte, die er immer wieder vorgenommen hat und die sich nahezu ausschließlich auf ein modifiziertes Verhältnis zur Bühne stützen, versucht er in den Bearbeitungen der Jahre 1968 bis 1970 der Tatsache eines geschichtlichen Wandels Rechnung zu tragen: eines Wandels, der sowohl den Wirkungsmöglichkeiten eines Stückes anderes abverlangt als auch einen grundsätzlich verschiedenen Erwartungshorizont beim Publikum bedingt. Diese Politisierung, an der der Autor Anteil hat, führt indessen nicht zu einem neuen Geschichtskonzept. Dürrenmatt pocht weiterhin, deutlicher als zuvor, auf die chaotische Natur der Geschichte, der nicht systematisch, sondern allein »kritisch« beizukommen sei. In seiner anläßlich der Verleihung des Großen Literaturpreises der Stadt Bern im Oktober 1969 gehaltenen Rede »Über Kulturpolitik« unterstreicht er diese Zuspitzung seiner ästhetischen Theorie: »Das Denken Europas, das die Welt veränderte, ist das wissenschaftliche Denken. Wissenschaftliches Denken ist kritisches Denken, und so haben wir auch unsere Kunst zu betreiben: kritisch.« (WA 28; 51). Nun bedeutet diese kritische Wissenschaftlichkeit nicht etwa die Anwendung gesellschaftlicher oder ökonomischer Theorien auf die Kunst – mit der Ästhetik Brechts hatte Dürrenmatt endgültig schon, auch im Formalen, in »Frank der Fünfte« und, parodistisch, in der Bühnenfassung des »Herkules« gebrochen. Sie erfordert auch nicht den Einsatz dokumentarischer Fakten oder Mittel auf der Bühne. Sondern sie bedeutet, auf der Basis der Theorie von der Komödie als Welttheater, die Konzentration auf die Analyse gesellschaftlicher und politischer *Mechanismen*: Spielprinzipien, die in der Bearbeitung quasi-analytisch herausgearbeitet und auf der Bühne dann distanzierend in Handlung umgesetzt werden. Indem Dürrenmatt diese Mechanismen aus seiner literarischen Vorlage herauspräpariert, führt er den jeweiligen Originaltext an sein modernes Publikum heran und läßt zugleich, im Widerschein des ewig Unveränderlichen, den gesellschaftlich-politischen Befund zum Ritual werden, das nach seiner Maßgabe beliebig wiederholbar ist. So haftet in der Tat der analytischen, verkürzenden Dramaturgie dieser Schaffensphase ein Zug zum Absurden an, der aus der Statik des Dürrenmattschen Geschichtsdenkens folgt und dem allein der dezidierte Moralanspruch dieser Texte entgegenwirkt. Dürrenmatt selbst hat diese Affinität in seinem »Bericht« zu »Play Strindberg« betont und nicht umsonst gerade auf Beckett und Ionesco, aber auch auf seinen »Meteor« verwiesen.

Schon in der Rede »Varlin schweigt« (1967), einer verspäteten und in der Sache verfehlten Stellungnahme zum Züricher Literaturstreit, hatte er, in guter Absicht, die Freiheit der Kunst gegenüber dem Diktat der Gesellschaft betont, ungewollt aber damit einer vollends abgelösten Ästhetik das Wort geredet. Später dann, in den Essays und kulturpolitischen Stellungnahmen, besteht er auf der Verwandtschaft von Dramaturgie und Politik, allerdings unter dem grundsätzlichen Vorbehalt einer Trennung von Kunst und Wirklichkeit: »Die Aussage des Theaters, auch wenn sie auf die Politik zielt, und sie muß auf die Politik zielen, bleibt eine theatralische Aussage. Das Theater kann nichts anderes sein als Theater. Daß es sich dessen bewußt wird, macht es zum kritischen Theater.« (WA 28; 53) Diese *Theorie vom kritischen Theater* setzt Dürrenmatt in seinen Bearbeitungen ins Werk.

a) »König Johann. Nach Shakespeare« (1968)

Das Stück wird am 18. 9. 1968 unter der Regie von Werner Düggelin im Basler Stadttheater uraufgeführt. Die Premiere wird zum Erfolg. Der Druckfassung des gleichen Jahres gibt der Autor in Form der »Prinzipien der Bearbeitung« einen Rechenschaftsbericht bei, der am praktischen Beispiel seine Theorie des kritischen Theaters belegt. Eine Reihe von Zeichnungen begleitet die Entstehung (F 1; Nr. 47 ff.). Dürrenmatt stützt sich ausschließlich auf die Schlegelsche Übersetzung des »King John« und berücksichtigt nicht den Originaltext bzw. Shakespeares Bearbeitung einer möglichen früheren Quelle. »König Johann«, das werkgeschichtlich im Umkreis des »Monstervortrags über Gerechtigkeit und Recht« steht – der den bezeichnenden Untertitel »Eine kleine Dramaturgie der Politik« trägt –, will gleichnishaft *den* Mechanismus »der Politik« bloßlegen: »Aus einer dramatisierten Chronik wird ein Gleichnis: Die Komödie der Politik, einer bestimmten Politik.« (WA 11; 201)

Daß es Dürrenmatt auf den Befund ankommt, der sich bei ihm wie bei Shakespeare aus der Analyse politischer Machenschaften ableitet, einen Befund, der »von unserer Zeit bestätigt« wird, nicht aber um etwaige Voraussetzungen, die jene Politik ermöglichten und noch immer ermöglichen könnten, zeigt sein Verfahren der Bearbeitung. Die fünf Akte der Shakespeareschen Tragödie sind fest eingebettet in die britische Geschichte, deren Fortgang der Bastard am Ende prophetisch beschwört. Dürrenmatt löst das Geschehen weitgehend von diesem Hintergrund ab. Er betont einerseits das Episodische der Handlung, gruppiert sie andererseits deutlich um den Bastard, der zum eigentlichen Manipulator eines Prinzips der Staatsraison wird. In fünf Auftritten à 1, 2, 4, 2 und 3 Szenen rafft er das Spielgeschehen beträchtlich, entkleidet die Sprache jeder pathetischen Färbung und betont, sowohl vom Kompositorischen als auch von der persönlichen Motivation her, die »Zugsmöglichkeiten« der einzelnen Figur. Seine Freiheit gegenüber der Vorlage nimmt im Lauf der Bearbeitung zu (Details vgl. Labroisse). Die Transposition der Tragödie zur Komödie wird durch Situationskomik, sprachliche und szenische Gags und gelegentliche Derbheit erreicht. Gegen Ende, als Johann, der dem Monopolkapitalismus entsagt und eine Sozialreform verwirklichen will, von der Kirche beseitigt wird, sieht der Bastard keine Chance mehr für eine evolutionäre Veränderung der Verhältnisse. Verflucht vom König zieht er sich aus der Politik zurück. Nur in seiner Absicht, Bastarde nach seiner Art zu zeugen, wird die vage Aussicht auf eine Überwindung des Machtkartells angedeutet. Gegenüber seiner Vorlage bringt Dürrenmatt »das Volk« als »neuen ideologischen Faktor« in das Spiel ein, allerdings nur in seiner Repräsentation durch den Bastard, nicht als handlungsfähige oder geschichtliche Kraft. Hierin bleibt er seinem Gesellschaftskonzept treu, das die Beherrschten als »Opfer«, keineswegs aber in der Rolle der gleichberechtigt Mitspielenden sieht. Das einmal der tragischen Notwendigkeit entkleidete Spiel beruht auf der Anwendung der Formel »Johann = Philipp = Feudalismus«, die dann, durch die Einwirkung des Bastards auf Johann, sich folgendermaßen verändert: Johann + Bastard = Reformpolitik. Zufall und ›System‹ wirken jedoch vereint gegen die Reform. Johann und der Bastard werden eliminiert bzw. handlungsunfähig gemacht. Das Resultat: es bleibt alles beim alten. Wäre nicht diese Wendung sowohl von der literarischen Tradition als auch in der Spielstruktur Dürrenmatts vorgegeben, könnte man in der Tat von einem Rückfall in die Tragödie sprechen (Knopf).

Man hat auf die parodistische Anlage der Bearbeitung verwiesen (Eifler L 64). Zu übersehen ist aber auch nicht ihr didaktischer Anspruch, der »[...] die Maschinerie der Politik, das Zustandekommen ihrer Abkommen und ihrer Unglücksfälle« (WA 11; 203 f.) vorführen will. Daß diese Didaxe keineswegs ungebrochen auf eine zeitgenössische Politik übertragbar ist, versteht sich: »König Johann« handelt nach wie vor von den Machenschaften britischer Feudalherren auf der Schwelle zum dreizehnten Jahrhundert.

b) »Play Strindberg. Totentanz nach August Strindberg«
(1968/69)

Am 8. 2. 1969 wird in der Basler Komödie »Play Strindberg« uraufgeführt, die erfolgreichste der Dürrenmattschen Bearbeitungen. Die im gleichen Jahr veröffentlichte Druckfassung enthält detaillierte szenische Anweisungen sowie einen »Bericht« des Autors. Die Bearbeitung stützt sich vorwiegend auf den ersten Teil von Strindbergs Drama: »Dödsdansen« (1901), berücksichtigt aber auch den Schluß des zweiten Teils »Dödsdansen. Andra Delen« (1902). Wiederum benutzt Dürrenmatt eine Übersetzung; der Originaltext wird nicht herangezogen.

Dürrenmatts Auseinandersetzung mit Strindberg reicht weit zurück. Schon 1952, während seiner Tätigkeit als Theaterkritiker der ›Weltwoche‹, rezensiert er die »Gespenstersonate«, ein Stück, an dem ihn vor allem die »Stimmung« und der Hang zum Mythischen beeindrucken (vgl. WA 25; 83 ff.). Strindbergsche Motive in Form des Totentanzes und der sado-masochistischen Ehekonstellation haben in zahlreiche frühere Stücke Eingang gefunden, am deutlichsten in »Die Ehe des Herrn Mississippi«. Der eigentliche Anstoß zur Bearbeitung liegt zwanzig Jahre zurück: eine Basler Inszenierung des »Totentanzes« (der eigentlich besser als »Todestanz« zu übersetzen ist) mit einer »[...] Erinnerung an Schauspieler, aber nicht an ein Stück« (WA 12; 193). Der Autor bringt die Substanz des StrindbergStückes auf die Formel »Plüsch × Unendlichkeit« (ibid.) und charakterisiert damit weniger den Text selbst, der deutlich milieu- und epochenkritische Züge trägt, als vor allem die deutschsprachige Bühnentradition im Umgang mit Strindbergtexten, die jene Züge von Anfang an eliminierte und sowohl die individualpathographische Anlage der Figuren als auch einen vagen metaphysischen Hintergrund betonte. So gesehen, ist Dürrenmatts Bearbeitung – unbeabsichtigt – viel mehr zur Absage an einen bestimmten *Erwartungshorizont* gediehen denn als Gegenkonzeption zum Text selbst, den sie vorwiegend aus seiner Aufführungspraxis deutet.

Der Titel »Play Strindberg« spielt auf die in den frühen sechziger Jahren verbreitete Mode der Jazz-Improvisationen über Bach-Musik an, die den Gegnern ernster Musik diese im ›modernen‹ Gewand näherzubringen suchte. So wie jene die musikalische Substanz dem gefälligen Aufputz preisgaben, will Dürrenmatt in der Elimination der »literarischen Seite« Strindbergs die »Nähe seiner theatralischen Vision zur Moderne« verdeutlichen. Die »bürgerliche Ehetragödie« wird umgedeutet zur Komödie über bürgerliche Ehetragödien, zugleich zur totalen Theatralisierung eines Kampfrituals. Die ästhetische Konzeption der Vorlage, die großenteils auf der atmosphärischen Zeichnung von Raum und Figur beruht – Edgar als der Vertreter der verarmten, aber einflußreichen Offizierskaste der schwedischen Jahrhundertwende, Alice als die verkommene Exschauspielerin, beide gefangen in der »kleinen Hölle« ihres Ehelebens in der Garnison –, wird von jeder zeitlichen und räumlichen Definition gelöst. Das Geschehen findet in einer runden Arenabühne statt und gliedert sich in die zwölf Runden eines Boxkampfes. Die Spieler fungieren zugleich als Antagonisten und als episierende Ansager bzw. Ringrichter. Vom Humor der Vorlage, der zusammen mit der melancholischen Haßliebe der Figuren bei Strindberg entscheidend zur Charakterisierung beiträgt, ist in Dürrenmatts Komödie keine Spur mehr geblieben. Alice und Edgar, deren Dialog hier in absurder Verkürzung die Kommunikationslosigkeit ihres Daseins zeigen will, sind in einem tödlichen Streit ineinander verkrallt, dessen Sinn ihnen selbst entgeht. Wenn Edgar am Ende der ersten Runde sagt: »Wir hängen uns am besten auf« (WA 12; 23), so ist dies nicht nur als Anspielung auf Becketts »Warten auf Godot« aufzufassen. Die Bemerkung verdeutlicht die Aussage des Spiels, die an der destruktiven Zweierbeziehung gesellschaftliche Defizienz im allgemeinen darzustellen versucht.

Jene wird verkörpert durch Kurt, der, im Gegensatz zur Vorlage, dem korrupten Großkapital angehört. Am Ende, nachdem Edgar, in der siebenten Runde außer Gefecht gesetzt, nur noch lallend mitspielen kann, stellt Kurt fest, daß es um die ›kleine‹ Welt des bürgerlichen Ehelebens auch nicht besser steht als um die ›große‹ des Kapitals: »Nur die Dimensionen sind anders.« (WA 12; 91) Die hier angewendete kritische Dramaturgie möchte durch ihre szenische Entproblematisierung die Grundkonstellation der Tragödie in die Komödie hinüberretten und

sie zugleich als gesellschaftlichen Befund aufs neue problematisieren. Wiederum ließen sich die der Vorlage entnommenen
Mechanismen – mit denen Dürrenmatt nur einen *Teil* des Origi-
naltexts erfaßt – auf eine einfache Formel bringen. Im Gegensatz
zu »König Johann« weist »Play Strindberg« dabei eine deutlich
emanzipatorische Intention auf, die das Stück, zusammen mit
seiner wirkungsvollen Improvisationsästhetik, zur gelungen-
sten Bearbeitung Dürrenmatts macht.

Literatur

Hans J. Ammann: Theaterarbeit. Zur Entstehung von »Play Strind-
berg«. In: NZZ v. 15. 6. 1969.
Hilde Rubinstein: Der Schaukampf des Friedrich Dürrenmatt. In:
Frankfurter Hefte 25 (3/1970) 202–206.
Corona Sharp: Dürrenmatt's ›Play Strindberg‹. In: MD 13 (1970/71)
276–283.
Ursel D. Boyd: Friedrich Dürrenmatt und sein Drama ›Play Strindberg‹.
In: Germanic Notes 3 (1972) 18–21.
Markus Pritzker: Strindberg und Dürrenmatt. In: Studien zur dänischen
und schwedischen Literatur des 19. Jahrhunderts. Basel (= Beiträge
zur nordischen Philologie 4) 1976; 241–255.
Gerhard P. Knapp: From *lilla helvetet* to the Boxing Ring: Strindberg
and Dürrenmatt. In: *Marilyn Johns Blackwell* (Hg.): Structures of
Influence: A Comparative Approach to August Strindberg. Chapel
Hill 1981; 226–244.
ders.: Play Dürrenmatt. Ein Beitrag zur kritischen Dramaturgie der
spätsechziger Jahre am Beispiel der Strindberg-Adaption. In: 17; 225–
241.
Enoch Brater: Play *Strindberg* and the Theatre of Adaptation. In: 19;
125–137.

c) *»Titus Andronicus. Eine Komödie nach Shakespeare«* *(1969/70)*

Dürrenmatts zweite und letzte Bearbeitung eines Shakespeare-Texts
entsteht während seiner Tätigkeit an der Neuen Schauspiel AG Zürich.
Sie wird jedoch erst am 12. 12. 1970 unter der Regie von Karl Heinz
Stroux im Düsseldorfer Schauspielhaus uraufgeführt – ein Theaterskandal. Das Stück wird von Kritik und Publikum einhellig abgelehnt. Die
Druckfassung trägt das Datum des gleichen Jahres, wird aber erst 1971
ausgeliefert. Diesmal verzichtete der Autor, der sich auf die Überset-

zung von Baudissin stützt, auf die Beigabe einer Erklärung seiner Bearbeitungsprinzipien. Jene wird erst später, in A7 (187–193), nachgeliefert. Der Mißerfolg dieser Bearbeitung dürfte für Dürrenmatt dann auch zum Anlaß geworden sein, eine geplante Bearbeitung von Shakespeares »Troilus und Cressida« nicht auszuführen.

Auch im »Titus Andronicus« arbeitet Dürrenmatt, gegenüber der Vorlage, mit starker szenischer, sprachlicher und motivischer Verkürzung. Die fünf Akte von Shakespeares Erstling werden szenisch zu 9 Auftritten gerafft. Die Sprache, noch immer durch das Metrum gebunden, tendiert in ihrer Verknappung und oft umgangssprachlichen Pointierung zum Grotesken:»Ändert sich die Sprache, ändert sich damit auch die Handlung.« (WA11; 209) Die Handlung erscheint in äußerster Reduktion und setzt in der Abfolge von Morden, Bluttaten und Schändungen das »Endspiel mit einer veralteten Gesellschaft« (ibid. 210) in Szene. Der Verweischarakter, der bei Shakespeare bereits auf dem Brückenschlag von einem mythologisch begriffenen Rom zum sehr realen Kontext des elisabethanischen Zeitalters beruht, greift bei Dürrenmatt nun auch auf die Gegenwart über. Der Staat, um den es ihm geht, trägt, nach Maßgabe des Autors, »[...] sowohl spätbürgerliche als auch ›spätsozialistische‹ Züge« (ibid. 210).

Die Ästhetik des Stückes entfaltet sich als Schockwirkung, als übersteigerte Brutalisierung eines Geschehens, in dem der Mensch nur noch als Opfer eines sinnlosen Machtwillens Stellenwert besitzt. Weder am Dialog noch an einer episierenden Instanz – wie in »Play Strindberg« – wird der Vorgang verdeutlicht, es sei denn, man deute den betonten *Spiel*charakter der Komödie im ganzen als eine Verfremdung, deren Resultat dann in ihrer Infragestellung läge. Als Komödie der Politik, als die sie Dürrenmatt ausdrücklich aufgefaßt haben will (vgl. ibid. 210), tendiert das Stück deutlich zum Absurden. Denn gegenüber der Bearbeitung von »König Johann«, der immerhin ein zur Formel reduziertes Kräftespiel von Fortschritt versus Reaktion zugrundeliegt, bleibt hier nur der Befund eines völlig sinnentleerten Rituals. Politik kann sich im Rahmen dieser veralteten Gesellschaft allein in der Zerstörung des Menschlichen verwirklichen. Ausgerechnet der Gotenkönig Alarich, der für Dürrenmatt »[...] weniger eine historische als eine mythische, zerstörerische Größe, ein Trauma der Geschichte« (ibid. 211) ist, und den er als Handelnden neu ins Spiel einbringt, zieht am Ende das Resümee der Komödie: »Was soll Gerechtigkeit, was soll da Rache? / Nur Namen sind's für eine üble Mache. / Der Weltenball, er rollt dahin im Leeren / Und stirbt so sinnlos, wie wir alle sterben [...]« (WA 11; 197).

Die Forderung, die Dürrenmatt in dem Essay »Zwei Dramaturgien« (1968) erhoben hat: dem Menschen sei durch die Komödie vor Augen zu führen, daß er ein Opfer ist, wird hier konsequent erfüllt. Im Gegensatz zu Shakespeare, wo das ›Tragische‹ letztlich im Menschlichen aufgeht, vermag die Ästhetik der Komödie dort, wo sie das absurde Endspiel tangiert, dem ›Unmenschlichen‹ gerecht zu werden. Insofern stellt »Titus Andronicus« den Höhepunkt der kritischen Dramaturgie dar, so wie »König Johann« und »Play Strindberg« ihn jeweils aus anderer Stoßrichtung vorbereiten. Dürrenmatt greift diese Dramaturgie in »Der Mitmacher« wieder auf und fundiert sie theoretisch im »Mitmacher-Komplex«.

Literatur zu den Shakespeare-Adaptionen

A. Subiotto: Dürrenmatt's ›King John‹. A Comedy of Politics. In: Affinities. Essays in German and English Literature. (Festschrift Oswald Wolff). London 1971; 139–153.
Peter André Bloch: Dürrenmatts Plan zur Bearbeitung von Shakespeares Troilus und Cressida. In: Jb. d. dt. Shakespeare-Ges. West 1972; 67–72.
Urs H. Mehlin, Claus Bremer, Renate Voss: Die jämmerliche Tragödie von Titus Andronicus. Friedrich Dürrenmatt: ›Titus Andronicus‹, Hans Hollmann: ›Titus Titus‹. Ein Vergleich. In: Jb. d. dt. Shakespeare-Gesellschaft West 1972; 73–98.
Gerd M. Labroisse: Zu Dürrenmatts Bearbeitung des ›König Johann‹. In: Levende Talen 38 (1972) 31–38.
Trudis Elisabeth Reber: Dürrenmatt und Shakespeare. Betrachtungen zu Friedrich Dürrenmatts »König Johann« (nach Shakespeare). In: I 3; 80–89.
Hanna Rumler-Gross: Thema und Variation. Eine Analyse der Shakespeare- und Strindberg-Bearbeitungen Dürrenmatts unter Berücksichtigung seiner Komödienkonzeption. Köln (= Kölner germanistische Studien 20) 1985.

12. »Porträt eines Planeten« (1967/69/70)

Der letzte eigene Komödientext, der in der dritten Arbeitsphase uraufgeführt wird, ist werkgeschichtlich *vor* die Bearbeitungen einzuordnen, auch wenn seine Uraufführung am 8. 11. 1970 im Kleinen Haus des Düsseldorfer Schauspielhauses (Regie: Erwin Axer) in die Zeit der kriti-

115

schen Dramaturgie fällt. Er ist mit langen Arbeitsunterbrechungen entstanden und sollte bereits 1969 in Basel aufgeführt werden. Sowohl die
Krankheit Dürrenmatts im Frühjahr 1969 als auch sein Ausscheiden aus
den Basler Bühnen im Herbst durchkreuzten den Plan. Die Düsseldorfer Premiere stößt vorwiegend auf kritische Ablehnung. Eine revidierte
Neuinszenierung findet unter der Regie Dürrenmatts am 25. 3. 1971 im
Schauspielhaus Zürich statt: auch sie ist kein Erfolg. Die 1971 datierte,
im Folgejahr erst ausgelieferte Druckfassung stützt sich auf die Züricher
Aufführung des Stückes.

In seinem »Nachwort« zur Fassung der »Werkausgabe« betont
der Autor den Zug zur Verkürzung, der seine Dramaturgie in
jüngster Zeit kennzeichne: »Ich versuche dramaturgisch immer
einfacher zu zeigen, immer sparsamer zu werden, immer mehr
auszulassen, nur noch anzudeuten. Die Spannung zwischen den
Sätzen ist mir wichtiger geworden als die Sätze selbst.« etc.
(WA 12; 197) Mit der Formel des Theaters, das »sich auf sich
selbst reduziert«, trifft er indessen weniger das »Porträt« als die
kritische Reduktion der Spielmöglichkeiten, wie er sie bereits in
den Shakespeare- bzw. Strindberg-Bearbeitungen und dann im
»Mitmacher« anwendet. Das »Porträt«, das übrigens nicht ausdrücklich den Untertitel »Komödie« führt, sondern als
»Übungsstück für Schauspieler« überschrieben wird, gehört in
seiner Heterogenität zumindest teilweise noch der zweiten
Schaffensphase zu. Wiederum gewinnt hier der Anspruch der
Komödie, Welttheater zu sein, Gestalt, ähnlich wie im
»Meteor«, den »Herkules«- und »Wiedertäufer«-Bearbeitungen.
Zwar sind Bühnenentwurf und Dialog, ersterer in seiner Karg-
heit, letzterer in absurder Starre und Formelhaftigkeit, sowie
das reduzierte Personal (acht ›archetypische‹ Figuren) deutlich
Resultat der ab 1967 einsetzenden Modifizierung der dramatur-
gischen Mittel. Der Anspruch der 25 Szenen, Kosmologie und
Weltgeschichte in äußerster Verdichtung zu repräsentieren,
übertrifft indessen den der Komödienvorgänger des »Porträts«
bei weitem. Zwei Bilder der Jahre 1965 (»Der Weltmetzger«:
F1; Nr. 41) und 1970 (»Porträt eines Planeten« II: F1; Nr. 42)
unterstreichen von ihrer Konzeption her diesen Anspruch. Das
Stück könnte im übrigen als praktische Vorübung der im Essay
»Dramaturgie des Labyrinths« (1972; C16; 77–94) festgeschrie-
benen Modifizierung der dramaturgischen Ästhetik gelten, die
in der Folgezeit einen immer stärkeren Einfluß auf die Bühnenproduktion ausübt.
  Dürrenmatt greift für die Struktur des Stückes auf die postex-
pressionistische Reihungstechnik und die kontrapunktische Ge-

genüberstellung seines Erstlings zurück. In lockerer, allein durch den gemeinsamen Spielort »Planet« verbundener Folge wird das Endspiel zum Vollzug einer chaotischen Weltgeschichte. Ein spieltechnischer Rahmen in Form der Explosion eines Himmelskörpers, die vier Götter in der Eingangsszene beobachten (»Eine Sonne dort geht hops.« [WA 12; 98]), erweist sich in der spiegelverkehrten Schlußszene als Zerstörung *der* Sonne, der dann der Untergang des Planeten Erde.folgen muß. Die zwischengeschalteten Szenen illustrieren in dramaturgischer Verkürzung wesentliche Stationen der Menschheitsgeschichte von der Problematik der dritten Welt über den Vietnamkrieg, das von den Medien bestimmte Leben aus zweiter Hand, Rassenhetze, Drogensucht, Weltraumfahrt, die Unmöglichkeit der Verwirklichung menschlicher Freiheit, den Völkermord bis hin zur tatsächlichen Vernichtung der Menschheit. Wie in »Play Strindberg« wendet sich Dürrenmatt jetzt auch den »Opfern« zu, allerdings mit deutlicher Beschränkung auf die westliche Welt und – wie bereits in den früheren Komödien – ohne jede Spur des Mitleids bzw. der Sympathie. Die Gesellschaftskritik des Stückes entäußert sich abermals im gleichsam wertfreien Befund einer Menschheit, die die »Chance« ihres Planeten vertan hat. Jede metaphysische Instanz bleibt ebenso aus dem Spielvollzug ausgeschlossen wie die Möglichkeit, daß die Menschen sich eines besseren besinnen könnten.

Dürrenmatt hält in der bizarren Weltparabel seines »Porträts« an der Dramaturgie der Komödie fest, die sich wiederum im Zufall der schlimmstmöglichen Wendung verkörpert. Der erste Satz seines »Nachworts« lautet: »Die Wirklichkeit ist die Unwahrscheinlichkeit, die eintritt.« Er stößt – und dies ist ihm bewußt – mit der Ausweitung seiner Ästhetik ins Universale an die Grenzen der Möglichkeiten der Bühne. Was im »Meteor« als ästhetische Allegorie einer chaotischen Welt sich darstellte, will jetzt zugleich in der Antizipation Welt *sein*. Jene chaotische Welt, so argumentiert Dürrenmatt, sei nur dann ästhetisch zu vermitteln, wenn sie »[...] radikal ihrer Geschichte und ihrer Zukunft entrissen wird, wenn Geschichte nicht mehr als Entschuldigung und die Zukunft nicht mehr als Hoffnung gilt« (WA 12; 196). Als verspäteter Höhepunkt einer manieristischen Fortführung der Komödientheorie – der sein Nachspiel dann nochmals in »Die Frist« findet – hat die »Geschichtsrevue« (Durzak) des Weltuntergangsspiels im Ausdruck eines hilflosen, zutiefst pessimistischen Moralismus scharfe Kritik herausgefordert. Einig ist man sich dabei über die Heterogenität der Komödie: »[...] zur Hälfte langweilig-formalistisches Pseudo-Experiment, zur Hälfte naiv-moralisierende Predigt [...]« (Jenny K7; 134). Als entschiedenste Annäherung Dürrenmatts an das engagierte Theater der sechziger und siebziger Jahre, dessen emanzipatorisches Anliegen er jedoch radikal als von der Zwangsläufigkeit einer (in sich keineswegs schlüssigen) katastrophalen Entwicklung überholt denunziert, gewinnt der Text besondere werkgeschichtliche Bedeutung. Anhand einer negativen Eschatologie führt er die Geschichtlichkeit der Menschheit ebenso ad absurdum wie die Einzeleinblicke in die Situation der Opfer, wie sie die Gegenutopie der Szenenfolge ermöglicht. Sein moralischer Appell, der angesichts der dramaturgisch durchgespielten Entwicklung auf keine vernünftige Resonanz mehr hoffen darf, entlarvt sich als Theaterdonner.

Literatur

Susan Sarcevic: Wilders ›Wir sind noch einmal davongekommen‹ und Dürrenmatts ›Porträt eines Planeten‹: Eine Gegenüberstellung. In: SR 71 (1971) 330–339.
Renate Usmiani: Die späten Stücke: ›Porträt eines Planeten‹, ›Der Mitmacher‹, ›Die Frist‹. In: 18; 136–159.

13. *»Der Mitmacher« (1972/73; 1980)*

Mehr als zwei Jahre nach dem Mißerfolg von »Porträt eines Planeten« bringt Dürrenmatt ein neues Stück zur Uraufführung: »Der Mitmacher. Eine Komödie.« Die Premiere findet am 8. 3. 1973 im Schauspielhaus Zürich statt. Regie führte Andrzej Wajda, er trat jedoch kurz vor der Uraufführung aufgrund von Streitigkeiten mit dem Autor zurück. Dieser übernahm darauf die Spielleitung. Das Stück wird zum Gegenstand heftiger Ablehnung vor allem von seiten der Kritik, aber auch das Publikum reagiert befremdet. Im Herbst inszeniert der Autor das Stück in Mannheim. Trotz der nun positiveren Aufnahme kann es sich auf den Bühnen nicht durchsetzen. Erst drei Jahre später erscheint dann die Druckfassung zusammen mit zahlreichen Zusätzen zur Deutung bzw. zur Aufführungspraxis. Der »Mitmacher-Komplex«, der auch eine Auseinandersetzung mit Brecht enthält, ist damit zur umfangreichsten poetologischen Standortbestimmung des Autors seit den »Theaterproblemen« über das Stück selbst hinausgewachsen. Bedenkt man die Proportionen der Veröffentlichung – von insgesamt fast 300 Seiten Text beansprucht die Komödie selbst lediglich siebzig Seiten –, so wird die Intensität dieses dramaturgischen Abgrenzungsversuchs deutlich. In den werkgeschichtlichen Kontext des »Komplexes« gehört schließlich noch der Essay »Dramaturgie eines Durchfalls« aus dem Jahr 1976 (WA 24; 231–249). Als theoretischer Überbau einer progressiv undurchdringlichen Bühnenästhetik heranzuziehen ist nunmehr auch die gleichzeitig mit dem »Mitmacher« entstandene »Dramaturgie des Labyrinths« (C 16; 77–94).

Sucht man nach den Leitlinien des »Komplexes«, so findet man sich im biographischen bzw. werkgeschichtlichen Hintergrund auf Erlebnisse und Anschauungen verwiesen, die der Autor auf seinen Amerikareisen 1959 bzw. 1969/70 machte: die sich abzeichnenden Umrisse einer Welt der Degradierung, der Vermarktung des Individuellen, der Unmenschlichkeit. Diese Welt darzustellen bzw. sie in höchster Verkürzung zu dramatisieren, ist das Ziel des »Mitmachers«. Seine kritische Dramaturgie, wie sie in den Bearbeitungen und im »Porträt« Anwendung findet, erweitert Dürrenmatt nun um den Typus einer Bühnenfigur, die aus eigenem Impuls weder Mörder noch Opfer, weder primär Handelnder noch ausschließlich Leidender ist: den »ironischen Helden«. Der Endzeitdramaturgie gliedert sich somit ihr glaubhafter Akteur ein: der Mensch, der »[…] weder den Sprung in den Glauben [wagt] oder in den Unglauben, noch den Sprung ins Wissen oder ins Nichtwissen […] weil es für ihn weder Glauben noch Unglauben, weder Wissen noch Nichtwissen gibt« (WA 14; 265). Im »Komplex« dokumentiert sich aufs neue, vergleichbar den Essays der dritten und vierten Arbeitsphase, der Hang des Autors zum Aphorismus, zur verkürzenden Formel, extrem ausgedrückt: zu einer *Dramaturgie der Argumentation*, die, eben weil sie die Gewichte ihrer Argumentation gleichsam bühnentechnisch – oder bildnishaft-plakativ – verteilt, häufig undialektisch verläuft. So fordert der »Komplex«, in dem, poetologisch bemerkenswert, die Grenzen zwischen den Gattungen Bühnenstück, Erzählprosa und Essay völlig aufgehoben erscheinen, eine Moral, die sich nicht in der »Erkenntnis des Notwendigen« erschöpft, sondern willens sei, diese Erkenntnis zu verwirklichen (ibid. 107). Gerade das Stück selbst widerlegt diesen Anspruch aber vollends im Nachweis, daß es für den einzelnen keinen Handlungsspielraum mehr gibt. Auch Dürrenmatts »Auseinandersetzung mit Brecht«, die den »Komplex« beschließt, erfüllt sicherlich ihren Zweck einer Abstützung der kritischen Dramaturgie, allerdings zu Ungunsten der Brechtschen Dramaturgie. Genaugenommen fällt Dürrenmatt hier hinter die in »Frank der Fünfte« durchgespielte Position zurück, denn dort hatte er mit den Mitteln Brechts, wenn auch

in klarer Modifizierung, auf bildhafte Darstellung ex negativo
hingearbeitet. Jetzt unterstellt er Brecht »[...] den Hang, sich zu
theologisieren, sich in einem System zur Ruhe zu bringen«
(ibid. 318). So und auf ähnliche Weise entsteht in der Verken-
nung, in der bewußten Vereinfachung der Eindruck einer Abrechnung, die der Sache des »Mitmachers« kaum dienlich sein
kann.

Das Stück selbst gliedert sich nach bewährtem Muster in zwei
Teile. In Form einer breit angelegten Exposition (Teil I) wird
Aufschluß über die Personen und ihre Funktion gegeben: Doc,
der intellektuelle Mitmacher und Erfinder des Nekrodialysa-
tors – einer Leichenvernichtungsmaschine – begeht den letzten
»menschliche[n] Verrat« des Nicht-zu-sich-selbst-Stehens (vgl.
E 24; 38 ff.). Ihm gegenüber steht der Mitmacher Cop, Polizei-
präsident und Infiltrator des Unternehmens. Der szenische und
der sprachliche Vorgang erscheinen in äußerster Reduktion.
Dialogpartien tendieren, soweit sie keinen unmittelbaren Infor-
mationscharakter besitzen (wie etwa in der jeweiligen Selbstvor-
stellung der Figuren), zur absurden Antikommunikation, zum
planmäßigen Aneinandervorbeireden. Auch die Handlung ist
auf ein absolutes Minimum reduziert, an dem sich jetzt der
Verzicht auf die Strategie des Einfalls, die noch das »Porträt«
weitgehend lenkte, verdeutlicht. So ergibt sich im zweiten Teil
keine überraschende Wendung, wenn Doc seine Geliebte Ann
und seinen Sohn Bill »auflöst« und verleugnet, wenn andererseits Cop sich als Partisan im Apparat, als Gerechtigkeitsfanatiker und »ironischer« Nachfolger Bärlachs entpuppt: »Nur der
Verlust von Riesengeschäften vermag diese Welt noch zu treffen
[...]« (WA 14; 84). Ohne aber das Unternehmen irgendwie ef-
fektiv treffen zu können, wird er dann selbst beseitigt und
nimmt sein Ende gelassen hin: »Wer stirbt, macht nicht mehr
mit.« (ibid. 90) So führt die Komödie, deren Spielzeit ausdrücklich als »Gegenwart« bezeichnet ist, auf eine Lehre hin: Als
einzige Alternative bleibt dem Menschen, wenn er sich der Mit-
macherei verweigern will, der Tod. Mit Cop erlebt, in angedeu-
teter Persiflage Alfred Ills, der »mutige Mensch« Dürrenmatts
eine Art Auferstehung. Im Gegensatz zu jenem ist er jedoch von
der gesellschaftlichen Entwicklung (die Dürrenmatt stichwort-
artig mit der Formel der »Wirtschaftskrise« andeuten will)
längst überrollt, der Ironie der totalen Ineffizienz preisgegeben.

Man hat diesen Text bisher wenig interpretiert. Daß der Mitmacher sich, deutlicher als seine Vorläufer, der absurden Dramatik annähert, ist offensichtlich. Wichtiger die Tatsache, daß

Stücke, die von der umgebenden Realität so eindeutig abgelöst sind wie »Der Mitmacher« (läßt man einmal das absurde Theater und seine Nachfolger außer acht) offenbar auf wenig Beifall beim zeitgenössischen Publikum hoffen durften. Gerade jene Autoren, die ihre Erfolge in den fünfziger und sechziger Jahren verbuchten – und Dürrenmatt gehört zu den erfolgreichsten dieser Gruppe –, haben angesichts der veränderten Rezeptionsbedingungen diese Erfahrung machen müssen. Vielleicht ist, neben seiner dramaturgischen Kargheit, dem »Mitmacher« am stärksten anzulasten, daß seine Spielwirklichkeit sich der geschichtlichen Wirklichkeit insofern radikal verschließt, als sie menschliche Freiheit und damit die Geschichtlichkeit des Menschen verleugnet.

Literatur

Claudia Deering: Friedrich Dürrenmatt's *Der Mitmacher.* Old Themes and a New Cynicism. In: Colloquia Germanica 10 (1976/77) 55–72.
Anton Krättli: »Wie soll man es spielen? Mit Humor!« Friedrich Dürrenmatts Selbstkommentar »Der Mitmacher – ein Komplex«. In: I 4; 49–57.
Peter Spycher: From *Der Mitmacher* to *Smithy* and *Das Sterben der Pythia.* In: I 9; 107–124.
Joseph P. Strelka: The Significance of Friedrich Dürrenmatt's Play *The Collaborator (Der Mitmacher).* In: I 9; 97–105.

14. »Die Frist« (1975–1977; 1980)

»Die Frist. Eine Komödie« hat den Autor fast zwei Jahre beschäftigt. Sie wird am 6. 10. 1977 (Regie: Kazmierz Dejmek) im Schauspielhaus Zürich uraufgeführt. Am 19. 10. 1977 findet die Premiere einer Basler Inszenierung von Hans Neuenfels statt. Obwohl in ihrer Konzeption grundverschieden, stoßen beide Inszenierungen vorwiegend auf Ablehnung bei Publikum und Kritik. So faßt Georg Hensel zusammen: »Dürrenmatt deutet die Welt nicht mehr; er beschimpft sie.« (P 74). Der Druckfassung, die schon vor der Uraufführung erschienen war, läßt der Autor in A 8 eine stilistisch und szenisch leicht überarbeitete zweite Fassung folgen. Beide Versionen sowie die »Neufassung 1980« verfügen über einen Vorspann, in dem er seine Komödiendramaturgie in Kurzform wiederholt und sie gegenüber einer Kritik abgrenzt, die auf der Repräsentation von Wirklichkeit durch das Bühnengeschehen besteht: »[...] daß sie [sc. die Kritik] dann behauptet, mein Theater sei irrelevant, macht sie irrelevant.« (WA 15; 13)

121

Wirklichkeitshintergrund und Möglichkeitsspielraum scheinen in »Die Frist« bei oberflächlicher Betrachtung ein und dasselbe. Die Komödie schildert das Sterben eines Diktators – umgeben von einem bizarren Hofstaat und machthungrigen Interessengruppen –, das künstlich verzögert wird, um eine geordnete Machtübernahme zu sichern. Eindeutig ist der Verweis auf den Tod Francisco Francos: die Kritik hat die Verbindungslinie sofort gezogen. Dennoch geht es dem Autor nicht um ein Erfassen dieser Wirklichkeit in ihrem historischen Bezugsrahmen, sondern, getreu den Regeln seiner Komödiendramaturgie, um die dramaturgische Verwirklichung der »Unwirklichkeit«. Er benutzt seine Standortbestimmung als Abgrenzung gegenüber dem Dokumentartheater. Sie sei im Auszug zitiert:

»Wer für die Bühne und für die Wirklichkeit die gleiche Wirklichkeit verlangt, wie die heutigen Bühnenideologen [!] etwa, begreift weder Bühne noch Wirklichkeit. Er verwechselt die Wirklichkeit mit der Dramaturgie, indem er diese der Wirklichkeit und der Bühne gleichermaßen unterschiebt. Was die Bühne und die Wirklichkeit wirklich gemeinsam haben, [...] liegt in der Unwirklichkeit beider.« (WA 15; 11)

Stärker als in den vorangegangenen Texten tritt der Zufall als dramaturgisches Regulativ hier wieder in den Vordergrund. So ist zwar die Manipulation der Zentralfigur, des Regierungschefs »Exzellenz«, in bezug auf das programmierte Sterben des Generalissimus erfolgreich. Am Ende aber wird Exzellenz selbst von einem bereits auf sein Geheiß hingerichteten Bauern getötet, und die Macht fällt dem zu, der sie am wenigsten will: dem Arzt Goldbaum, der für eine menschliche Politik eintritt. Die zynische Schlußsentenz von Exzellenz: »Und wenn Sie jetzt nicht unmenschlich werden, wird dieses Land noch unmenschlicher.« (ibid. 125) Dürrenmatt verwendet hier wiederum die für seine Komödien typische zweiteilige Struktur, wobei der erste Teil als breit angelegte Exposition fungiert, der zweite als Durchführung und Vorbereitung der überraschenden Wendung am Ende. Die Ästhetik des Stückes, die der Gegenwart insofern Rechnung trägt, als sie Fernsehen, die Macht der Medien überhaupt und die Möglichkeiten moderner Medizin berücksichtigt, verläßt sich zumeist auf das Stilmittel sprachlicher Verkürzung – wiederum bis an die Grenzen absurder Antikommunikation – und, im Gegensatz dazu, darstellerischer Übersteigerung. In seiner surrealen Karikatur von Personen und Verhältnissen (wie etwa in der Schlußapotheose der Goethes »Faust« parodierenden Greisinnen, die ein hypertrophes aber ohnmächtiges Matriarchat verkörpern), in seiner rein additiven Häufung von Gags und Effekten, tendiert das Stück zur Persiflage der barokken Fürstentragödie. Jene wird im komödiantischen Anstrich zwar formal umgekehrt (es ist ja keineswegs ein *höherer* Wille, der dieses Sterben hinauszögert), ihr Substrat bleibt jedoch erhalten in der Konzentration auf die *eine* Zentralfigur – den sterbenden Generalissimus –, die alle anderen Beteiligten zu bloßen Mitspielern macht. Die Rolle der Duldenden, des Volkes erscheint auch hier nur indirekt, konzentriert in der Person des Bauern Toto, und ohne jede Sympathie oder auch nur quantitative Gewichtsetzung berücksichtigt. Sie vermag kein Gegengewicht zum zynischen Gleichmut der fußballbesessenen Herrschenden zu bilden. Dialog und Handlung stehen sich in ihrer Heterogenität unversöhnlich gegenüber. Die Reibung, die hieraus resultiert, ist sicherlich intendiert. Sie verhindert aber im ganzen jene Einheit und Geschlossenheit der Wirkung, die sich der Autor erhofft haben mag.

Literatur

Anton Krättli: Der lange Tod des Generalissimus. »Die Frist« von Dürrenmatt. In: SM 57 (1977) 606–610.
Mona Knapp: »Vetteln, sie lasten dran, Wurf drängt an Wurf hinan«: A Note on Antifeminism in Friedrich Dürrenmatt's *Die Frist.* In: Germanic Notes 11 (1980) 2–4.
Martin Esslin: Die Frist. Dürrenmatt's Late Masterpiece. In: I 9; 139–153.

15. »Die Panne« (1979)

Dürrenmatts eigene Bühnenbearbeitung der Erzählung bzw. des Hörspiels »Die Panne« (vgl. S. 51 ff. bzw. 80 f.) wird unter gleichem Titel am 13. 9. 1979 durch das Gastspieltheater Egon Karter im Comödienhaus Wilhelmsbad/Hanau uraufgeführt. Regie führt der Autor. Die Buchveröffentlichung erscheint zur Jahreswende 1979/80.

Die Komödie, die die »Welt als Spiel« (WA 16; 65) begreifen möchte, hält an der bewährten zweiteiligen Struktur fest. Im ganzen folgt sie dem Handlungsaufbau der Erzählung, der sich nun jedoch deutlich in eine der Kriminalkomödie verpflichtetes Exposition (erster Teil) und die Durchführung des zweiten Teils gliedert. Letztere verläßt sich, hinsichtlich der intendierten Wirkung, sowohl auf hergebrachte Sprach- und Situationskomik als auch auf absurde Verfremdung mittels Masken, des Aneinandervorberedens der Akteure und der rhetorischen Anrufung von Gestirnen. Dürrenmatt arbeitet, gegenüber den beiden früheren Fassungen des Stoffes, auf die eindeutige Diskreditierung der Juristentrias und des Henkers hin, somit zugleich auf die Entwertung des von ihnen vertretenen Gerechtigkeitsdenkens: »Anstelle der Notwendigkeit, die das Gericht setzt, ist ein Spiel getreten, anstelle der Gerechtigkeit die gespielte Gerechtigkeit.« (ibid. 64) Der in der Rundfunk- bzw. Erzählfassung problematisierte Begriff einer überholten Gerechtigkeit, der sich spieltechnisch wie ideologiekritisch am Tatbestand einer vermarkteten Welt entwickelte und der dieser unversöhnlich gegenüberstand, fällt der Überarbeitung zum Opfer. Die Darstellung des Schauprozesses als ausschließlich verschrobenes Spiel läßt in der Komödie von vornherein keine Dialektik von Schuld (bzw. der Fähigkeit, Schuld anzunehmen) und der zeitgenössischen Gesellschaft, in der diese Schuld zur Tagesordnung gehört, aufkommen. Traps ist in der Komödie der einzige, der den spielerischen Schauprozeß ernst nimmt. Indem er sich zum Verbrechen bekennt, erlangt er den Status des außerordentlichen: er fällt gleichsam aus seinem Alltagsschicksal heraus. Zufällig wird er durch Schüsse getötet, die die Zecher in ausgelassen-blasphemischem Taumel auf die »Götter« abfeuern – auf die »wahren Schuldigen« einer ungerechten Welt.

Ästhetisch wie thematisch scheint »Die Panne« an »Die Frist« anzuschließen, indirekt auch an die mit »Der Meteor« eingeleitete Entwicklungsreihe einer bizarr übersteigerten, zur Manier tendierenden Dramaturgie. Die Vermittlung einer Lehre ist kaum beabsichtigt. Als Ausdruck eines völligen Relativismus, dem jetzt auch der für Dürrenmatt vordem bestimmende Begriff einer absoluten Gerechtigkeit unterworfen ist, belegt das Stück die nunmehr vollzogene Trennung von Bühne und Welt: einer Welt, der auch nicht mehr durch die Komödie beizukommen ist. Die »Dramaturgie des Labyrinths« (C 16; 77–94), exemplifiziert in der »Panne«, wird zum Gegen-Text einer labyrinthischen Welt. Beide sind kategorisch voneinander geschieden. Ein Konvergieren beider Diskurse ist – trotz gemeinsamer Sprachregelungen – nicht möglich und auch vom Autor nicht mehr intendiert.

Literatur

Peter André Bloch: Die Panne. Das Zuendedenken einer Idee. In: 16;
194–208.
Ingrid Schuster: Dreimal ›Die Panne‹: Zufall, Schicksal oder »morali-
sches Resultat«? In: 18; 160–172.

16. »Achterloo« (1983–1988)

Nach der Bühnenbearbeitung des Hörspiels »Abendstunde im Spätherbst« für die »Werkausgabe« (1980), die unter dem Titel »Dichterdämmerung« veröffentlicht wird (vgl. oben S. 81 ff.) schreibt Dürrenmatt noch einmal ein Theaterstück. »Achterloo« entsteht nach dem Mai
1982 und erscheint im folgenden Jahr in der Buchausgabe. Die Uraufführung findet am 6. 10. 1983 unter der Regie von Gerd Heinz am
Züricher Schauspielhaus statt. Der mit Spannung erwartete Premieren-
abend bringt zwar viel Gelächter beim Publikum, die kritische Resonanz auf das Stück ist jedoch äußerst zurückhaltend. Wenn der Autor
selbst am Ende die Bühne im weißen Kittel betritt und – wie Psychiater
und Patient zugleich – bekundet, er habe »dieses Stück im Auftrag der
städtischen Klinik« geschrieben, so erweist sich dies als trefflicher Thea-
tergag. Georg Hensel, wie üblich der wohlwollendste unter den Kritikern, vermerkt: »So ging Dürrenmatt in seine eigene Komödie ein als
ein Narr unter Narren. Es war ein komisches und sehr ernstes Bild,
lachselig, rührend und stolz. Die Theatergeschichte wird es nicht vergessen« (Hoffnungslos aber nicht ernst. Friedrich Dürrenmatts neue Komödie »Achterloo«. In: FAZ v. 8. 10. 1983). Aber alles Wohlwollen
vermag nicht über die mangelnde Substanz und die formalen Schwächen des Texts hinwegzutäuschen. Das Stück findet keinen dauerhaften
Platz auf den Spielplänen der Bühnen.
   Dürrenmatt läßt »Achterloo« nicht los. Nachdem er seine zweite
Frau, Charlotte Kerr, im Oktober 1983 anläßlich der Münchner Premiere kennengelernt hat, erarbeiten sie zusammen in einem nahezu drei
Jahre umspannenden Dialog eine dritte Fassung des mißglückten Stükkes. Das work-in-progress wird von Kerr/Dürrenmatt in dem 1986
veröffentlichten Band »Rollenspiele« dokumentiert, der auch »Achterloo III« enthält. Die zweite Fassung (fertiggestellt am 2. 1. 1985) ist
bislang nicht publiziert worden (Dürrenmatt: »Die kommt dann nach
meinem Tod noch heraus, für die Germanisten« [B 27; 63]). »Rollenspiele« belegt eine bizarre Werkgenese, die offenbar vollkommen
willkürlich um sich selbst kreist. Erkennbare gedankliche Impulse werden hier nicht frei. Das Resultat: ein Autorentheater, »eine ›Nouvelle
Vague‹, die an kein Ufer spült, eine Denkinsel im luftleeren Raum, eine
Sonde im Nichts, existentielles L'art pour l'art« (ibid. 81). Der Text
enthüllt zum einen gnadenlos, wie sehr Dürrenmatt sich auf seine alten

Einfälle verläßt, zum anderen aber auch seine Isolation von Publikum und Kritik (»Ich als Autor brauche keine Kritik« [ibid. 52]). Gesellschaftliche und politische Bezüge, die seine Dramaturgie ja in der Analogie erfassen will, erscheinen wider Willen vollkommen ausgeblendet. Der Autor vermittelt den Eindruck, als habe er den Kontakt mit der Realität weitgehend eingebüßt. »Achterloo III«, so heißt es im Impressum, darf nicht zur Bühnenaufführung verwendet werden. Dürrenmatts eigenes Verdikt: »Das ist mein bestes Stück, aber es ist unaufführbar« (B 27; 146).

Noch einmal macht sich der Autor an eine Bearbeitung des Texts. Im Juni 1988 wird während der Schwetzinger Festspiele eine leicht überarbeitete Fassung, »Achterloo IV«, unter der Regie Dürrenmatts uraufgeführt. Charlotte Kerr übernimmt die Rolle der Frau von Zimsen, die sich für Gott hält und im Irrenhaus den Kardinal Richelieu spielt. Dem Stück wird kein Erfolg zuteil, obgleich Dürrenmatt selbst die Inszenierung als seinen offiziellen Abschied von der Bühne deklariert. Rüdiger Krohn urteilt im wesentlichen repräsentativ für die Kritik: »Es ist ein Abgesang, der mit geringfügig variierenden Strophen immer dieselbe Weise wiederholt. Friedrich Dürrenmatts Abschied von der Bühne ist tragisch insofern, als er den rechten Zeitpunkt weit verfehlt hat« (P 138). Die Probenarbeit wird von dem Filmemacher Roman Brodmann aufgezeichnet und zu einem neunzigminütigen Film unter dem Titel »Die Welt ist ein Irrenhaus« zusammengeschweißt. Am 14. 1. 1989 strahlt das Deutsche Fernsehen in allen dritten Programmen (»Großer Dürrenmatt-Abend«) zuerst »Achterloo IV« und danach Brodmanns Film aus.

Erste Anstöße für »Achterloo« gibt das Geschehen in Polen im Dezember 1981. Der General Wojciech Jaruzelski läßt in der Zeit vom 11. bis zum 13. 12. 1981 durch Ausrufung des Kriegsrechts und die Entmachtung der Gewerkschaft Solidarnosc unter Lech Walesa die öffentliche ›Ordnung‹ herstellen. Durch diesen Gewaltakt – einen Verrat an den Bedürfnissen des eigenen Volks – wird eine Intervention der UdSSR verhindert, die ihrerseits zu unabsehbaren internationalen Konsequenzen hätte führen können. In der Auffassung des Autors ist »Achterloo« »Ein Stück über die Notwendigkeit des Verrats in der Politik, das hat mich immer beschäftigt« (B 27; 41). Soweit der realpolitische Hintergrund. Um seinen Stoff parabolisch von der Gegenwart zu distanzieren, benutzt der Autor die Form der Geschichtscollage. Als Analogie zur Situation in Polen scheint ihm das Regime Napoleon Bonapartes geeignet: »Es ist toll, daß der Kommunismus sich in Polen einer Politik bedient hat, die er als faschistisch ablehnte: des Bonapartismus« (ibid. 40). Zentralfigur ist Napoleon Bonaparte, der für Jaruzelski steht. Jan Hus, der protestantische Reformator, vertritt Lech Walesa. An Stelle des Volkes steht Woyzeck, die Hauptfigur von Büchners gleichnamigem dramatischem Fragment. Kardinal Richelieu verkörpert den katholischen Erzbischof von Polen, Kardinal Jozef Glemp. Seine Rolle wird bei der Premiere übrigens von Maria Becker übernommen. Karl Marx erscheint in zumindest fünffacher Inkarnation, stellvertretend für jeweils andere Führer des kommunistischen Ostblocks. Kurzum: »Jede Figur von heute hat ihre Entsprechung in der Geschichte« (B 27; 111; vgl. dort auch Dürrenmatts höchst skurrile Angaben zur Rolle des Volks in der Geschichte).

Der Ablauf des Ganzen erscheint weitgehend improvisiert. In der Tat hat das Stück einen gewissen work-in-progress-Charakter, der durch die Funktion der Diener Napoleons beständig unterstrichen wird:

»Sie verfolgen das Stück als Regisseure, beschäftigen sich auch mit den Requisiten, die benötigt werden, schütteln manchmal den Kopf, wenn ein Text nicht richtig kommt, führen die anderen Schauspieler auf die Spielbühne oder hindern sie am falschen Auftreten usw. [...]«. (B 26; 12)

Der Handlungsablauf umfaßt 48 Stunden. Napoleon, der eingangs von Woyzeck rasiert wurde, empfängt zunächst den – sicherlich für die USA stehenden – Gesandten Benjamin Franklin, der ihm einen Nichtangriffspakt aufreden will. Der (sowjetische) Chefideologe Robespierre trägt zur weiteren Verwirrung bei. Unterdessen stellt Hus politische Forderungen und droht mit dem Generalstreik, kann aber von Napoleon vertröstet werden. Dieser läßt allerdings Hus später verhaften, um einen Einmarsch fremder Truppen zu verhindern. Als Napoleon schließlich zu Bett geht, um seinen wohlverdienten Schlaf nachzuholen, schneidet ihm Woyzecks Tochter Marion – die Prostituierte aus Büchners Drama »Dantons Tod« – mit einem Rasiermesser die Kehle durch. Sie hat sich geirrt und ist als Judith (die Mörderin des Holofernes im Drama Hebbels) ins falsche Stück geraten. Richelieu verkündet derweilen, er sei der »liebe Gott«. Auf den letzten Seiten der Druckfassung bzw. fünf Minuten vor dem Schlußvorhang erfolgt dann die überraschende Wendung: das Spiel entpuppt sich als Rollentherapie in einer psychiatrischen Klinik. Alles ist, wie dies bei Dürrenmatt zu erwarten war, gründlich schiefgelaufen. Die Rollen sind durcheinandergeraten, ein Mord war natürlich auch nicht eingeplant. Freilich sind die Ärzte auch irre, wie eben die Irren, die die Rollen von – ebenfalls irren – Politikern spielen. Dürrenmatt: »Die Welt ist ein Irrenhaus« (B 27; 15).

Man sieht: der Text fällt auf die Prämisse der »Physiker« von

1961 zurück, die er nunmehr jedoch zur radikalen Infragestellung *jedweder* politisch-weltanschaulichen Position oder Aktion erweitert (vgl. die gute Deutung bei Knopf, K 26; 182 f.). Seine Theatergags wirken durchweg abgestanden, der Humor schal. Die verwirrende Handlungsentfaltung läßt jedes klare Strukturprinzip vermissen und bekräftigt – bewußt oder unbewußt – das Diktum des Autors von einer chaotischen Welt. Dem großen zeitgenössischen Vorwurf einer Politik des Verrats, die zugleich sich selbst als eine Politik der Humanität begreift, sowie der Aktualität der Geschehnisse des Jahres 1981 vermag die Komödienästhetik von »Achterloo« nicht gerecht zu werden. Ein Analogieschluß von der Bühne zur Wirklichkeit scheint kaum möglich. Das parabolische Spiel erschöpft sich im Nachweis, daß der Welt auch mit der Komödie inzwischen nicht mehr beizukommen ist. Es kreist um sich selbst und trägt das Gesicht eines sinnentleerten Rituals. Mit »Achterloo« erreicht die graduelle Abkapselung der Dürrenmattschen Komödienwelt von der Wirklichkeit – auf deren Demaskierung sie bei alledem ja immer abzielt – ihren Endpunkt. Die Dramaturgie einer sich als Selbstzweck genügenden Komödiantik läßt schließlich keinen substanziellen Verweis über das Spielfeld der Bühne hinaus mehr zustandekommen.

»Achterloo III« und »Achterloo IV« stellen Steigerungsstufen dieser manierierten Komödienform dar, die mit dem »Meteor« einsetzte. In seinem »Zwischenwort« zu »Rollenspiele« sagt Dürrenmatt sich bezeichnenderweise selber los von seiner Komödienästhetik: »Nicht mehr die Komödie, nur noch die Posse kommt uns bei [...]« (B 27; 200). Wie sieht nun also die »Posse« aus? Hier liegen die Karten von vornherein auf dem Tisch. Nach dem Muster des »Marat-Sade« von Peter Weiss handelt sich bei der dritten und vierten Fassung von »Achterloo« um eine Theaterproduktion in einer psychiatrischen Klinik: »Ich kam auf die billigste [sic] Antwort, ich entlarvte die Handlung als Rollentherapie in einem Irrenhaus, die banalste, aber einzig mögliche Metapher für unsere Welt der selbstverschuldeten Mündigkeit des unmündigen Menschen« (ibid.). Aus dem theatrum in theatro der früheren Stücke ist nun unwiderruflich ein theatrum in asylo geworden. Das bedeutet praktisch, daß jede der Figuren des Stückes in drei personae aufgespalten ist: a) eine »Person«, die in der Regel durch Namen oder bürgerlichen Beruf identifizierbar ist; b) eine »Wahnrollle« bzw. deren durch die Psychose gegebene wahnhafte Identität; und c) eine »Spielrolle« bzw. »Maske«, die von der Rollentherapie bestimmt

wird. Mit dem Erben einer Spanferkelkette (= Person), der sich
für Georg Büchner (= »Wahnrolle«) hält und Benjamin Franklin
(= »Maske«) spielt, beginnt und endet das Ganze. Während des
Spielverlaufs schreibt Büchner das Stück, versucht es zu revidie-
ren und zerreißt am Ende das Manuskript in kleine Fetzen.
Literarisch verbriefte Selbstironie ist dabei von Dürrenmatt
aber keineswegs intendiert. Überhaupt wird weder in »Achter-
loo« – das sich ja zumindest zweier Büchnerscher Figuren bedient – noch in der dritten Version, wo Büchner als Autor/
Spielleiter fungiert, einsichtig, was die Rolle des hessischen Re-
volutionärs in dem Panoptikum eigentlich ist. Wenn Charlotte
Kerr feststellt: »Dürrenmatt hat Büchner aufgewertet, zum
Autor seiner Geschöpfe gemacht. Er gibt ihm seine Rolle«
(B 27; 109) bzw. »Sie [Dürrenmatts Weltbeschreibung] setzt
Büchner ins Heute fort« (ibid. 125), so bleibt sie den Beweis für
diese Behauptung schuldig. Als Beitrag zur Büchner-Rezeption
des 20. Jahrhunderts leistet »Achterloo« nichts. Büchner und
Dürrenmatt haben philosophisch und weltanschaulich so gut
wie nichts gemein. Derart wirken auch die in »Rollenspiele«
eingestreuten Mutmaßungen des letzteren über den ersteren
nur hilflos an: »Alles ist heute möglich, der Zufall ist heute
gesetzmäßig integriert, es gibt mehr Möglichkeiten als Gesetzmäßigkeiten. Das konnte Büchner nicht denken, weil es das
nicht gab« (ibid. 108 u. ä. m.).

Die »Posse« wartet mit dem üblichen Maß an Situationskomik und plattem Humor auf (Dürrenmatt: »Mir ist jeder Lacher recht. Es gibt keine falschen Lacher« [B 27; 25]). Darüber
hinaus merkt man dem Stück an, daß es durchaus ernst gemeint
ist. Intendiert ist ein kontrapunktischer Aufbau: »*Achterloo* ist
formal sehr streng: Die beiden Teile sind genau gleich aufgebaut, nur ist die Wiederholung immer eine Spur tragischer [sic]
und stärker, Büchner ist ein Orgelpunkt [...]« (ibid. 143). Tatsächlich ist es auch Büchner, der sich am Ende des Textes an einer
intelligiblen Deutung des Stückes versucht:

»Darum habe ich ›Achterloo‹ geschrieben, die komische Tragödie eines
Aufstands, der unterblieb, weil ein Irrer vernünftig zu sein versuchte
und einen Krieg vermied, der die Menschheit zugrunde gerichtet hätte,
um einen Frieden zu retten, an dem die Menschheit zugrunde geht
[...]« (B 27; 337)

Insgesamt verfehlt jedoch »Achterloo III« ebenso gründlich seinen zeitgeschichtlich-weltpolitischen Ansatzpunkt wie sein
Vorgänger. Die Wirrnis der Figuren und Geschehnisse erdrückt

jeden über den Spielkontext hinausreichenden Analogieschluß.
Neben den geschichtlichen »Masken« der früheren Fassungen
treten jetzt noch drei Päpste auf. Marx erscheint in doppelter
Person. Fouché = Casanova = eine Balletteuse und Ro-
bespierre/Kaiser Sigismund = Gottsucher = Transvestit sterben
ohne ersichtlichen Grund. Marx I, der wohl für den Autor
spricht, stellt lapidar fest: »Die Weltrevolution fand nur in meinem Kopfe statt. [...] Im Schlamm der menschlichen Trägheit
dreht sich das Rad der Geschichte sinnlos um seine Nabe weiter. Die Gesetze der Weltgeschichte erweisen sich als irr« (ibid.
328). In der Schlußapotheose erledigt dann Jeanne d'Arc = Judith = Nazi-Enkelin nach einer Bettszene Napoleon Bonaparte
= Holofernes = Professor durch einen Schuß. Übersteigerung
komödiantischer Mittel steht hier an Stelle von textimmanenter
Stringenz. Die Verweise auf eine außertheatralische Realität zer-
flattern in Nonsense und selbstgefälligem Agnostizismus. Eine
Dramaturgie, die *jedwede* Kausalität im historisch-gesellschaft-
lichen Prozeß verneint, die das notdürftig organisierte Chaos
über *jeden* Ansatz der Folgerichtigkeit stellt, und der es so fla-
grant an Parteinahme für den Menschen fehlt wie der Büchner-
Travestie in »Achterloo III«, muß ihr Publikum heute verfehlen.

Literatur

Anton Krättli: Weltgeschichte als Komödien-Collage. »Achterloo« von
    Friedrich Dürrenmatt. In: SM 63 (1983) 868–870.
Gerhard P. Knapp: [Bespr. v. *Rollenspiele*]. In: DB 17 (3/1987) 181–184.
Anthony Vivis: »Achterloo«. In: I 11; 69f.

V. Essays, Prosa, Vorträge (1968–1980)

Mit der in der Folge des Züricher Literaturstreits gehaltenen Rede »Varlin schweigt« (1967; WA 26; 164 ff.) beginnt eine Zeit der intensiven publizistischen Öffentlichkeitsarbeit, die sowohl die dritte Schaffensphase Dürrenmatts (1967–1972) umspannt als auch noch in die späteren siebziger Jahre hineinwirkt. Anläßlich der Besetzung der Tschechoslowakei durch Truppen der Staaten des Warschauer Pakts äußert sich Dürrenmatt im größeren Rahmen zur weltpolitischen Lage: Zusammen mit Peter Bichsel, Max Frisch, Heinrich Böll, Günter Grass und Kurt Marti nimmt er in einer Rede am 8. 9. 1968 im Basler Stadttheater zu den Vorgängen in der ČSSR Stellung. Der entscheidende Satz der als Essay veröffentlichten Rede lautet: »Doch der Mensch, der nicht mehr in der Natur steht, sondern gegenüber der Natur, steht auch gegenüber der Politik und nicht mehr in der Politik.« (WA 28; 38)

Dürrenmatt strebt eine Demystifikation der Politik an, ähnlich wie er ihre Mechanismen dann in den Shakespeare-Bearbeitungen und in den neueren Komödien gleichsam theatralisch herauszupräparieren versucht. Seine Verneinung der gesellschaftlichen Totalität, die viel früher schon die gedankliche Grundlage der »Theaterprobleme« gebildet hatte, strebt in der Folge auf eine immer deutlichere Ontologisierung des Künstlerischen an sich hin, das vom Politischen zwar kategorial getrennt erscheint, diesem jedoch vermittels seines Abstraktionsvermögens dramaturgisch beizukommen in der Lage sei. Tatsächlich ist diese Auffassung, die der kritischen Dramaturgie der dritten und vierten Arbeitsphasen zugrundeliegt, nichts anderes als die gedankliche Fortsetzung der ursprünglichen Komödiendramaturgie, nur daß sich jetzt die Bereiche im offenkundigen Bezug aufeinander zugleich schärfer gegeneinander abheben. In den »Gedanken über das Theater« (1970) setzt sich Dürrenmatt dann eingehend mit den Möglichkeiten des zeitgenössischen Theaters auseinander. Seine Formel »Die moderne Welt ist ein Ungeheuer, das mit ideologischen Formeln nicht mehr zu bewältigen ist« (aus der »Dramaturgie des Publikums«; WA 24; 174) verweist trotz allen Wortreichtums dieser neuen Standortbestimmung direkt auf die Position der »Theaterprobleme« zu-

rück. Hinzu kommt als neue Komponente des dramaturgisch-
politischen Denkens eine immer nachdrücklichere Betonung
der Bedeutung des naturwissenschaftlichen Denkens, das Dürrenmatt zwar aus dem Ästhetischen verbannt sehen will (vgl.
»Über Kulturpolitik« in: WA 28; 51), dessen *kritischen* Ansatz er
jedoch für den künstlerischen Bereich reklamiert.

Neben aktuellen politischen Anlässen – wie in der Rede »Israels Lebensrecht« (17. 6. 1967) – sind es Reisen, an denen sich
die zeitgenössische Parteinahme Dürrenmatts entzündet. Das
betrifft etwa die »Sätze aus Amerika« (1970), eine Folge von
einundneunzig schlaglichtartigen Eindrücken, die zum Aphorismus tendieren und so im Stilistischen eine Geschlossenheit
vorgeben, die keineswegs der Heterogenität des Beobachteten
entspricht. Weiterhin liegen vor: die Rede »Über Toleranz«, die
der Autor anläßlich der Verleihung der Buber-Rosenzweig-Medaille am 6. 3. 1977 in Frankfurt hielt und die zur Feier des
100. Geburtstags von Albert Einstein am 24. 2. 1979 in Zürich
gehaltene Ansprache »Albert Einstein«. Erstere vermittelt einigen Einblick in die philosophischen Grundlagen Dürrenmatts.
Vor allem Vaihingers »Philosophie des Als-Ob« hat offensichtlich auf seine Gesellschaftskonzeption ebenso stark eingewirkt
wie seine Aversion gegen Hegel. Daneben sind Eddingtons und
Poppers naturwissenschaftlich-philosophische Einflüsse von
Bedeutung. Es ist offensichtlich, daß die von Popper als unmöglich erklärte Verifizierung von Gesetzmäßigkeiten ihren Reflex
im dramaturgischen und politischen Skeptizismus Dürrenmatts
findet, insbesondere auch im Essaywerk. Das philosophische
und naturwissenschaftliche Denken Dürrenmatts ist in hohem
Maß eklektisch und – wie seine eigene Theorie – dem Aphori-
stischen verhaftet. Mißverständnisse und Gemeinplätze sind in
Dürrenmatts Philosophierezeption vor allem durch seine Abneigung gegenüber jeder Systematik bedingt. Seine Schlußfolgerung »[...] daß uns ein neues Zeitalter der Aufklärung not tut«
(»Über Toleranz« in: WA 27; 144) fügt sich bruchlos in die publizistische Tätigkeit von 1967 bis zu seinem Tod ein.

1. »Monstervortrag über Gerechtigkeit und Recht« (1968)

Der im Januar 1968 vor Mainzer Studenten gehaltene Vortrag
kann als Beitrag Dürrenmatts zur Studentenbewegung gelten.
Zugleich greift er ein Thema auf, das seine Werke von den

Anfängen an beschäftigt und den dramaturgisch-gesellschaftlichen Denkprozeß durchgehend beeinflußt hat. Der Text erscheint 1969 in Buchform und trägt die Untertitel: »Nebst einem helvetischen Zwischenspiel. Eine kleine Dramaturgie der Politik.« Auf der Basis des Hobbesschen ›Wölfe und Lämmer‹-Spiels entwickelt der Vortrag eine »Dramaturgie« der modernen kapitalistischen Gesellschaftspolitik, auf derjenigen des ›Guter Hirte‹-Spiels die Grundregeln sozialistischer Provenienz. Ein Gleichnis um dem Propheten Mohammed, das von verschiedenen Standorten her ausgedeutet wird, leitet über zu der Überzeugung, daß die Welt in beiden Spiellagern »in Unordnung«, weil »ungerecht« sei. Dürrenmatt kontrastiert hier – für die Deutung seines Werks äußerst aufschlußreich – einen *allgemeinen* bzw. *logischen* Gerechtigkeitsbegriff mit der *individuellen* bzw. *existenziellen* »Idee der Gerechtigkeit«. Das sich jeder Kongruenz verweigernde Begriffspaar verharrt in unauflöslichem Gegensatz. Eine moralische Politik jedoch erscheint angesichts der menschlichen Unvernunft undenkbar. Getreu seiner ›antiideologischen‹ Haltung geht Dürrenmatt mit Kapitalismus und »Kommunismus« gleichermaßen hart ins Gericht. Letzterer erscheint ihm als »[...] ein logisch getarnter Faschismus, ein faschistischer Staat [!] mit einer sozialistischen Struktur« (WA 27; 85 f.) Der, wie man dem Zitat schon entnehmen kann, in seiner Begrifflichkeit verwirrende Diskurs endet mit einem deutlich an Kant angelehnten Appell zur kollektiven Vernunft, die sich wiederum nur aus der vernünftigen Emanzipation des einzelnen erzielen ließe. Abgesehen vom »helvetischen Zwischenspiel«, das sich gegen den schweizer Aufruf von 1969 zur »geistigen Landesverteidigung« wendet, enthält der Vortrag keinen direkten Bezugspunkt für eine Bewältigung der Krise, wie sie in Form der Studentenunruhen gerade die westliche Gesellschaftsordnung erfaßt hat. Die dramaturgisch gekonnte Argumentation verdeutlicht in ihrem Rekurs auf die Kategorien idealistischer Philosophie, daß eine Übertragung der Spielregeln der Bühne auf die Politik wohl gesellschaftspolitische Mechanismen im Bild dingfest und die Unversöhnlichkeit gesellschaftlicher bzw. ökonomischer Verhältnisse mit einem ethischen Postulat sichtbar machen kann, daß sie darüber hinaus zur Lösung der elegant und wortreich problematisierten Gegebenheiten aber nichts beizutragen vermag.

2. »Der Sturz« (1971)

Der Stoff der Erzählung hat den Autor seit 1964/65 beschäftigt, offenbar im Zusammenhang mit seiner Reise in die Sowjetunion. Erst 1971 wird »Der Sturz« dann veröffentlicht. Nach »Das Versprechen« (1958) erscheint damit nach dreizehn Jahren wieder ein Erzähltext. Thematisch verweist »Der Sturz« zunächst auf »Frank der Fünfte«, dann auf »König Johann«, in seiner Ästhetik noch deutlicher auf »Play Strindberg«. Im ganzen gehört die Erzählung in den gedanklichen Umkreis der kritischen Dramaturgie wie des »Monstervortrags«. Als ideologischer Deutungsschlüssel heranzuziehen (vgl. Spycher K 17) sind neben »Meine Rußlandreise« die »Sätze aus Amerika«.

»Der Sturz« wird im Klappentext unbegreiflicherweise als »Novelle« klassifiziert. Tatsächlich handelt es sich um eine höchst »dramaturgisch« konzipierte Erzählung, die den vom Zufall ausgelösten Machtwechsel vom Vorsitzenden des »Politischen Sekretariats« A auf seinen Nachfolger D beschreibt. Dürrenmatt geht es nach eigener Angabe nicht um ein bestimmtes Kollektiv in einem lokalisierbaren Staatsgefüge. Dennoch hat man (Spycher) auf die Parallelen zum sowjetischen Politbüro verwiesen bzw. die Nähe ihrer Grundstruktur zu »allen absolutistischen Staats- oder Industrieleitungen« (A. Arnold) betont. Was die Erzählung leistet, ließe sich – analog zur Strategie der kritischen Dramaturgie – als stark verkürzende Enthüllung tatsächlicher oder denkbarer Machtmechanismen bezeichnen: Sie erbringt den Nachweis der Irrationalität einer herrschenden Clique, die, scheinbar im luftleeren Raum und völlig losgelöst von ihrer Basis, ein gespenstisches Eigenleben führt. Im Sprachlichen und durch die übergeordnete Erzählerfunktion werden Denkprozesse freigelegt, deren Gemeinsamkeit die Furcht ist. Das Modell, gleich dem »Mitmacher« in einer nicht näher bestimmten Gegenwart angesiedelt, entbehrt weitgehend der Einbettung in eine wie auch immer geartete gesellschaftliche oder historische Realität und muß folglich als hypothetisch bzw. im Sinne der Komödientheorie als Gegenentwurf verstanden werden. In seiner beliebigen Wiederholbarkeit gesellt es sich zu den »Endspielen«, deren Ästhetik das Ende der Möglichkeiten bewußten Handelns erklärt, indem es der Wirklichkeit den Spiegel ihrer logisch weitergedachten Misere vorhält. Die Möglichkeit, daß Wirklichkeit auch anders sich entwickeln könnte, bleibt der Imagination des Lesers vorbehalten. Vielleicht erklärt sich der geringe Erfolg der Erzählung durch den Umstand, daß Dürrenmatt, wie in seinen neueren Stücken, seinem Leser allein eine

These ex negativo zuspielt und ihn, der mit der Antithese auch eine dialektische Überwindung beider zu liefern hätte, derart als Partner in einem über den jeweiligen Befund hinausführenden Wirkungsprozeß überfordert.

3. »Zusammenhänge. Essay über Israel. Eine Konzeption« (1974–1976); »Nachgedanken« (1980)

Im Jahre 1974 wird Dürrenmatt als Gastprofessor an die Ben-Gurion-Universität in Beerschawa berufen. Er hält in Israel eine Reihe von Vorträgen, darunter die geschichtsphilosophische Rede »Zusammenhänge«. Diese verschmilzt in der veröffentlichten »Konzeption« mit den Reiseeindrücken des Autors zu seinem umfangreichsten Essay.

Ausgangspunkt der vierteiligen Betrachtungen ist abermals die Feststellung, daß das Politische sich jeder Systematik entziehe, »[...] weil das Politische nicht notwendig, sondern willkürlich geschieht, genauer: aus Pannen und Zufällen, aus unvorhergesehenen Konstellationen heraus« (WA 29; 20). Der Politik sei also nur »[...] philosophisch, nicht politisch beizukommen« (ibid. 21). Das Schicksal des Staates bzw. der »Konzeption« Israel wird als stellvertretend für die Menschheitsgeschichte gesehen. Jene ist, wie der zweite Teil ausführt, chaotisch und planlos. Sie läuft in den Mythos über, der am Beispiel des Abu Chanifa und des Anan ben David im dritten Teil einen utopischen Lösungsversuch des realpolitischen Konflikts spielerisch erlaubt. Im vierten Teil schildert Dürrenmatt Reiseeindrücke aus Israel und leitet zu der Schlußfolgerung des Essays über. Das komplexe Aufbauprinzip betont sowohl die Durchlässigkeit der Einzelteile gegeneinander als auch den wechselseitigen Bezug von Gleichnis, Geschichte, Philosophie und Sprachkritik. Als Resultat wird die – noch im »Monstervortrag« als unmöglich gesehene – Übertragung einer »moralischen« Maxime auf die Realpolitik gefordert, die, wenn man so will, Verwirklichung des kategorischen Imperativs in seiner meistzitierten Fassung auf supranationaler Ebene. Dürrenmatts Mißtrauen gegenüber einer gedankliche Zwangsmechanismen begünstigenden Sprache, das sich auch in seinen Stücken der siebziger Jahre niederschlägt, bezieht nicht nur – das ist zu erwarten – ideologische, sondern auch ästhetische Konzeptionen ein. Hierin liegt der Verweis auf eine nunmehr *philosophisch* untermauerte Erkenntnisunsicherheit, darüber hinaus auch eine nachträgliche Begründung und zugleich Infragestellung der kritischen Dramaturgie, wenn nicht der eigenen künstlerischen Ansätze überhaupt: »Was nach diesen letzten Sprachkonzeptionen bleibt, wäre das Schweigen als Kapitulation vor der Sprache. Nur der kapituliert nicht, der den Glauben an die Sprache als Aberglauben durchschaut.« (WA 29; 108) In der Verweigerung gegenüber allen Konzeptionen, so betont Dürrenmatt am Ende, »im Störrischen« manifestiere sich seine Freiheit. Deutlicher noch als dies die Entwicklung des Bühnenwerks zeigt, erweist sich so am Essaywerk ein stetig zunehmender erkenntnistheoretischer Relativismus, der sich der Skepsis Dürrenmatts gegenüber der Geschichte noch zu überlagern scheint.

Jedoch in der Parabel der beiden Patriarchen, im versöhnlichen Rekurs auf den Mythos, im Gebrauch des Begriffes »Utopie« deutet sich ein Bezugspunkt *außerhalb* des Gegenwärtigen an, in dem die Hoffnung aufscheint auf eine doch mögliche, friedvolle Zukunft. Diese Alternative taucht, gleichsam leitmotivisch, in späteren Vorträgen Dürrenmatts immer wieder auf.

Die »Zusammenhänge« werden für die »Werkausgabe« 1980 mit einem umfangreichen, eigens für diese Veröffentlichung verfaßten Zusatz versehen. Er trägt den Titel »Nachgedanken unter anderem über Freiheit, Gleichheit und Brüderlichkeit in Judentum, Christentum, Islam und Marxismus und über zwei alte Mythen«. Die über fünfzig Druckseiten starken »Nachgedanken« belegen am augenfälligsten den Zug zum Monumentalen und den schier überwältigenden Wortreichtum, die das spätere Essaywerk prägen. Der Gedankengang ist peripatetisch. Man gewinnt den Eindruck, daß Dürrenmatt die Materie seines Israel-Essays nunmehr vollends aus der Hand geglitten ist. Insgesamt ist hier viel weniger von Israel – dem gedanklichen Fluchtpunkt der »Zusammenhänge« – die Rede, als man dies erwarten würde. Die »Nachgedanken« sind vor allem die beißende Abrechnung ihres Autors mit dem Marxismus. Islam und Marxismus werden als »rationale«, d.h. keinen Widerspruch duldende Ideologien angesehen: »Mit dem Islam steht das alte Mittelalter dem neuen Mittelalter des Marxismus gegenüber« (WA 29; 176). Kapitalismus und Judaismus dagegen, so Dürrenmatt, sind »irrationale« Weltanschauungen: »Der Rationalismus strebt nach Ordnung und nach Widerspruchsfreiheit, der Irrationalismus nährt sich vom Labyrinthischen und vom Widerspruch« (ibid. 177). Der Marxismus – Dürrenmatt greift zurück auf die ›Wölfe-und-Lämmer‹-Analogie des »Monstervortrags« – verspricht Gerechtigkeit, vermag allerdings nur identisch zu werden mit der Macht, die er sich erhält und die ihn erhält: »Er gerät in einen Gegensatz zur Wirklichkeit, den er leugnen muß: er wird zur permanenten Lüge« (ibid. 197). Insgesamt lohnt es nicht, der weiteren Argumentation im Detail zu folgen. Die »Nachgedanken« erreichen das Niveau der »Zusammenhänge« an keiner Stelle. Sie sind jedoch das Zeugnis einer neuerlichen Standortbestimmung im Denken des Autors. Wo Dürrenmatt früher zumindest die gedankliche Auseinandersetzung mit Marxismus und Kommunismus nicht scheute, beschränkt er sich jetzt auf griffige Deklassierungsformeln. Ein Dialog – auch in der Negativität – mit der abgelehnten Ideologie findet nicht mehr statt. Was bleibt, ist ein polemischer, oft militanter Liberalismus, der auf den ersten Blick erinnern mag an die prononcierte ›Ideologiefeindlichkeit‹ der fünfziger und sechziger Jahre, dem es aber nunmehr klar an erkennbaren eigenen Positionen fehlt. Im Gegensatz zu den »Zusammenhängen« mit ihrem in der Utopie angesiedelten Schluß stehen am Ende der »Nachgedanken« nur Fragen:

»Renne ich gegen die Dogmen an, weil ich meinen Glauben nicht zu formulieren vermag? Ist ein Glaube überhaupt zu formulieren? Ich denke mir den Kopf wund, um gegen den Marxismus zu schreiben. Will ich mich verteidigen, weil ich kein Marxist bin? [...] Besteht mein Schreiben aus etwas anderem, als daß ich mir meine Feinde erfinde und mich gegen die von mir erfundenen Feinde zur Wehr setze? Bin ich meine eigene Sowjetunion?« (WA 29; 216)

4. »Über Toleranz« (1977)

Die Rede »Über Toleranz« schließt inhaltlich an den früheren Vortrag »Israels Lebensrecht« (WA 28; 29 ff.) an. Darüber hinaus thematisiert sie einen neuen, der naturwissenschaftlich-epistemologischen Lektüre der siebziger Jahre (vgl. zu den Quellen Kap. I, S. 19; zu den Einflüssen Vaihingers und Poppers oben S. 132) abgewonnenen Ansatz. Jahrzehnte nach seinem abgebrochenen Studium der Philosophie nimmt Dürrenmatt wieder die Schriften Hegels, Kants und des für seine späten Erzähltexte besonders relevanten Kierkegaard (vgl. unten Kap. VI zu »Minotaurus« und »Der Auftrag«) in die Hand. Der Gegensatz, an dem er sich hier entzündet, polarisiert die systematische Philosophie Hegels einerseits und die auf das Subjekt zugeschnittene existenzialistische Lehre Kierkegaards andererseits. Kants Theorie der Vernunft nimmt gleichsam eine Mittelstellung ein. Hegelianisches Denken und mit ihm alle geschlossenen, auf innere Stimmigkeit angelegten Systeme – seien sie nun philosophischer, ideologischer oder politischer Natur – werden verantwortlich gemacht für den Mangel an Toleranz im weltanschaulichen, für Unterdrückung im realpolitischen Bereich: »Hegel ist mehr als ein deutsches Pech. Denn wenn etwas einem solchen System widerspricht, ist es notwendigerweise für dieses System falsch« (WA 27; 139). Man sieht, wie dieser Gedankengang direkt hinführt zur oben skizzierten Polemik der »Nachgedanken« und zur Verurteilung des Marxismus als »falsch«. Hier scheint Vaihingers Skeptizismus gegenüber absoluter Wahrheit durch. Denn die Annahme einer solchen Wahrheit gründet nach Vaihinger von vornherein auf einem Irrtum (vgl. dessen »Philosophie des Als-Ob«).

Gedankliche Freiheit, so wiederum Dürrenmatt, muß der Kommunismus unterdrücken, da sie den Glauben an das marxistische System bedroht. Im Westen dagegen ist sie so lange erlaubt, wie sie die Glaubhaftigkeit des dortigen Systems unter Beweis stellt. Läßt man einmal die Vereinfachungen beiseite, die den Diskurs auf Schritt und Tritt belasten, so folgt als Bilanz: die vorhandenen politischen Systeme sind abzulehnen, da sie entweder aus Gründen der Dogmatik (im Osten) oder im Interesse wirtschaftlicher Ausbeutung (im Westen) der Freiheit des einzelnen keinen oder nicht genügend Raum lassen. Was wäre also zu erhoffen? Ein »neues Zeitalter der Aufklärung« (ibid. 144), in dem die Vernunft den Weg zu weisen hätte auf der Suche »nach Wahrheit, nach Gerechtigkeit und nach Freiheit« (ibid. 145). Bemerkenswert ist hier nicht nur der Raum, den Dürrenmatt der Hoffnung läßt – trotz der Negativität seiner Diagnose des status quo. Sondern es überrascht auch seine Definition von Vernunft, die sich nicht a priori im Besitz von *Wahrheit* weiß, sondern in der *Suche* nach immer humaneren Lösungen läge. Dieser Vernunftbegriff erweist sich bei genauer Betrachtung als praktisch identisch mit Poppers Definition von Wahrheit, nicht als ein Unveränderliches, sondern als Regulativ der prozessualen Erkenntnisfindung (vgl. »Objektive Erkenntnis«). Es ist gerade *dieser* Begriff von Vernunft, auf den Dürrenmatt am Ende seiner letzten öffentlichen Stellungnahme, der Laudatio auf Michail Gorbatschow, »Die Hoffnung, uns am eigenen Schopfe aus dem Untergang zu ziehen« (vgl. oben S. 22 f.), rekurriert, und mit dem er seine politische Zeitgenossenschaft noch einmal zusammenfaßt.

»Über Toleranz« ist der letzte der großen philosophisch-gesellschaftspolitischen Essays. Die Rede »Albert Einstein« ist im Vergleich hierzu nur ein Nachspiel. Der Gegenstand war Dürrenmatt offensichtlich nur schwer zugänglich, und über Gemeinplätze gelangt er hier kaum hinaus. Auch die oben gestreiften »Nachgedanken« zum Israel-Essay »Zusammenhänge« haben ihrem Leser nicht viel an Einsicht zu bieten. Über die Thematik und Chronologie der späten Reden gibt Kap. I Aufschluß. Die Frage bleibt, ob das Essaywerk in der Tat gleichberechtigt neben den besseren Stücken und dem einen oder anderen Prosatext zu stehen vermag. Mit Sicherheit stellen der »Monstervortrag« und »Zusammenhänge« (in der ursprünglichen Form) beachtliche Beiträge zu zeitgeschichtlichen Fragen dar und können, im Verein mit der Gorbatschow-Rede, einen gewissen essayistischen Rang beanspruchen, der sie über bloße Standortbestimmungen im Werkkontext erhebt. Ihr Reiz wie ihre Schwäche liegt in der gedanklichen Unverbindlichkeit, ihrem »Indeterminismus« (Hanno Helbling gebraucht den Begriff mit Blickrichtung auf die Stücke: In apokalyptischer Tradition. Friedrich Dürrenmatt und die Geschichtstheologie. In: I 10; 96). Dürrenmatts Grundnenner ist, bei aller Wortfülle, daß »die heutige Welt nur durch Denken bewältigt werden kann« (»Monstervortrag«, WA 27; 99). Ein *konkretes* gedankliches Konzept propagiert er nicht. Jenseits der durchgängig betonten Verantwortung des Subjekts in einer Welt, die dieses Subjekt ja schon längst weitgehend entmachtet und entmündigt hat, findet sich kein Hinweis auf praktikable Alternativen. Dürrenmatt bleibt im hermeneutischen Zirkel seines skeptischen Liberalismus gefangen. Oskar Lafontaine vermerkt zu Recht: »Er stellt sich der von Jürgen Habermas festgestellten ›neuen Unübersichtlichkeit‹ ohne den vermeintlichen Rückhalt eines archimedischen Punktes« (anläßlich der Verleihung des Ernst-Robert-Curtius-Preises [für Essayistik am 27. 4. 1989 in der Universität Bonn]. In: I 10; 133). Dürrenmatts Essayistik wird man im ganzen jedoch kaum zu den Glanzleistungen dieses Genres rechnen. Dagegen spricht ihr Mangel an Ökonomie und strukturellem Feinschliff ebenso wie die oft fahrige Gedankenführung. Kenneth Whitton rechnet den Autor zu den großen Essayisten seiner Zeit: »[...] a writer who has grown greater in stature as an essayist as he has declined in stature as a playwright« (K 29; 202). Überhaupt wird dieser Teil des Werks in der Forschung gemeinhin überschätzt. Die Zeit, so läßt sich mutmaßen, wird über die Essays hinweggehen.

Literatur

Paul Konrad Kurz: Wölfe und Lämmer. Friedrich Dürrenmatts Dramaturgie der Politik. In: Stimmen der Zeit 95 (1970) 248–258.

François Bondy: Gute Hirten – untereinander. Dürrenmatt: Vom ›Monstervortrag‹ zum Exempel ›Der Sturz‹. In: WeWo v. 27. 8. 1971.

Jean Améry: Friedrich Dürrenmatts politisches Engagement. Anmerkungen zum Israel-Essay »Zusammenhänge«. In: I 4; 41–48.

Peter Spycher: Friedrich Dürrenmatts Essay über Israel: Religiöse Aspekte und persönliche Motive. In: Reformatio 27 (9/1978) 496–505.

ders.: Friedrich Dürrenmatts Israel-Essay. Religiöse Konzeption und Glaubensbekenntnis. In: I 7; 243–257.

Oskar Lafontaine: Friedrich Dürrenmatt – der politische Essayist. Lobrede zur Verleihung des Ernst-Robert-Curtius-Preises. In: I 10; 133–139.

VI. Späte Texte (1981–1990)

Läßt man einmal den Nachzügler »Achterloo« beiseite, so markiert das Jahr 1979 mit der Uraufführung und nahezu gleichzeitigen Veröffentlichung der Bühnenfassung von »Die Panne« den Endpunkt von Dürrenmatts intensiver Arbeit für die Bühne. Sechs Jahre früher, mit dem Debakel des »Mitmachers«, setzte bereits eine stetig zunehmende Desillusionierung des Autors hinsichtlich seiner Wirkungsmöglichkeiten im zeitgenössischen Theater ein. Dürrenmatts Komödienästhetik, so scheint es, hat sich selbst überlebt. Das Publikum will andere Stücke. Der Stückeschreiber indessen kann oder möchte sich einem gewandelten Publikumsgeschmack nicht anpassen. Er wendet sich anderen Aufgaben zu. Seit etwa 1973 arbeitet er an einem umfangreichen Werk, das ursprünglich ›Stoffe: Geschichte meiner Schriftstellerei‹ heißen soll. Ein Jahr nach der Veröffentlichung der »Werkausgabe« erscheint dann der erste Band unter dem Titel »Stoffe I–III« (1981). Er ist in drei Sektionen (»Der Winterkrieg in Tibet«, »Mondfinsternis«, »Der Rebell«) unterteilt, die jeweils neben einer gleichnamigen »Erzählung« eine Reihe stoffgeschichtlich-autobiographischer Skizzen enthalten. Es gruppiert sich also um den jeweiligen fiktionalen Kern ein werkgeschichtliches Molekülsystem, das jedoch seinerseits narrativ präsentiert wird. Dürrenmatt bricht somit bewußt die Grenzen beider Genres – des Fiktionalen und des Autobiographischen – auf und gelangt zu einer originellen Synthese, die beiden, in ihrem Bezug zueinander, neue Plausibilität verleiht.

Der zweite Band, »Turmbau. Stoffe IV–IX«, erscheint 1990, noch zu Lebzeiten des Autors. Er zerfällt in sechs Abschnitte (»Begegnungen«, »Querfahrt«, »Die Brücke«, »Das Haus«, »Vinter«, »Das Hirn«), die wiederum teilweise Unterabschnitte mit eigenem Titel aufweisen. Bemerkenswert ist nun, daß die Grenzen zwischen Fiktionalität und Stoffgeschichte bzw. Autobiographie weiter abgebrochen werden als im ersten Band der »Stoffe«. Unfertiges steht neben abgeschlossenem, sogar der Autor (F.D.) fiktionalisiert sich selbst. Es scheint, als ob die verschiedenen Stoffe jetzt eine Autonomie erlangt haben, die sie gleichberechtigt neben die Autorenbiographie rückt. Beides wird im gleichen Zug »erzählt«, und am Ende triumphiert dann das Erzählen selbst über beide. Auch die anderen drei größeren Erzähltexte aus Dürrenmatts letzter Schaffensphase, die Romane »Justiz« (1985) und »Durcheinandertal« (1989), sowie die »Novelle« »Der Auftrag« (1986), können in jeweils unterschiedlicher Form als mehr oder weniger gelungene Experimente mit dem Erzählen gelten. Der Vorgang des Erzählens steht hier zumindest ebensosehr im Mittelpunkt wie das Erzählte selbst. Stellenweise verdrängt er es über längere Strecken aus dem Leserinteresse. Möchte man, zumindest in formaler Hinsicht, die narrativen und autobiographischen Arbeiten der achtziger Jahre auf einen Nenner bringen, so bietet sich vorderhand die Formel einer späten Standortbestimmung im scheinbar schrankenlosen, doch in der Regel keineswegs undisziplinierten Erzählen an.

Dürrenmatts Rückzug aus dem Theaterbetrieb führt so unversehens auf experimentelle Pfade, zur Neuschöpfung eines ihm gemäßen narrativen Genres – und letzten Endes zu einer künstlerisch-weltanschaulichen Selbstvergewisserung, die abzuschließen ihm allerdings nicht vergönnt war. Denn all den späten Texten haftet doch der Charakter von Etüden oder Fingerübungen an, der einerseits ihren Reiz ausmacht, sie andererseits gegenüber den Spitzenleistungen Dürrenmatts in den zweiten Rang verweist. Bei aller Fülle von späten Werken verbietet es sich also von selbst, von einem »Spätwerk« zu sprechen, das zugleich Bilanz und Überwindung des früheren Œuvres wäre. Ein solches Werk hat Dürrenmatt nicht geschrieben.

1. »Stoffe« (1981; 1990)

»Stoffe I–III« entstand zwischen 1973 und 1980. Der Band enthält drei »Erzählungen« (»Der Winterkrieg in Tibet«, »Mondfinsternis«, »Der Rebell«) nebst zugeordneten autobiographisch-werkgeschichtlichen Impressionen. »Turmbau. Stoffe IV–IX« entstand zwischen 1984 und 1989 und enthält sechs Teile: »Begegnungen«, »Querfahrt«, »Die Brücke«, »Das Haus«, »Vinter«, »Das Hirn«.

Die Veröffentlichung der beiden Bände der »Stoffe« wurde in der Feuilletonkritik in fast hymnischen Tönen begrüßt. (An repräsentativen Kritiken vgl. etwa P 110; P 159; P 160; P 163; P 169; P 172; dagegen: P 180). Beim genaueren Lesen zeigt sich freilich, daß dieses nahezu einhellige Lob der Kritiker bei weitem übers Ziel hinausschießt. Denn was die hier versammelten Texte bieten, ist, von der formalen Innovation einmal abgesehen, für den mit Dürrenmatt Vertrauten keineswegs so neu und überraschend. Vielfach führt ihr Zuschnitt und künstlerischer Anspruch über die Kategorie des vielberufenen Zettelkastens hinaus – als literarischer Nachlaß zu Lebzeiten können sie dabei dennoch nicht gelten. Was hier zu erwarten ist, läßt sich am ehesten auf den gemeinsamen Nenner der Vertiefung und Nuancierung bringen. Für den Forscher und für jeden am Autor interessierten Leser stellen sie eine Fundgrube der einmal durchdachten, vielfach auch erlebten, und manchmal zu Recht verworfenen stofflichen Möglichkeiten dar.

Biographisch gesehen, umspannt »Stoffe I–III« die Zeit von der Jugend des Autors im Dorf Konolfingen bis zur Eröffnung des Schriftstellerkongresses 1967 in Moskau, an dem Dürrenmatt teilnahm. Bemerkenswert ist die schon eingangs betonte Vorrangigkeit des Visuellen im ästhetischen Prozeß: »Nicht meine Gedanken erzeugen meine Bilder, meine Bilder erzwingen meine Gedanken« (C 16; 12). Nirgendwo im ganzen Œuvre ist die Präsenz des Bildlichen bzw. Bildhaften so durchgehend greifbar wie in den »Stoffen«. Und nirgendwo ist der Leser sich derart auf Schritt und Tritt bewußt, daß der Autor auch bildender Künstler ist, daß die meisten seiner Eindrücke primär visueller Natur sind und sich dann, oftmals auf mehrfachen Umwegen über die Leinwand, erst später im Text niedergeschlagen haben. Schon in der ersten autobiographischen Skizze »Das Dorf« finden sich solche visuellen Konzeptionen, angefangen mit dem Dorf selbst und seiner geographischen Situation, über seine Institutionen (Bahnhof, Milchsiederei, Heilsarmee, Höhle etc.), die »Schlächterei«, bis hin zu den Gestirnkonstellationen und den durch die Erzählungen des Vaters belebten Figuren der klassischen Mythologie, wie Dädalus, Minotaurus, Theseus, Sisyphus und anderen mehr. All dies sind Motive, die sich durch das literarische *und* das zeichnerisch-malerische Werk ziehen. Im fließenden, über sich selbst hinauswuchernden Erzählduktus der »Stoffe« wird die beständige Intertextualität der bildnerischen und der literarischen Sphären überdeutlich.

Von besonderer Bedeutung ist das von Dürrenmatt häufig im Bild dargestellte Motiv des Labyrinths (vgl. oben S. 14 f.), das sich biographisch nunmehr an der Übersiedlung des Vierzehnjährigen vom »Dorf« in die »Stadt« Bern festmachen läßt: »Das Labyrinth [aus den Geschichten des Vaters] wurde Wirklichkeit« (C 16; 49). Labyrinth, Minotaurus, Turmbau von Babel

(eine Art der vertikalen Variation labyrinthischen Wucherns),
dies sind Konstanten der malerischen und literarischen Ästhetik, die besonders augenfällig die frühen Texte, aber auch die
Produktion Dürrenmatts seit den siebziger Jahren bestimmen.
Genannt seien lediglich frühe Texte wie »Die Stadt«, »Aus den
Papieren eines Wärters« und dann die Werkgeschichte insbesondere seit dem »Mitmacher«-Komplex. Eine theoretische
Standortbestimmung gibt der Autor in dem wichtigen kurzen
Essay »Dramaturgie des Labyrinths« (1972), der in der Tat
wesentliche Grundlagen seiner Ästhetik enthält: »Was heute gilt,
galt damals: Dramaturgie des Labyrinths, Minotaurus. Indem
ich die Welt, in die ich mich ausgesetzt sehe, als Labyrinth
darstelle, versuche ich, Distanz zu ihr zu gewinnen [...]. Die
Welt, wie ich sie erlebe, konfrontiere ich mit einer Gegenwelt,
die ich erdenke« (C 16; 77). Und: »Das Labyrinth ist ein Gleichnis und als solches mehrdeutig wie jedes Gleichnis« (C 16; 79).
Aufschlüsse zu dem Motivkonglomerat finden sich ebenfalls in
dem (ansonsten nicht allzu ergiebigen) Interview »Die Welt als
Labyrinth« mit Franz Kreuzer (vgl. E 28; 16, 39, 52 ff.) aus dem
Jahr 1982. Der Labyrinth-Minotaurus-Komplex hat Dürrenmatt derart gefesselt, daß er später, in der »Ballade« »Minotaurus«, den Stoff ausführlich wieder aufrollte – nun allerdings aus
der Sicht des Minotaurus. In der früheren »Dramaturgie des
Labyrinths« faßt er seinen Protest am »Ausbruch« des Zweiten
Weltkriegs und die frühe Erfahrung der Hilflosigkeit des außen-
stehenden Schweizer Beobachters in das Bild einer labyrinthischen Welt. Und dieses, in der Gestalt der Erzählung vom »Winterkrieg in Tibet«, wird dann zum Gleichnis nicht nur der
großen Kriege unseres Jahrhunderts, sondern der Erfahrung
des Kriegs überhaupt.

Ein schweizer Söldner (Nr. F.D. 656323), der vor kurzem
noch Platon studiert hat, gerät in einen gnadenlosen Krieg in
labyrinthischen Nepalesischen Berghöhlen. Dort avanciert er
zum Kommandanten einer unübersichtlichen Armee, die
ebenso sich selber wie einen nicht näher beschriebenen »Feind«
bekämpft. Total verstümmelt und halb wahnsinnig, kratzt er
dann seine Beobachtungen und paraphilosophischen Gedanken
in die Steinwand eines Bergstollens ein. Das Ganze findet statt
während bzw. nach dem Dritten Weltkrieg, der wegen ideologischer Differenzen zwischen den Systemen »ausgebrochen« war.
Eine ausgedehnte Rückblende bringt den Söldner nach Bern
zurück, wo er in einem Panorama der schrecklichsten Verwü-
stung im Namen »der Regierung« einen Pazifisten und ver-

meintlichen Landesverräter erschießt. Das Ende ereilt ihn dann im Rollstuhl, gefangen in seinem Bergstollen und ausgeliefert seinen Visionen: »Der Mensch ist nur als Raubtier möglich« (C 16; 175).

Zur Analyse und Erklärung des Phänomens moderner Kriege leistet die Erzählung wenig. Denn sie gelangt nicht über die allgemeine Konstatierung des homo homini lupus einerseits und der Blindheit des einzelnen im historischen Augenblick andererseits hinaus. Tatsächliche Kriege »brechen« nicht »aus«, sie werden von konkret zu benennenden Faktoren vorbereitet und von Regierungen begonnen. Dürrenmatts Rekurs auf das Platonische Höhlengleichnis mutet hier seltsam hilflos an. Festzuhalten ist jedoch, daß seine Ästhetik des Gleichnisses einer labyrinthischen Welt – die wiederum in der Ideologie der fünfziger und sechziger Jahre wurzelt – dem künstlerischen Anspruch entspringt, nicht die Welt als solche darzustellen, sondern ihr den Spiegel eines ästhetischen Analogieentwurfs vorzuhalten. Daß dies im Angesicht der Katastrophen dieses Jahrhunderts ein Ding der Unmöglichkeit ist, braucht freilich kaum betont zu werden.

Auch um die Erzählung »Mondfinsternis«, eine glücklose, verwirrende Vorstufe des »Besuchs der alten Dame«, ranken sich autobiographische Impressionen. Wiederum gerinnen Jugendeindrücke aus Dorf und Stadt zu einem Bild labyrinthischer Undurchdringlichkeit. In diesem Teil wie im Schlußteil werden Faschismus und Kommunismus als »Religionen« einander gegenübergestellt. Die politischen Betrachtungen Dürrenmatts bleiben an der Oberfläche und brauchen hier nicht näher untersucht zu werden.

Von Interesse im letzten Teil ist noch die Erzählung »Der Rebell«. Der Protagonist, ein junger Mann A, spürt seinem verschollenen Vater nach und gelangt zu einem fernen Land, in dessen undurchdringliche Regierungshierarchie er verstrickt wird, und wo er schließlich zugrunde geht. Der Text liest sich, bis in gewisse Stileigenheiten hinein, wie eine keineswegs intendierte Kafka-Parodie. Mit Sicherheit unfreiwillig ist der Nachweis eines starken Kafkaeinflusses auf den jüngeren Dürrenmatt – doch nirgendwo ist dieser derart eklatant wie in »Der Rebell«. Als biographische Marginalie sei notiert, daß der Autor während seiner Jugend sicherlich weitaus stärker im Schatten seines Vaters stand, als ihm das selber bewußt war.

Die autobiographischen Skizzen im zweiten Band, »Turmbau. Stoffe IV–IX«, setzen mit Begebenheiten der achtziger

Jahre ein und enden mit Erinnerungen an die Berner Studenten-
zeit. Chronologisch betrachtet, wird hier also der umgekehrte
Weg beschritten wie im ersten Band. Die sechs Abteilungen sind
ungleich in Gewicht und Qualität. Allen gemeinsam ist der
erzählerische Elan, der die Darstellung auch über viele substan-
zielle Untiefen hinweg trägt und Autobiographisches mit Fik-
tionalem in einen intensiven Dialog eintreten läßt. Hier über-
wiegt nun allerdings das Fragmentarische. Die meisten der im
zweiten Band erzählten »Stoffe« besitzen keine Eigendynamik.
Sie überleben allein durch den Verweis auf andere, ausgearbei-
tete Stoffe und ihr jeweiliges, im Werkkontext bereits abgesteck-
tes Umfeld gedanklicher Zusammenhänge. Für sich betrachtet,
sind sie kaum mehr als »Trümmer« (C 21; 7).

Der erste Teil, »Begegnungen«, ist der kürzeste, wenn auch
vom Inhalt her der gewichtigste. Hier wird vom Sterben eines
Hundes erzählt, und dann vom Tod von Frau Lotti Dürrenmatt
im Januar 1983: »[...] der Tod ist nur von außen darstellbar
und stellt sich nur von außen dar [...]« (C 21; 18). Der narrative
Duktus in Form einer indirekten, fast beiläufigen Annäherung
an den eigentlichen Gegenstand der Erzählung verdeckt hier –
dies eine der ganz wenigen Stellen im Werk – nur dürftig persönliches Betroffensein des Autors.

»Querfahrt« setzt ein mit Reminiszenzen des Jahres 1943
und springt von dort aus in die Gegenwart der achtziger Jahre,
zur Verfilmung von »Das Versprechen« und der Entstehung
von »Durcheinandertal«. Fast scheint es, als ob die erzählte
Gegenwart so unsicher sei, daß ihr nur mehr der Rückgriff in
die relativ entfernte Vergangenheit Verläßlichkeit verleihen
könnte. Stoffgeschichtliche Notizen zu drei ungeschriebenen
Stücken (›Der Turmbau zu Babel‹; ›Der Brudermord im Hause
Kyburg‹; ›Der Brandstifter zweiter Teil‹ [zu Frischs Stück »Biedermann und die Brandstifter«]) schließen sich an: Blätter aus
dem Zettelkasten eines Erfolgsautors. Im folgenden Abschnitt
werden unter dem Titel »Die Brücke« Mutmaßungen angestellt
über die möglichen Entwicklungsspielarten verschiedener Figuren mit dem Namen F.D. Auch der Teil »Das Haus« bietet
keinen Text von besonderem Gewicht. Die Parabel von den
»Auto- und Eisenbahnstaaten« spielt Dürrenmatts beliebtes
Thema vom Kontrast kapitalistischer und sozialistischer Systeme in einer neuen, freilich nicht allzu ergiebigen, Variation
durch. Die satirische Neufassung »Der Tod des Sokrates«, im
Verein mit einer Reihe autobiographischer Skizzen, leitet über
zur Erzählung »Das Haus«. Dies ist wiederum ein früher Stoff,

voll blutiger, scheinbar unmotivierter Begebenheiten, der aus seinem Ursprung im Geist Kafkas keinen Hehl macht. Auch »Vinter«, aus der gleichen frühen Zeit, gehört in die selbe Einflußsphäre: »Ein Mann erwartet ein Gericht, das nie kommt« (C 21; 192). Sowohl dieser Erzähltext als auch die mit pseudophilosphischen Wortspielereien beladene evolutionäre Improvisation »Das Hirn« sind im ganzen zu wortreich und zu substanzarm, um dem Band einen angemessenen Abschluß zu verleihen.

Es scheint, als ob mit zunehmender Erzählfreude am Ende Dürrenmatt dann doch die Zügel aus der Handel geglitten sind: die einmal dem Vergessensein entrissenen »Stoffe« haben sich emanzipiert und über das Kalkül ihres Autors triumphiert. Oder ist es tatsächlich so, daß der Vorsatz, »sie zu vergessen, mich zu befreien, einen Ballast abzuwerfen, der mit den Jahren immer größer wird« (C 16; 13) erst in der *totalen* Verselbständigung des erzählerischen Prozesses verwirklicht werden konnte? Die Annahme liegt nahe. Denn einen Mangel an handwerklichem Können in der Organisation seiner Materialien wird man Dürrenmatt nicht anlasten wollen. Zumindest er selbst muß an die Potenz seiner letzten, bizarren Stoffe geglaubt haben. Wenn er aber schon 1986 pompös ankündigte: »erst wenn die [»Stoffe«] fertig sind, weiß man, wer ich bin« (B 27; 94), dann zeugt das doch für seine eigene Überschätzung dieser Texte im Rahmen des Gesamtwerks.

Literatur

Cornelius Schnauber: Stoffe. In: I 9; 203–207.
Helmut Göbel: Annäherung an Friedrich Dürrenmatts »Stoffe I–III«. In: I 4; ²1984; 8–29.
Gunter E. Grimm: Dialektik der Ratlosigkeit. Friedrich Dürrenmatts apokalyptisches Denkspiel »Der Winterkrieg in Tibet«. In: *Gunter E. Grimm* [...] (Hg.): Apokalypse. Weltuntergangsvisionen in der Literatur des 20. Jahrhunderts. Frankfurt (= suhrkamp taschenbuch 2067) 1986; 313–331.
Monika Shafi: Der Blick zurück in die Zukunft. Eine vergleichende Analyse von Friedrich Dürrenmatts ›Der Winterkrieg in Tibet‹ und Christa Wolfs ›Kassandra‹. In: *Gerhard P. Knapp* und *Gerd Labroisse* (Hg.): Wandlungen des Literaturbegriffs in den deutschsprachigen Ländern seit 1945. Amsterdam (= ABnG 27) 1988; 303–319.
Reinhardt Stumm: Auf der Suche nach der Wirklichkeit des Ich. Vom Labyrinth zum Turmbau. Stoffe I–IX. In: I 10; 104–110.
Paolo Chiarini: »Turmbau«. In: I 11; 73 f.

Françoise Giroud: »Labyrinth«. In: I11; 70–72.
Anton Krättli: Die Vision verführt mich zum Schreiben. Im Blick auf »Turmbau, Stoffe IV–IX«. In: SM 71 (1991) 35–42.

2. »Justiz« (1985)

Mehr als ein Vierteljahrhundert nach »Das Versprechen« (1958) veröffentlicht der Autor mit »Justiz« wieder einen Roman. Die Entstehungsgeschichte ist langwierig und komplex (vgl. ›Nachschrift‹; C 17; 371). Begonnen wurde der Roman 1957, er blieb jedoch bis 1980 unvollendet liegen. Dann sollte er fertiggestellt und in den dreißigsten Band der »Werkausgabe« aufgenommen werden. Dürrenmatt vermochte zunächst nicht, ihn abzuschließen: »ich hatte keine Ahnung mehr, wie ich sie [die Handlung] geplant hatte« (ibid.). 1985 schlug der Verleger Daniel Keel dann die Veröffentlichung als Fragment vor, und der Autor beendete schließlich den Text, »wenn auch wohl in einem anderen Sinn als ursprünglich geplant« (ibid.).

Die Aufnahme des Romans durch die Kritik ist weitgehend positiv. Lobend hervorgehoben werden die Unterhaltsamkeit der Lektüre (»Ich habe ›Justiz‹ Seite für Seite mit sozusagen lustvoll gesträubten Haaren gelesen« [Friedrich Luft; P 102]) sowie die satirischen und zeitkritischen Züge des Ganzen. Die Schwächen der Konstruktion des Texts und der Mangel an Plausibilität im Hinblick auf Personal und Handlung werden nur vereinzelt kritisiert (vgl. Jürg Laederach, P 108; Marcel Reich-Ranicki, P 105; eine überzeugende Kritik findet sich bei Jan Knopf, K 20; 185 ff.). Für die italienische Übersetzung von »Justiz« erhält Dürrenmatt bereits 1986 den Premio Letterario Internazionale Mondello in Palermo (Sizilien).

Ob dies nun der verschleppten Genese anzulasten ist oder nicht, die Unausgewogenheit des Romanaufbaus fällt unmittelbar störend ins Gewicht. Einer monumentalen, viel zu weit ausladenden Exposition (155 Seiten) steht ein nicht gleichgewichtiger, oftmals unausgefeilter Durchführungsteil (153 Seiten) recht hilflos gegenüber. Beschlossen wird der Roman durch ein entschieden zu langes – und langweiliges – »Nachwort des Herausgebers« (55 Seiten), in dem sich ganz am Ende dann Friedrich Dürrenmatt zu erkennen gibt. Der Kopflastigkeit der Romanstruktur entspricht ein insgesamt unnötig verwirrender Geschehnisablauf, dessen labyrinthischer Duktus nicht etwa – wie dies vom Genre des Kriminalromans zu erwarten wäre –

der gezielten Verrätselung dient. Er wirkt im Gegenteil spannungshemmend und ermüdend auf den Leser. Insofern scheint auch die Annahme, daß »Das Werk gerade in seinem labyrinthischen Kreislauf und den vielen narrativen Überbauungen die Irrwege einer im Banne von skurriler Machtpolitik stehenden Rechtsprechung subtil ironisierte« (Robert E. Helbling: Bespr. v. »Der Auftrag«, s.d.) eher wie eine nachträgliche Ehrenrettung eines mißlungenen Texts. Die Handlungsabfolge ist durchweg spärlich motiviert, das Personal blaß und folienhaft. Ausgangspunkt der Handlung ist ein Mord. Es besteht kein Zweifel an der Täterschaft des Züricher Kantonsrats Isaak Kohler. Dieser erschießt einen Professor der Germanistik, Adolf Winter, aus Gründen, die erst viel später, im »Nachwort des Herausgebers«, bekannt werden. Kohler begeht seinen »gerechten Mord« am hellichten Tag in einem gutbesuchten Restaurant. Er wird daraufhin verhaftet und zu zwanzig Jahren Zuchthausstrafe verurteilt: dies also die Antwort der »Justiz« auf Kohlers Tat. Kohler beauftragt – hier das handlungsauslösende Moment – den jungen Rechtsanwalt Spät, den Fall aufzurollen von der Annahme ausgehend, er sei nicht der Täter. Nicht um eine Rekonstruktion des Tatherganges geht es also, sondern um »eine der Möglichkeiten, die hinter der Wirklichkeit stehen« (C 17; 87). Denn: »Das Mögliche ist beinahe unendlich, das Wirkliche streng begrenzt, weil doch nur eine von allen Möglichkeiten zur Wirklichkeit werden kann« (ibid). Tatsächlich verweist dieser gedankliche Kern direkt auf das Werk Max Frischs bzw. auf das dort entwickelte Spiel mit Möglichkeiten als Grundprinzip der Fiktionalität. Dürrenmatt greift den Gedanken jedoch nicht wieder auf. Das Ganze endet wie ein müder Thriller. Spät, vergleichbar dem Polizisten Matthäi in »Das Versprechen«, reibt sich im Verlauf dieses Unternehmens auf. Kohler, der den bei seinen Nachforschungen verstorbenen Spät längst vergessen hat, triumphiert am Ende über die »Justiz«, die mit Gerechtigkeit ohnehin nichts gemein hat.

Nachgeliefert wird das Ende Späts und das eigentliche Mordmotiv in Form einer bizarren, reichlich geschmacklosen Vergewaltigungsszene im »Nachwort«, das zugleich als eine Art von handlungstechnischem Rahmen fungiert. Hier werden auch die noch übriggebliebenen Handlungsfäden eilends verknüpft. An Aufklärung über den tieferen Sinn der Romanhandlung sollte der Leser freilich nicht zu viel erwarten. Denn über paraphilosophische Reflexionen zum Ablauf der Zeit und zur Frage von Schuld gelangt der Autor-Herausgeber nicht hinaus. Insgesamt wird man seinem Urteil über das ihm angeblich zugegangene »Manuskript« beipflichten müssen: »Der Verfasser, ein Rechtsanwalt, war seinem Stoff nicht gewachsen. Die Gegenwart kam ihm dazwischen. Das Wichtigste erzählte er am Schluß, und dann fehlte ihm auf einmal die Zeit. Er überhastete sich. Im großen und ganzen eine eher dilettantische Arbeit« (C 17; 339 f.). Mit veränderten Vorzeichen läßt sich das Verdikt mühelos auf den Roman selbst übertragen. Auch stilistisch ist dieser wenig gelungen und inhomogen. Längere Passagen verweisen direkt auf den Stil Dürrenmatts der fünfziger Jahre. Insbesondere die Komik wirkt abgestanden und gewollt. An anderen Stellen, die deutlich neueren Datums sind, wird weitschweifig, oft geschwätzig erzählt. Im Gegensatz zu den »Stoffen«, wo auch das Erzählen selbst vielfach das Erzählte überwuchert, sich jedoch wesentlicher Bezugspunkte in der Erzähl*substanz* bewußt bleibt, vermißt man hier ein Gerüst von tragenden Grundgedanken. Und im Gegensatz zu den Detektivromanen der fünfziger Jahre, die neben ihrer pointiert genrekritischen Ausrichtung eine klar erkennbare Dialektik von Planung und Zufall, individuellem Gerechtigkeitsstreben und globaler Rechtlosigkeit aufweisen, fehlt es »Justiz« an stringenten Positionen. Das Erzählen, so scheint es, ist hier zum oft selbstgefälligen Gestus und zum bloßen Ornament verkommen. Der Roman wäre besser Fragment geblieben.

Literatur

Gerhard P. Knapp: [Bespr.]. In: DB 16 (1/1986) 12 f.
Achille di Giacomo: »Justiz«. In: I 11; 72 f.

3. »Minotaurus« (1985)

Im gleichen Jahr wie »Justiz« erscheint »Minotaurus«, eine Prosa-»Ballade mit [9] Zeichnungen des Autors [aus den Jahren 1984 und 1985]«. Gleichlaufend mit der Veröffentlichung des schmalen Bandes findet eine Ausstellung der Zeichnungen unter dem Titel »Das Zeichnerische Werk« im Musée d'Art et d'Histoire in Neuchâtel statt. »Minotaurus« entstand 1984/85. Dürrenmatt selbst deutet den Text als »die existentielle Darstellung des Menschen als verlorenes Ich [...], der das Du sucht und es nur in der Katastrophe findet« (Interview zu »Durcheinandertal« mit Carlo Bernasconi [P156]). Die Aufnahme in der Kritik ist außerordentlich positiv. Anni Carlsson sieht die Ballade als »eine eigentümlich faszinierende große Dichtung – [...] ein Werk aus einem Guß« (P94). Ute Reimann, stellvertretend für die DDR-Kritik, deutet den Minotaurus »als Symbol für gesellschaftliches Aus- und Eingeschlossensein« (P136).

Tatsächlich enthält der gedrängte Text eine Fülle von Deutungsperspektiven. Auf die Faszination, die für Dürrenmatt vom Labyrinth und seinem Bewohner, dem Minotaurus ausging, wurde oben wiederum im Zusammenhang mit seiner »Dramaturgie des Labyrinths« (vgl. S. 21 u. ö.) hingewiesen. In seiner Nacherzählung des alten Mythos – auch hier dominiert übrigens das Erzählen stellenweise über seinen Gegenstand, insgesamt weiß dieser jedoch sich zu behaupten – verleiht der Autor dem Fabelwesen menschliche Züge. Der Stiermensch – das »Wesen« – lebt allein und von der Außenwelt vollkommen abgeschlossen in einem gläsernen Labyrinth, das ihm »unermeßlich viele Wesen«, Minotauren also, vorspiegelt. Hilflos beobachtet er den Tanz seiner Ebenbilder. Und in hilfloser Brutalität tötet er die sieben Mädchen und die sieben Jünglinge, die, wie es die Sage will, alljährlich zu ihm ins Labyrinth kommen. Einsam sinkt er in sich zusammen, nur im Traum kann er ganz wie ein Mensch empfinden: »Er träumte von Freundschaft, er träumte von Geborgenheit, er träumte von Liebe, von Nähe, von Wärme [...]« (C18; 41). In Dürrenmatts Neudeutung ist das Ungeheuer zur unwissend leidenden Kreatur geworden: zum Höhlenbewohner Platons einerseits, einer Variante der Camusschen absurden Welterfahrung andererseits. Das Durchbrechen der Glaswand – und damit die Erlösung aus der existenziellen oder auch der gesellschaftlichen Isolation – gelingt dem Minotaurus erst im Tode. In Theseus, der ihn ersticht, findet er sein Du. Er stürzt seinem Mörder in die Arme. Der Schluß gemahnt wiederum an den Existenzialismus von Sartre oder Camus.

Aber nicht nur die erkenntnistheoretische bzw. philosophische Mitteilung der Ballade, gekleidet in einer Neubelebung des alten Mythos, beeindruckt den Leser. Dürrenmatt läßt, durch die Augen seines Geschöpfs, eine Welt des Verlassenseins Gestalt werden, die ihresgleichen sucht und die doch, zumindest in seiner Sicht, direkter Ausdruck der conditio humana ist. In seiner anthropomorphen Gestalt verkörpert der Minotaurus Blindheit und Wissen zugleich. Der Augenblick, in dem er all das empfindet, was er vorher nur geträumt hatte, ist der Moment seines Unterganges. Die Sprache der Ballade, durchwegs höchst bildhaft und stellenweise von außerordentlicher Dichte, verleiht dem Hergang Glanzlichter von Schönheit, die im Werk Dürrenmatts insgesamt selten anzutreffen sind. Gefangen im gläsernen Käfig seines Daseins, hin- und hergerissen zwischen Wildheit und Trauer, besticht der Stiermensch durch eine zeitlose, eben dem Mythos abgezogene Schönheit. Und hierin, im hohen ästhetischen Rang seiner Darstellung, mag Dürrenmatts Eingeständnis einer späten, noch immer zögernden Versöhnung mit dem Gleichnis vom Minotaurus liegen, die er in der Ballade durch den Gestus des um Sympathie werbenden Berichts ausdrückt. Überwunden erscheint jetzt das grauenhafte Labyrinth des »Winterkriegs in Tibet« und die allein auf Destruktion ausgerichtete Blindheit des Söldners. Überwunden ist auch die Gleichsetzung des Minotaurus mit dem Tod, wie Dürrenmatt sie noch 1982 im Gespräch mit Franz Kreuzer andeutet (vgl. E 28; 39. Allerdings wird schon hier von einer Überwindung des Labyrinths gesprochen: »Wenn der Mensch sich als Mensch begreift, kann er sich auch über das Labyrinth hinwegsetzen« [ibid. 52]). Am Ende steht in der Ballade die Erfüllung von Hoffnung auf Menschlichkeit und die gleichzeitige Befreiung »in einem gläsernen Morgen« (C 18; 44). Insofern wird man Sydney G. Donald (L 84; 228) beipflichten, der den versöhnlichen Charakter der Entwicklung dieses Motivs im Gesamtwerk betont. – Ein zusätzlicher Deutungsaspekt wird von Gerolf Fritsch (vgl. P 147) erwähnt. Jacques Lacans Aufsatz »Das Spielstadium als Bildner der Ichfunktion« (In: Lacan: Schriften 1, Frankfurt/M. 1975), mit dem Dürrenmatt vertraut gewesen sein dürfte, beschreibt den Vorgang der Bewußtwerdung des Kindes am (zunächst als symmetrische Gestalt eines »anderen« wahrgenommenen) Spiegelbild der eigenen Person. Die Lesehilfe von Lacans Essay ermöglicht die Deutung der Ballade als mythischen Evolutionsprozeß menschlichen Bewußtseins.

Erwähnt werden sollten schließlich die acht, deutlich der expressionistischen Tradition verpflichteten Zeichnungen des Bändchens. Gegenüber der sprachlichen Darstellung von hohem Rang fallen sie in ihrer plakativen Zweidimensionalität klar ab. Dennoch ergibt sich – durch den bildnerischen »Gegen«-Text – eine Intertextualität, die zur weiteren Interpretation herausfordern sollte. Was an diesen Darstellungen zuvorderst ins Auge fällt, ist einmal der Akzent, der auf Tanz und Bewegung liegt. Zum anderen besticht das Spiel von Licht und Widerspiegelung, das Minotaurus und Labyrinth gleichermaßen auf eigentümliche Weise belebt. In dem früheren Band »Bilder und Zeichnungen« (1978) hatte Dürrenmatt zum Minotaurus angemerkt: »die *Minotaurus*-Blätter zeigen denn auch den Minotaurus ohne die Erfahrung des Andern, des Du. Er versteht nur zu vergewaltigen und zu töten [...], er verendet wie ein Stück Vieh« (F 1; n. p.; dass. auch in: WA 26; 212). Ganz offensichtlich betonen dann auch die Nummern 71 bis 78 der Sammlung den dunklen, bedrohlichen Charakter des »Wesens«: »Das Fabelwesen erscheint [...] als stumpfes, dumpfes, zugleich beklagenswertes und gemeingefährliches Rindvieh [...]« (Manuel Gasser in seiner Einführung zu F 1; n. p.). In der im gleichen Band wiedergegebenen Gouache »Der entwürdigte Minotaurus« (= Nr. 59: »Labyrinth I« [1962]) läßt der Maler Dürrenmatt Theseus höhnisch sein Wasser auf den dumpf betretenen Stiermenschen abschlagen. Insgesamt überwiegen also in diesen früheren Bildern die negativen Züge des Ungeheuers. Von den Darstellungen der sechziger und siebziger Jahre und ihrem bildhaft ausgedrückten Abscheu gegenüber der mythologischen Figur ist es in der Tat ein langer Weg zum Minotaurus der späten Ballade, der am Ende in Würde und in freudiger Menschlichkeit über seinen Mörder Theseus triumphiert.

4. »Der Auftrag« (1986)

Dürrenmatts nächster Erzähltext erscheint bereits ein Jahr nach »Justiz« und »Minotaurus«. Er trägt den bezeichnenden Untertitel »Vom Beobachten des Beobachters der Beobachter. Novelle in vierundzwanzig Sätzen«. Abermals ist die Aufnahme in der Tagespresse einhellig positiv. Dem 1985/86 entstandenen Text wird ein hohes Maß an Spannung bescheinigt (vgl. Jürgen Manthey [P 129]) – ein Element, das ihn mit den Detektivromanen der fünfziger Jahre verbindet. Lutz Tantow drückt die communis opinio der Kritik so aus: »›Der Auftrag‹ ist eine bis in Details durchkomponierte philosophische Kriminalnovelle, wie es lange keine gab und mit der Dürrenmatt wieder einmal nach den ganz großen Lorbeeren greift« (P 119). Bemerkt werden die stilistische bzw. formale Komplexität der Erzählung, daneben auch das Novum eines versöhnlichen Schlusses: »Die Komödie nimmt nicht mehr ihre schlimmstmögliche Wendung, sondern die Tragödie [sic] wird mit einer bestmöglichen Umkehr versehen« (ibid.).
Der syntaktisch-formale Aufbau erinnert an die frühen Ar-

beiten unter dem Einfluß des literarischen Expressionismus. Dürrenmatts jugendliche Erzählung »Der Sohn« (1943; WA 18), die Erzähltechniken Kasimir Edschmids oder Carl Einsteins nachempfunden scheint, besteht aus einem einzigen, atemlosen Satzgebilde, das runde zwei Druckseiten füllt. Ähnlich rasant – und ähnlich leserermüdend (vgl. »eine Lese-Zumutung«, Friedrich Luft [P 118]) – wird im »Auftrag« erzählt. Hier findet sich allerdings manche stilistische Ungereimtheit, und es fehlt allenthalben an Interpunktion. Die vierundzwanzig Satz-Kapitel, die jeweils wiederum aus schier endlosen Hypotaxen bestehen, gemahnen äußerlich (vgl. die Besprechung von Robert E. Helbling) an die beiden Bücher von Johann Sebastian Bachs »Wohltemperiertem Klavier«. Wie bei Dürrenmatt üblich, wird auch hier eine übergeordnete Erzählperspektive verwendet. In direkter Rede findet sich nur ein einziger Satz: der letzte der Erzählung. Die zumeist verschlungene, hohe Anforderungen an den Leser stellende Verwendung indirekter Rede läßt an Erzähltexte Thomas Bernhards denken. Warum Dürrenmatt die Genrebezeichnung ›Novelle‹ der Erzählung voranstellt, bleibt unklar. Möglich ist, daß er hierdurch, ähnlich wie fünfzehn Jahre früher in »Der Sturz«, die dramaturgische Konzeption des Texts unterstreichen will.

Analog zu »Justiz«, beginnt die Handlung mit dem Auftrag, einen Tathergang zu rekonstruieren. Auftraggeber ist der Psychiater und Terrorismus-Experte Otto von Lambert. Dieser ersucht die Filmemacherin F. – Freundin des »Logikers« D. –, die Vergewaltigung und den anschließenden Mord an seiner Frau Tina filmisch zu rekonstruieren. F. kommt nach Nordafrika, vermutlich nach Marokko, und gerät dort, als sie der von ihrem Mann seit langer Zeit Überwachten nachspürt, ihrerseits in ein Netz der totalen Überwachung. Aus der Beobachterin wird eine Beobachtete. In einer unterirdischen Beobachtungsanlage ist sie dann zwei grausig-grotesken Figuren ausgeliefert: dem von Haß geschüttelten Ex-Bomberpiloten Achill und dem Beobachtungs-Spezialisten Polyphem. Die allgegenwärtige Kamera, die nicht nur die Erprobung von immer neuen Waffensystemen in der Wüste Nordafrikas festhält, sondern auch Morde und deren Beobachtung dokumentiert, steht hier für die gegenwärtige, vom wildgewordenen Rüstungstaumel umgetriebene und total reglementierte (»beobachtete«) Welt. Die Figuren des Achill und des Polyphem, ebenso wie die zahlreichen labyrinthischen Schauplätze des Texts, stellen jetzt allerdings keinen nachvollziehbaren Rückgriff auf den Mythos dar. Sie werden

verwendet wie »beliebige Versatzstücke« (Walter Hinck
[P 126]). Achill verkörpert im Text den kaltblütigen modernen
Massenmörder, Polyphem den gewissenlosen Technokraten des
internationalen Überwachungsapparats. Beide finden ihr Ende
in einem für Dürrenmatt typischen, gigantisch-überzwerchen
Fanal in der Wüste. Beobachtet und gefilmt wird dabei von fast
allen Beteiligten bis zur letzten Sekunde. Die totgeglaubte Tina
kehrt schwanger und glücklich zu ihrem Mann zurück, die
Beobachterin F. unversehrt zum Logiker D. Nach den zahlreichen – wenn auch hier und da gewollt bizarren – Spannungsmo-
menten der Erzählung erfolgt im traditionellen, bei Dürrenmatt
freilich unerwarteten, happy ending die den Erwartungen an
das Genre gemäße Beruhigung des Lesers.

Der Handlungsumriß deutet es an: »Der Auftrag« ist weniger
eine Kriminalerzählung als ein politischer Abenteuer- und Spio-
nagethriller im internationalen, zwei Kontinente umspannenden Zuschnitt der siebziger und achtziger Jahre. Seine parabolischen Züge sind mühelos zu entschlüsseln. Achill, Polyphem
und mit ihnen die zahlreichen Beobachter, Spitzel, Polizisten,
Politiker und sonstigen Täter im Text stehen für das unauthenti-
sche, beständig überwachende und gleichermaßen überwachte
Dasein von Funktionären der verwalteten Welt. Was sie bei der
Stange hält, ist nicht nur das ihnen aufgetragene *Beobachten*
selbst, sondern gleichermaßen das *Beobachtetwerden*, das sich –
so der Logiker D. – der christlichen Konzeption eines Gottes
verdankt, »der einen jeden beobachte, der die Haare eines jeden
zähle« (C 19; 23). Da aber Gott heutzutage als »persönlicher«
Beobachter, angesichts der nunmehr monströsen Gestalt des
Universums, nicht mehr »möglich« sei, ist die Aufgabe des Beobachtens bzw. des Beobachtens der Beobachter auf die Menschen übergegangen. Für Polyphem ist Gott nur denkbar als
»reines Beobachten, ohne Möglichkeit in den sich evolutionär
abspulenden Prozeß der Materie einzugreifen [...]« (C 19; 110).
Angesichts aller Inauthentizität und der damit einhergehenden
fadenscheinigen Ersatztheologie des Personals der Erzählung ist
es aber gerade die Filmemacherin F. – vom Metier her Beobachterin par excellence –, die im Augenblick der höchsten Gefahr
zu sich selbst findet und ihre Individualität im wirklichen Leben
und im Überlebenwollen gewinnt: »Sie erreicht das, was seinen
[Dürrenmatts] anderen Gestalten in der letzten Zeit versagt
bleibt: Sie wird ein Mensch« (Beatrice von Matt [P 117]). Dieser
Durchbruch zur Authentizität, den der Autor seiner Figur inmitten eines buchstäblichen Beobachtungspandämoniums ge-

stattet, rückt F. in die Nähe des Kommissärs Bärlach der frühen Detektivromane oder auch des Möbius in »Die Physiker«. Von hier aus wird auch ein Brückenschlag möglich zur Ballade vom »Minotaurus«.

Auch hier, im Erleben subjektiven Daseins in extremis, manifestiert sich das Bewußtsein von Existenz. Wenn F. »vom ungeheuren Anprall der Gegenwart erfaßt« (C 19; 129) wird, dann gemahnt das wieder an den Existenzbegriff Kierkegaards, der Dürrenmatt seit seinen Studentenjahren beschäftigt hat, und auf den er wieder und wieder (vgl. C 21; »Das Haus«) zu sprechen kommt. Nicht von ungefähr ist dem »Auftrag« als Motto das Gleichnis der Spinne aus Kierkegaards »Entweder-Oder« (im Abschnitt »Diapsalmata ad se ipsum«) vorangestellt, auf das dann in Form eines blinden Motivs die Handlung nochmals Bezug nimmt (vgl. C 19; 78). F.s existenzielle Erfahrung ihres Daseins verbindet sie offensichtlich auch mit dem Minotaurus. Dieser allerdings muß den Preis seines Lebens entrichten für seine Menschwerdung. Die Filmemacherin dagegen darf sich ihrer neugewonnenen Existenz erfreuen. Am Frühstückstisch versichert D. ihr zum Schluß lakonisch: »Donnerwetter, hast du aber Glück gehabt« (C 19; 133). Ob ihr allerdings diese Erfahrung auf längere Sicht verfügbar bleibt, ist fraglich. Betont doch Dürrenmatt selbst in seiner Rede »Über Toleranz« den flüchtigen Charakter von Wahrheit im Sinne Kierkegaards: »Nur wenn der Existierende wirklich außerhalb seiner selbst sein könnte, würde die Wahrheit für ihn etwas Abgeschlossenes sein, aber das hält Kierkegaard für unmöglich. Nur momentweise könne das einzelne Individuum existierend über das Existieren hinausgehen: im Augenblick der Leidenschaft« (WA 27; 136).

Es bleibt die Frage zu beantworten, ob »Der Auftrag« in der Tat dem Vergleich mit den Detektivromanen der fünfziger Jahre standhält bzw. ob die »ganz großen Lorbeeren« (Lutz Tantow) für den Text in Frage kommen. Gemessen an der schlanken Durchführung und dem begrenzten Personal, insbesondere von »Der Richter und sein Henker« und »Der Verdacht«, wirkt »Der Auftrag« überladen. Seit »Der Mitmacher« und »Die Frist« zeigt das Werk Dürrenmatts vielfach ein Übermaß an Personen, Aktionen bzw. Handlungssträngen, das dem Ganzen nicht dienlich ist. Derart finden sich im »Auftrag«, einer gedrängten Erzählung von 133 Druckseiten, *sieben* ganze oder partiell ausgeführte Handlungseinheiten: 1. Die Beziehung von F. und D.; 2. Handlung um Tina; 3. eigentliche »Auftrags«-Geschehnisfolge; 4. die rätselhafte Dänin; 5. internationale Waffenversuche und Spionage; 6. Grenzkrieg; 7. interne Querelen Marokkos und Staatsstreich. Entsprechend groß ist die Zahl der Personen. Dieser Mangel an Erzählökonomie schlägt nun zweifach negativ zu Buch. Einmal besitzt *keiner* der Erzählstränge genügend Autonomie, um den Leser wirklich zu fesseln. Zum anderen versinkt das »Auftrags«-Geschehen, die Titelhandlung also, in einem Wust von Nebenhandlungen. Am Ende hat es dann praktisch keine Bedeutung mehr, wenn Tina, aus welchen Gründen auch immer, doch wohlauf ist, und an ihrer Stelle eine andere ermordet wurde. Auch die Personen gewinnen in all dem Durcheinander kein rechtes Profil. Insofern erweist sich das »virtuoso feat of narrating *multum in parvo*« (Helbling: »I am a Camera«; 179) bei genauer Betrachtung als erzähltechnisch fragwürdiges Experiment. Um es überspitzt auszudrücken: die Erzählung liest sich wie ein Streifzug durch die Schlagzeilen einer Tageszeitung – nur erheblich anstrengender. Lokales und Persönliches steht da neben der großen Weltpolitik, keines kommt ausführlich zu Wort. Ob Dürrenmatt diese Ästhetik des Panoptikums als bewußte Abbreviatur der für ihn labyrinthisch-undurchschaubaren ›modernen‹ Welt tatsächlich *so* intendierte, oder ob sein Stoff sich beim Erzählen verselbständigte, weiß man nicht. Weniger wäre jedoch mehr gewesen.

Literatur

Robert E. Helbling: [Bespr.]. In: DB 17 (1/1987) 24–26.
ders.: ›I am a Camera‹: Friedrich Dürrenmatt's *Der Auftrag.* In: Seminar 24 (1988) 178–181.
Lutz Tantow: Der Auftrag oder Vom Beobachten des Beobachters der Beobachter. In: 16 [¹1990]; 347–351 [= P 119].

5. »Durcheinandertal« (1989)

Der letzte Roman entstand während der Jahre 1987 und 1988. Abgeschlossen wurde er am 19. 4. 1989. In vielfacher Hinsicht schließt der Text an die früheste Prosa Dürrenmatts an. Nicht nur kehrt er zu den Schauplätzen eines labyrinthischen schweizer Dorfes und der es umgebenden Gebirgslandschaft zurück, auch theologisch-weltanschauliche Fragen der ersten Erzählarbeiten werden hier, wenn auch mit verwandelten Vorzeichen, wieder aufgegriffen. Ursprünglich war der Titel ›Weihnacht II‹

geplant, als Verweis auf die erste Erzählung des Autors, »Weihnacht«, aus dem Jahr 1942 (WA 18). Noch deutlichere Bezüge finden sich freilich zu den Erzählungen »Der Alte« (1945; WA 18) und »Der Hund« (1951; WA 20). Hiervon wird im folgenden noch zu handeln sein. In dem Gespräch mit Carlo Bernasconi gibt der Autor Hinweise auf eine mögliche Deutung von »Durcheinandertal«:

»Diesen Gedanken, den ich damals [sc. im ersten Prosatext »Weihnacht«] geäußert habe, wollte ich weiterführen: Kann man sich noch Gott vorstellen? Wie wäre es, wenn man ihn sich vorstellte, was für eine Figur wäre er? Das ist eine Grundfrage, die mich ständig beschäftigt. Durch lange Studien der Philosophie bin ich Atheist geworden. Der Roman ist somit ein verschlüsseltes Gleichnis der heute von der Theologie aus gesehenen Weltlage, die in die Groteske führt. [...] Das Grundmotiv, dessen ich mich bedient habe: das Christentum ist heute intellektualisiert, andererseits glaubt es nicht mehr. [...] Das Christentum täuscht nur den Glauben vor.« (P 156)

Weiterhin betont er, daß zahlreiche Elemente aus seinen Jugenderfahrungen im Roman aufgefangen wurden. Auch hier also eine Gemeinsamkeit mit der frühen Prosa einerseits und den »Stoffen« andererseits.

Die Pressestimmen anläßlich der Veröffentlichung des Texts bieten diesmal ein einhelliges Bild. Gelobt werden die provokanten, geradezu anarchistischen Denkanstöße: »In ›Durcheinandertal‹ steckt explosive Substanz. Es ist ein facettenreicher, wichtiger und höchst streitbarer Roman, der eine kontroverse Diskussion förmlich provoziert« (Peter Mohr [P 153]). Positiv verbucht wird ebenfalls die gedrängte Fügung des Ganzen: »Dürrenmatts Roman ist außerordentlich dicht gewoben und dürfte den Schweizer Großmeister auf der Höhe seiner Erzählkunst zeigen« (Lutz Hagestedt [P 155]). Kritik wird fast allenthalben laut an der mangelnden Erzählökonomie, dem unmotivierten Vielerlei von Personen, Situationen und Handlungselementen. Klara Obermüller hält die letzten sieben Seiten des Romans für hervorragend: »sieben Seiten meisterhafter deutscher Prosa, aber eben leider nur sieben Seiten« (P 149). Marcel Reich-Ranicki, unter dem schönen Titel »Tohuwabohu«, faßt seinen Verriß so zusammen: »Wir haben hier Dürrenmatt, wie er leibt und lebt, nur eben auf den müden Hund gekommen« (P 152). Inzwischen hat auch die Literaturwissenschaft sich des Texts angenommen. Gerolf Fritsch deutet ihn als überaus gelungenen Beitrag zum größeren Diskurs der Postmoderne, ein treffendes Verdikt über »die« gegenwärtige Welt als »Durcheinandertal«. Man fragt sich: wie kann der Roman so unterschiedlich aufgefaßt und beurteilt werden?

Fest steht von vornherein, daß Dürrenmatt mit dem Schauplatz der Handlung, dieser »Talspalte am Arsch der Welt« (Lutz Hagestedt, ibid.), in der Tat die Welt als solche, präziser: die »heutige« Welt meint. Allerdings ist nunmehr der elementare Schrecken, der in der frühen Prosa die Begegnung mit der dörflichen Lebenswirklichkeit oft kennzeichnet, und der sich auch hier und da noch in den »Stoffen« ausmachen läßt, verschwunden. An seine Stelle tritt der behäbig-resignative Gestus eines gar nicht so ernsten contemptus mundi. Erhalten geblieben ist das Bild des Labyrinths. Auch hier begegnet dieses als gleichsam stillschweigendes Hauptmotiv, sowohl im fast barocken, oft zügellos wirkenden Erzählduktus als auch in der den Leser fortwährend verwirrenden, mit Menschen und Geschehnissen vollgestopften Landschaft des »Durcheinandertals«. Andere Schauplätze kommen hinzu: von Zürich schweift die Romanhandlung mühelos zu entfernten Orten wie den »Jungfern-Inseln« oder zur Antarktis. Derart gewinnt der ganze Globus – mit Hilfe eines fensterlosen Flugzeugs – labyrinthische Züge. Der Wirrnis des schweizer Bergtals entspricht das Labyrinth eines vermittels der Technik rasch zu bereisenden, letzten Endes aber vollkommen unüberschaubaren Erdballs.

Dem Durcheinander der Lokalität steht die wirre Vielfalt des Romanpersonals in nichts nach. Zumindest zwei der Hauptakteure werden als »Großer Alter« bezeichnet. Der eine, der »Gott mit Bart«, meint den christlichen Gott. Hier findet sich der Anschluß zur frühen Prosa »Der Alte«. In diesem Text, der unter dem Eindruck des Zweiten Weltkriegs entstand, trifft den »Alten« stellvertretend für Gott der Haß der Menschen für das von ihnen erlittene Leid: »[...] so fand dieser Haß den Weg zu einer Gestalt, die ganz im Hintergrunde war, irgendwo im Unaufhellbaren, unsichtbar wie viele Gestalten des Abgrundes, von der sie [die Menschen] nichts Bestimmtes wußten, als daß von ihr alle die Schrecken der Hölle ausgingen [...]« (WA 18; 34). In der deutlich von Kafka und der expressionistischen Erzählprosa beeinflußten Parabel spielt übrigens auch ein schwarzer Hund eine Rolle. Ähnlich findet man in der frühen parabolischen Erzählung »Der Hund« einen riesigen Hund »mit gelben, runden, funkelnden Augen« (WA 20; 18). Beide Hunde fungieren als Zerberus, entsprechend dem Unterweltgepräge der Erzählungen. Grundaussage ist hier die Hoffnungslosigkeit und Grausamkeit einer buchstäblich von Gott verlassenen Welt, in der der Hund Schrecken und Tod verkörpert. Zeittypisch erscheint der »Alte« bzw. Gott nur in seiner negativen Gestalt: als deus absconditus, der seine Schöpfung verraten hat. In »Durcheinandertal« wird diese theologische Frage wieder aufgegriffen, nun aber unter der Prämisse eines persönlichen Gottes, den es eigentlich nur in der Vorstellung der Menschen gibt. Am Ende dann wird dieser als überflüssig befunden: »[...] denk dir keinen Gott mehr aus, dann brauchst du dir auch keine Hölle auszudenken. Der Mensch braucht den Menschen und keinen Gott, weil nur der Mensch den Menschen begreift« (C 20; 173). Ganz analog ist der Hund vom Schreckbild der frühen Jahre zu einer Art des milden Minotaurus herangereift. Mani, der große, schwarze Hund des Gemeindepräsidenten Pretánder, zieht den Milchkarren, beschützt die fünfzehnjährige Tochter (wenn auch leider nicht immer erfolgreich) und schaut im Durcheinandertal ganz allgemein nach dem Rechten.

Der andere »Große Alte« ist der wahre Lenker aller Dinge, internationaler Gangsterboß und »mächtiger als der Gott mit Bart« (C 20; 7). Er wird zum Anlaß vieler Spekulationen. Niemand weiß genaues über ihn. Manche vermuten gar, daß es ihn überhaupt nicht gibt. Man sieht, wie Dürrenmatt hier eine zwar plumpe, aber doch recht amüsante Säkularisierung Gottes betreibt. Der Vorstand des »Syndikats« präsentiert sich als leutseliger und wohlwollender Vorgesetzter einer unüberschaubaren Ganovenarmee, die sich dann zu Erholungszwecken im Kurhaus des Durcheinandertals einfindet. Dort trifft der »Gott ohne Bart« auch auf die dritte Hauptfigur des Romans: den selbsternannten Prediger, Erfolgsautor, Mörder und Gewaltverbrecher Moses Melker. Dieser gemahnt wiederum in seinem grobschlächtigen und beharrlichen Verlangen nach göttlicher Gnade an Gestalten des frühen Werks, insbesondere »Es steht geschrieben« und »Der Blinde«. Melker ist es auch, der sich die erste Vergewaltigung im Text zuschulden kommen läßt. Nachdem er der Kellnerin Lisi Blatter Gewalt angetan hat, wirft er ihre Leiche in einen Forellenbach. Im weiteren Verlauf der Handlung bringt er schließlich noch seine dritte Ehefrau Cäcilie um.

Als eigentlicher Auslöser der Geschehnisse, die zur endlichen Zerstörung des Kurhauses und Gangster-Erholungsheims »Haus der Armut« führen, dient eine zweite Vergewaltigung. Diese wird der Gemeindepräsidenten-Tochter Elsi Pretánder vom Berufskiller Big-Jimmy angetan. Zu bemerken ist an dieser Stelle, daß es im erzählerischen Spätwerk Dürrenmatts an Vergewaltigungen einen deutlichen Überfluß gibt, während das Motiv in den früheren Texten eine eher bescheidene Rolle spielt. Der Vorgang wird entweder im ekelhaften Detail (vgl. »Justiz«) oder vollkommen beiläufig-beschönigend beschrieben, wie etwa in »Durcheinandertal«. Eine psychologisch orientierte Literaturwissenschaft könnte zu diesem Befund sicher weiter fündig werden. Hier mag es vorderhand genügen, ihn zu konstatieren.

Der erzähltechnischen Lässigkeit und Wirrnis des Texts kann eine Strukturanalyse nur ungenügend beikommen. Die hypothetische Reflexion des Autors zum Gang der Erzählung (»Doch gesetzt, die Geschichte, die hier erzählt ist, stellt eine sowohl durcheinander- als auch durchgehende Geschichte dar, wo sich eines aus dem anderen und durch das andere entwickelt, und nicht ein Bündel von Geschichten ohne Zusammenhang [...]« [C 20; 21 f.]) überzeugt nicht vollends. Denn tatsächlich handelt es sich bei »Durcheinandertal« nicht um einen Roman, der ein – wie auch immer geartetes – klares Organisationsprinzip erkennen ließe, sondern um ein Konglomerat locker und vielfach notdürftig verknüpfter Episoden, die sich in den Hauptschauplatz und in das gleiche Personal teilen. Den Personen wiederum ist eines gemein: sie gewinnen kaum feste Konturen und erscheinen samt und sonders – die beiden Götter eingeschlossen – wie Statisten auf einer satirischen Heimatbühne: »Viele von ihnen [sc. den Figuren] wechseln laufend ihre Identität oder sind bis zur Auswechselbarkeit konturenlos: Ihre Unbestimmtheit, Unfaßbarkeit, Unberechenbarkeit ist ein zentrales Kennzeichen der dargestellten Realität« (Lutz Hagestedt, ibid.). Einen Protagonisten im engeren Sinne des Wortes gibt es bis zu den Schlußseiten nicht. Erst am Ende, als die stumpfe, verkommene Gemeinde durch eine Predigt des Sepp Pretánder alias Marihuana-Joe aufgewiegelt wird, das Kurhaus alias »Haus der Armut« niederzubrennen, wird der im brennenden Gebäude gefangene Moses Melker zum passiven Helden wider Willen. Im Flammenmeer erlebt er »einen Urteilsspruch über sich und den Großen Alten« (C 20; 170). Die letzten Seiten, ein rasender stream-of-consciousness-Erguß der Melkerschen letzten Gedanken (»Seine eigene Sinnlichkeit war nur ein Abglanz der Sinnlichkeit dessen, der ohne sie die Welt nie erschaffen hätte und die Welt vielleicht nur erschaffen hatte, um sie in dem schier unendlichfachen Entstehen und Zugrundegehen des Erschaffenen zu spüren. [...] Schöpfung und Vernichtung der Schöpfung als Orgasmus.« [C 20; 171]) gemahnen an Knipper-

dollincks Ende auf dem Rad in »Es steht geschrieben«. Noch
einmal kommt hier einer der für Dürrenmatt typischen unor-
thodoxen Gnadensucher zu Wort. Und, wie seine Vorgänger,
findet er buchstäblich kein Ende, bis der Tod ihm das Wort
abschneidet. Somit wäre dann doch Melker, der zwiespältigste
und schillerndste Bewohner des Tals, der ›heimliche‹ Held des
Romans? Wenn dies zutrifft, hätte man ihm allerdings eine
schärfere Konturierung durch seinen Autor gewünscht.

Die Frage ist: was bleibt am Ende? Da ist einmal der »›be-
freiende‹ Griff zur Gewalt als Antwort auf die im Namen der
weltweit operierenden Kapitalmafia des ›großen Alten‹ verüb-
ten Verbrechen« (Peter Mohr, ibid.). Wird man das burleske,
nach Dürrenmattschem Zuschnitt aus allen Nähten platzende
Schlußfanal mit brennendem Kurhaus, angesengtem Hundefell
und tobendem Gebirgslermob als ernsthafte sozio-politische
Alternative deuten wollen? Doch wohl kaum. Denn sogar
»der« modernen Welt, wie der Autor sie im diesbezüglichen
Interview in charakteristischer Verkürzung faßt, ist mit derlei
Patentrezepten nicht beizukommen:

»Wir bauen immer mehr eine Katastrophenwelt auf. Der Fortschritt der
Naturwissenschaften, Entdeckungen der Physik. Explodierendes Welt-
all, explodierende Menschheit. Was haben wir für eine Welt aufgebaut?
Drogen, Tourismus, es ist doch klar, daß die Menschen, zu denen wir
fahren, so leben wollen wie wir. Die Zivilisation ist wie ein Mantel über
die Menschen geworfen worden, und darunter kocht es.« (Carlo Bernasconi, l. c.)

Zum anderen setzt Dürrenmatt ans Ende den überraschenden
Hinweis auf Geburt und Neubeginn. Da steht Elsi mit dem
großen Hund und schaut aufs Flammenmeer hinaus: »Sie lä-
chelte. Weihnachten, flüsterte sie. Das Kind hüpfte vor Freude
in ihrem Bauch« (C 20; 175). Das Motiv der Schwangerschaft
verweist auf »Der Auftrag« zurück, wo ja auch die längst aufge-
gebene Tina von Lambert am Ende einen Jungen zur Welt
bringt. Was sich aber dort als happy ending dartut, mutet in
»Durcheinandertal« ominöser an. Denn Elsis Kind, Frucht ihrer
Notzüchtigung durch Big-Jimmy, ist doch ein recht problemati-
sches Weihnachtsgeschenk, ebenso wie das Fanal des »Hauses
der Armut« als Stern von Bethlehem nicht einleuchten mag.
Zudem wird das Kind ja keineswegs an Weihnachten geboren,
wie dies etwa Gerolf Fritsch fälschlich seiner Deutung zugrunde
legt: »Demgemäß zöge uns auch letzten Endes doch noch das
Ewig-Weibliche wenn nicht hinan so doch jedenfalls aus dem
Irrsal heraus, indem die Frau, die Tochter die ›Magd‹ – sie heiße

wie immer – das Kind erwartet, den möglichen Retter, Soter, Heiland der Welt« (ibid. 669). Im Angesicht der Melkerschen Ergießungen und seiner schließlichen Ablehnung Gottes überzeugt diese Interpretation nicht. Was soll aber dann der Hinweis auf Weihnacht und Schwangerschaft? Man geht wohl kaum fehl, wenn man ihn als bissig-ironischen, der Komödie entlehnten Schlußgestus deutet: das Spiel ist zu Ende, morgen beginnt es wieder, mit neuer Besetzung und vertauschten Rollen.

Weist nicht auch das Gelächter des verschrobenen Gottsuchers Melker, mit dem dieser gleichsam in die Unterwelt fährt, in eben diese Richtung? Jenes große Gelächter, das dieser stellvertretend für Gott von sich gibt:

»Die Urfiktion besteht darin, daß Gott auf die Erde kommt und zuschaut, was geschieht. Dabei muß er furchtbar lachen. […] Melker muß über sich selbst lachen. Das ist das Ende jedes Menschen. Die ganze Absurdität seiner Existenz, seines Denkens wird ihm klar.« (Gespräch m. Carlo Bernasconi, ibid.)

Im schlagartigen Erkennen der Hilflosigkeit gegenüber einer aus den Fugen geratenen Schöpfung treffen sich göttliches und menschliches Gelächter. Gott – einmal gesetzt, daß es ihn gibt – hat keinen Einfluß auf das verworrene Geschehen in dieser Welt, die die Metapher des Durcheinandertals bezeichnet. Der Mensch, denn für diesen steht doch Moses Melker bei aller bizarren Verzeichnung, müht sich dagegen ein Leben lang ab mit Konzeptionen eines höchsten Wesens, um am Ende dann sich einzugestehen, daß diese so überflüssig sind wie sein gesamtes Dasein. In der theologischen Fragestellung des letzten Romans schließt sich der Kreis zu Dürrenmatts frühen Werken. Aber dort endete die verbissene Gottsuche des einzelnen oft im dröhnenden Pathos bzw. im schneidenden Paradox der ersten Nachkriegsjahre: »Die Tiefe meiner Verzweiflung ist nur ein Gleichnis Deiner Gerechtigkeit, / und wie in einer Schale liegt mein Leib in diesem Rad, welche Du jetzt mit Deiner Gnade bis zum Rande füllst!« So Bernhard Knipperdollinck im Augenblick seines Todes (»Es steht geschrieben« [WA 1; 148]). Mehr als vierzig Jahre später ist die Lehre der Texte ungleich radikaler. Denn Knipperdollinck (und mit ihm viele der früheren Dürrenmattschen Figuren) hofft doch gegen jede Wahrscheinlichkeit, daß er endlich erhört wird. Melker – hier berührt sich »Durcheinandertal« mit der rigorosen Anthropozentrik der anderen späteren Texte – führt seine negative Theodizee konsequent zu Ende: Gott, die Welt *und* jeglicher Sinn menschlicher Existenz sind Konstrukte der Imagination. Es gibt sie nur, solange sie gedacht werden. Und im großen Gelächter lösen sie sich endgültig auf, um – wer weiß? – von einer neuen Generation wieder aufs neue erdacht und erlitten zu werden.

Ob Dürrenmatt mit dieser Folgerung tatsächlich »auf der Höhe der zeitgenössischen Diskurse und Diskussionen« (Gerolf Fritsch, ibid. 653) steht, bleibe dahingestellt. Diskursanalysen im Sinne Michel Foucaults betreibt er sicher nicht. Seine Dekonstruktion der Realität und ihres philosophisch-theologischen Überbaus vermittels der gezielten Demontage handlicher Identitätsformeln (vgl. Fritschs Hinweis auf Jean Baudrillards Begriff der Dissimilation bzw. Jean-François Lyotard [Immaterialität und Postmoderne. Berlin 1985]) bewerkstelligt er eher intuitiv als methodisch. Und im Bild der beiden Götter – mit bzw. ohne Bart – steckt mehr gezielte Ideologiekritik als »postmodernes« Problembewußtsein. So ist auch das große Gelächter am Ende des letzten Romans zweischneidig aufzufassen: einmal sicherlich auch als Trost und »Befreiung« (Fritsch, ibid. 670). Dann aber vor allem doch als Protest gegen eine Welt, die *so* nicht sein soll, und gegen deren Schöpfer, der zur Denkfigur seiner Geschöpfe verkommen ist. In *diesem* Schluß tritt Friedrich Dürrenmatt, der Moralist und »Logiker«, ganz am Ende des Romans hinter seiner Kreatur Moses Melker hervor und steht noch einmal, nur notdürftig verhüllt, vor seinem Leserpublikum.

Literatur

Gerolf Fritsch: Labyrinth und großes Gelächter – die Welt als ›Durcheinandertal‹. Ein Beitrag zu Dürrenmatts grotesker Ästhetik. In: DD 21 (1990) 652–670.
Heinz Ludwig Arnold: Durcheinandertal. In: 16 [‘1990]; 358–362.

6. »Midas oder Die schwarze Leinwand« (1991)

Posthum veröffentlicht wird der am 31. 7. 1990 abgeschlossene schmale Text »Midas oder Die schwarze Leinwand«. Es handelt sich um ein Filmskript, besser: einen »Film zum Lesen«. Nach elf beiseitegelegten Fassungen und einer längeren, vergeblichen Suche sowohl nach der Finanzierung dieses Filmprojekts als auch nach einem geneigten Regisseur (vgl. Maximilian Schell:

Noch einmal Lachen lernen [P 188]) entschließt sich Dürrenmatt, seine Arbeit in Form einer Erzählung zu publizieren. Die
Handlung gemahnt vage an »Frank V.« – eine Verbindung, die
noch durch das Umschlagbild, eine Ausschnittreproduktion des
Ölbildes »Begräbnis des Bankiers (›Frank V‹)« [1966; Nr. 57 in:
F1] unterstrichen wird. Hier ist allerdings die Intertextualität
von Gemälde und früherer »Oper einer Privatbank« einerseits
und der späten Erzählung anderseits gering: »Midas« wirkt insgesamt zu salopp hingeschrieben und zu wenig originell, um als
plausible Weiterführung der in der Oper entworfenen und im
dazugehörigen Bildwerk variierten Kapitalismuskritik gelten zu
können.

Die Handlung, eine Art von Werkstattgespräch zwischen
dem Autor F.D. und seinen Schauspielern (Anspielungen auf
Pirandellos Stück »Sei personaggi in cerca d'autore« sind unüberhörbar) ist der Versuch, die Hintergründe um das Ableben
des Großfinanziers Richard Green zu verfilmen. Dieser – und
hier die nicht allzu zwingende Verbindung zum Mythos vom
König Midas – steht nach Jahren enormer finanzieller Erfolge
plötzlich vor dem Ruin seiner Geschäftskarriere. Seine Firma
muß ihn aus nebulösen Gründen loswerden. Der Aufsichtsrat
legt ihm folglich einen geschickt inszenierten Selbstmord nahe.
Im Falle, daß Midas-Green diesen nicht ausführt, steht der Mörder Grünspan zur Verfügung. Worum es hier geht, ist die beständige wechselseitige Infragestellung der vermeintlich realen,
d.h. chaotischen Welt der Großfinanzen auf der einen, und der
sie simulierenden Sphäre des film-in-progress auf der anderen
Seite. Indem beide sich gegenseitig hinterfragen, werden immer
neue Schichten ihrer jeweiligen Identität aufgeblättert und als
Schein bloßgestellt. Das Experiment der filmischen Fiktionalisierung einer abstrusen, labyrinthischen Welt muß also notwendig zur gleichermaßen abstrusen, labyrinthischen Verwuche-
rung führen. Als Metapher dieser Aporie dient dann die
»schwarze Leinwand« – filmischer Gestus des Verstummens.

Denkt man die Positionen dieses intellektuellen Spiels konsequent zu Ende, dann ergibt sich etwa folgender Sachverhalt:
Wenn tatsächlich – wie dies im Text verschiedentlich behauptet
wird – »Wirklichkeit« und »Wahrheit« nur Fiktionen sind, dann
stellt der Hypothesencharakter, den sie beide besitzen, beide
letztlich ebensosehr in Frage, wie er ihre Daseinsberechtigung
gewährleistet. Ihre Interdependenz hält sie in der Schwebe. Zugleich bleiben sie aneinander gekettet. Und das bedeutet, daß
Literatur außer der Wirklichkeit, die sie als Schein entlarvt,

keine eigene Wahrheit kennt. Am Ende von Dürrenmatts
Œuvre scheint also jedweder utopischer Wahrheitsanspruch
von Kunst *jenseits* der geschichtlichen und sozialen Wirklichkeit
sang- und klanglos aufgegeben. Aber vielleicht fordert dieser
Schluß dem leichtgewichtigen »Midas« doch allzuviel Verbindlichkeit ab.

VII. Rezeption, Wirkung und Forschung

In seiner Laudatio auf den Büchner-Preisträger Friedrich Dürrenmatt vom Oktober 1986 vermerkt Georg Hensel:

»[...] mit einunddreißig war er durch seine ›Ehe des Herrn Mississippi‹ berühmt; mit fünfunddreißig Jahren durch seinen »Besuch der alten Dame« weltberühmt. Peter Brook setzte ihn in England und Amerika durch [...] Spätestens damals, vor dreißig Jahren, hätte ihm die Deutsche Akademie für Sprache und Dichtung den Büchner-Preis verleihen müssen und risikolos verleihen können.« (P 120)

Diese Beobachtung erscheint um so zutreffender, wenn man bedenkt, daß Dürrenmatt – trotz seiner späteren Wirkung und der lebhaften Renaissance seiner Werke auf deutschsprachigen Bühnen der achtziger Jahre, von der gleich noch die Rede sein wird – in vieler Hinsicht ein Autor der fünfziger und sechziger Jahre war und geblieben ist. Denn der ursprüngliche Erfolg seiner besten Stücke, vom »Besuch der alten Dame« über »Die Physiker« zum »Meteor«, leitet sich unmittelbar aus dem historischen und soziopolitischen Hintergrund ab, auf den diese zur Zeit ihrer Entstehung treffen. Hier geht es um das Wirtschaftswunder mit all seinen Malaisen, um gesellschaftliche Defizienzen der Restaurationsära und das Wettrüsten am ersten Höhepunkt des Kalten Kriegs. Brückenschläge von der Bühne zur Realität, die bei den zahlreichen heutigen Wiederbelebungsversuchen dieser Texte nicht immer gelingen, ergaben sich seinerzeit ganz von selbst. Im Hinblick auf zeitgenössische Rezeptionsmechanismen und ihre ideologischen Prämissen in West und Ost wären etwa heranzuziehen die Arbeiten von Raymonde Temkine (L 10), Jean-Paul Weber (L 11), Wilhelm Jacobs (L 25), Jürgen Kucynski (L 28), Jean C. Marrey (L 29), Pierre Furter (L 33), André Müller (M 7) und Nina S. Pawlowa (L 37), ebenso Aufführungskritiken bis Mitte/Ende der sechziger Jahre (vgl. Sektion P der Bibliographie). Einigen Aufschluß über die Erfolgskurven des Bühnenwerks im einzelnen findet sich im ersten und im vierten Kapitel dieses Bandes sowie bei Marianne Kesting (L 71), Jan Knopf (K 20 bzw. K 26) und Kenneth S. Whitton (K 23 bzw. K 29). Die GG-Bände zu »Der Besuch der alten Dame« (s. d.) von Sigrid Mayer und zu »Romulus der

Große« (s.d.) sowie »Die Physiker« (s.d.) vom Verf. bieten jeweils einen kompakten Überblick über die Positionen der Rezeption und Abdrucke repräsentativer Theaterkritiken. Aufführungsstatistiken für die Jahre 1964 bis 1974 sind nachzulesen etwa bei Michael Patterson: Post-War Theatre in West and East Germany, Austria and Northern Switzerland. London 1976 (zu Dürrenmatt vgl. 114–117). Eine grundlegende neue Arbeit zur internationalen Bühnenrezeption mit ihren Aufschwüngen und Niedergängen bis zum gegenwärtigen Zeitpunkt, die auch sämtliche entsprechende Statistiken an einem Ort verfügbar zu machen hätte, fehlt freilich noch immer.

Tatsache ist, daß nach den spektakulären Bühnenerfolgen von 1952 (Uraufführung der »Ehe des Herrn Mississippi«) bis Mitte der sechziger Jahre bereits in der Saison 1966/67 ein zunächst gradueller, ab 1970 dann abrupter Abstieg der Aufführungsziffern der Stücke Dürrenmatts auf den Bühnen der westlichen deutschsprachigen Länder zu beobachten ist. Im Gespräch mit Peter André Bloch erklärte der Autor die zurückhaltende bzw. ablehnende Aufnahme seiner dramatischen Produktion seit »Die Wiedertäufer« folgendermaßen:

»Für die stets neuen Inhalte muß ich stets neue Formen suchen, ein Umstand, der nicht unproblematisch ist. Ich stelle mich damit gegen das Publikum und die Kritik, die im Grunde keine neuen Experimente wollen, sie wünschen sich ihren Autor unverändert. [...] Je ernsthafter Sie nach neuen Formen suchen, je weniger Sie auf Unterhaltung oder, was heute oft das gleiche ist, auf gängige Weltanschauung machen, desto schwieriger haben Sie es mit der Kritik.« (E 23; 124)

Nun entspricht diese Selbsteinschätzung nicht dem in diesem Band aufgezeigten Befund, daß Dürrenmatts Komödiendramaturgie wie auch seine kritische Dramaturgie ab den späten sechziger Jahren auf ein gewandeltes Publikumsinteresse stießen, das einen klar identifizierbaren Bezug zur historischen bzw. gesellschaftlichen Realität erwartete. Sie markiert im Gegenteil den Punkt in der künstlerischen Entwicklung des Autors, wo sich die Divergenz seiner Bühnenästhetik und der Publikumserwartungen zunehmend und bleibend verstärkt, zumindest im Hinblick auf den deutschsprachigen Raum Westeuropas. Weitere Stationen dieses Entfremdungsprozesses sind dann: die glücklose Aufführung von »Porträt eines Planeten«, das »Mitmacher«-Fiasko, der mangelnde Publikumserfolg von »Die Frist« und »Die Panne« und Dürrenmatts allmählicher Abschied von der Bühne, an dem auch der mißglückte Nachzügler »Achterloo« nichts zu ändern vermag. Festgeschrieben wird dieser Abschied dann in der späten Prosaproduktion einerseits, in dem Unwillen andererseits, den der Autor wieder und wieder über sein abtrünniges Publikum ergießt. So in den »Wutausbrüchen« aus dem Jahr 1969: »Im heutigen Theater geht es wie im Rom der Borgias zu: wer nicht schmiert, wird vergiftet« (WA 24; 162). Oder in den »Rollenspielen«: »Wenn du [...] nicht einzuordnen bist wie ich, [...] stehst du einem Publikum gegenüber, das von deinem Denken, und damit von deinen Denkvoraussetzungen und Denkresultaten, keine Ahnung hat« (B 27; 43).

Zugleich mit dem Rückgang der *Wirkung* Dürrenmatts auf heimischen Bühnen setzt freilich seine *Kanonisierung* als »Leseautor« ein. Seine Werke erreichen in immer größeren Auflagen die lesende Öffentlichkeit. Mit der Verarbeitung verschiedener Texte durch Film und Fernsehen sowie durch immer neue Serienabdrucke in Zeitungen und Zeitschriften werden weite Rezipientenkreise erreicht. Nicht nur gewinnt er mit einigen Erfolgsstücken und Detektivromanen seit Anfang der siebziger Jahre einen festen Platz auf den Lehrplänen der Schulen, den er sich bis heute erhalten konnte. Sondern dieselben Erfolgsstücke behaupten sich auch ohne nennenswerte Popularitätseinbußen im Bühnenrepertoire der westlichen Länder. Während der sechziger, siebziger und achtziger Jahre gehören sie zu den meistgespielten Texten deutschsprachiger Autoren in Belgien, Dänemark, Finnland, Frankreich, Griechenland, Großbritannien, Italien, den Niederlanden, Norwegen, Portugal und Schweden. Auch in außereuropäischen Ländern – u.a. den Vereinigten Staaten, Argentinien, Brasilien, Israel, Japan, China, der Türkei, Mexico und verschiedenen asiatischen und lateinamerikanischen Staaten – bestätigt sich der Welterfolg Dürrenmatts. Heute werden seine Stücke in 46 Ländern der Erde aufgeführt. Ironisch scheint, daß das Nachlassen direkter Publikumswirkung im deutschsprachigen Europa unmittelbar mit der – von Elisabeth Brock-Sulzer reichlich voreilig schon 1962 proklamierten (vgl. P 24) – Festschreibung Dürrenmatts zum »Klassiker der Moderne« einhergeht. Mit dem Verlust akuter zeitgeschichtlicher Brisanz bzw. mit der Verschiebung des soziohistorischen Wirkungskontexts beginnt auch im Falle Dürrenmatts die vielfach – wenn auch keineswegs ausschließlich – ikonographische Aufarbeitung seiner Werke im Lektürekanon von Schule und Universität und, mittelbarer, in späteren Reinszenierungen seiner Stücke bzw. in deren Kritik. Anhaltspunkte für diesen Prozeß finden sich in den Geburtstagswürdigungen (vgl. P78, P82, P109, P110, P111, P112) und Nachrufen (vgl. P164, P165, P166, P168, P174). Positionen der Verharmlosung und schrittweisen Entschärfung ehemaliger gesellschaftskritischer Wirkung werden hier und da auch sichtbar in den diversen Lobreden anläßlich von Preisvergaben an Dürrenmatt (vgl. etwa Werner Ross [P104], Georg Hensel [P120], Schiller-Gedächtnispreis [P127, P128]). In den Worten von Peter-Paul Zahl: »›Moderne Klassiker‹ verdanken ihre Existenz heutigen Rezeptionsformen, die größtenteils instrumentalisieren und die Literatur ihrer historischen Zusammenhänge entkleiden.« (Aus dem Essay »Eingreifende oder ergriffene Literatur« [1975]) Es versteht sich von selbst, daß im Falle Dürrenmatt der Autor selbst diesem Kanonisierungsprozeß einigen Vorschub geleistet hat. Eine kritische Auswertung der in diesem Band verzeichneten Interviews und Autorengespräche wäre in diesem Zusammenhang eine lohnende Aufgabe. Heranzuziehen wären z.B. E26, E28, E29, E30, P96, P133, P135, P145, P148, P156, P157, P171; dagegen: P162. Nicht nur dort wurde vielfach und stellenweise gezielt Selbststilisierung betrieben, sondern auch in »Rollenspiele« oder in dem Monsterfilm von Charlotte Kerr, »Porträt eines Planeten« (E27). Es liegt auf der Hand, daß im heutigen Medienbetrieb die Selbstdarstellung von Autoren einen wichtigen Faktor darstellt sowohl im Rahmen ihrer Vermarktung als auch im Hinblick auf die Programmierung der Verwaltung ihres geistigen Erbes.

Bemerkenswert im größeren Zusammenhang der – hier allerdings nur umrißhaft nachzuzeichnenden – internationalen Rezeption von Dürrenmatt-Texten ist der Siegeszug der Bühnenstücke in der sozialistischen Welthälfte, der exakt mit dem Nachlassen ihrer Wirkung in der deutschsprachigen Sphäre des Westens zusammenfällt. Als Beispiele mögen Rumänien, die Tschechoslowakei und die DDR gelten (einiger Aufschluß über die Rezeption in anderen sozialistischen Ländern, insbesondere in Polen und der Volksrepublik China, findet sich bei Bänziger [K24]; zu Ungarn vgl. Magdolna Balkanyi [P75]). In Rumänien, das in vieler Hinsicht zumindest für die Chronologie seiner Dürrenmatt-Rezeption als typisch für andere Ostblockstaaten gelten kann, wird am 23.2.1963 »Der Besuch der alten Dame« als erster Text des Autors aufgeführt, sozusagen als Testfall für die Deutungsperspektiven der Tragikomödie des westlichen Wirtschaftsbooms: »Es ist unmöglich, die Handlung betrachtend, nicht an das objektive Gesetz des Kapitals, an den unergründlichen Appetit des Kapitalismus, an die wachsenden

Schatten des Faschismus und auch an den Marshall-Plan zu denken, obwohl der Schriftsteller heftig gegen diesen Gedanken protestiert« (Utunk, Mai 1963; zit. nach Bänziger, K 1; 256). Das gleiche Stück war in Prag bereits 1959 uraufgeführt worden und war dort, wie auch in anderen sozialistischen Staaten, als satirische Widerspiegelung der verheerenden Zustände kapitalistischer Gesellschaftsordnungen aufgefaßt worden. Eine Parallele zur westlichen Rezeptionsgeschichte der Stücke Bertolt Brechts und deren Vereinnahmung in den dort gegebenen Kulturbetrieb mit fast unmittelbarer Erhebung ihres Autors in den Rang des »modernen Klassikers« bietet sich an. Auch die Wirkung von Dürrenmatts Landsmann Max Frisch im sozialistischen Lager zeigt ähnliche Züge. Überall erfolgt ein Paradigmawechsel oder zumindest eine Verengung der Deutungsparadigmen. Im Hinblick auf Dürrenmatt bedeutet das, daß die den Erfolgsstücken inhärente Kritik hochindustrialisierter kapitalistischer Systeme als de facto *einziges* Deutungsinstrument isoliert wird.

»Die Physiker« erleben ihre tschechoslowakische Premiere 1963. Die sowjetische Uraufführung fällt ins Jahr 1964. Ein Jahr später wird der Text in Rumänien erstaufgeführt (zu Hinweisen vgl. Bänziger [K 1], Walter Engel [P 83], Jiri Stach [P 158]). In den drei Ländern bewährt er sich als erfolgreichstes Stück Dürrenmatts. Wiederum werden in Inszenierung (notfalls durch leichte Retuschen oder Schnitte) und Kritik die Akzente auf eine eindeutig anti-westliche Stoßrichtung hin verschoben. In Rumänien werden dann in rascher Folge »Romulus der Große«, »Frank der Fünfte« und »Der Meteor« bis Ende der sechziger Jahre aufgeführt und erweisen sich als ausdauernde Kassenschlager. Die Stücke haben sich bis heute im Repertoire rumänischer Bühnen gehalten. Auch in der CSSR rückt im Zuge des »Prager Frühlings« Dürrenmatt – zusammen mit Arthur Miller und Tennessee Williams – rasch in die Trias der meistgespielten westlichen Dramatiker auf. Im Jahre 1968 wird diese Entwicklung dann gewaltsam abgebrochen. Nach fast zwanzigjähriger Verbannung von tschechischen Bühnen wird 1987/88 in Prag mit enormem Erfolg »Der Besuch der alten Dame« wiederaufgeführt. Das Stück zeigt sich nunmehr in neuer Aktualität: als Parabel einer bankrotten, abgewirtschafteten politischen Ordnung, der es gleichsam den Spiegel vorhält.

Als einmal der Bann gebrochen ist, erobern Dürrenmatts Stücke in den späten achtziger Jahren nochmals im Sturm die Bühnen der Tschechoslowakei. Nach »Die Physiker«, »Frank der Fünfte«, »Play Strindberg«, »Ein Engel kommt nach Babylon«

und »Der Meteor« erweckt besonders die Premiere von »Herkules und der Stall des Augias« in Prag im Februar 1989 öffentliche Aufmerksamkeit. Denn auch hier scheint die Brisanz des im Westen längst verblichenen Texts gefährlich und sein akuter Bezug auf das verrottete Regime allzu offenkundig. Als eine posthume Ehrung wird schließlich am 5. 1. 1991 »Achterloo« in Prag erstaufgeführt. Dürrenmatt hatte seine Anwesenheit als Premierengast zugesagt. Er verstarb jedoch drei Wochen früher.

Einen Sonderfall im sozialistischen Lager stellte die verhärtete und nur zähflüssig Einwirkungen aus der westlichen Welt sich öffnende Literaturszene der DDR dar. Die nunmehr abgeschlossene Rezeptionsgeschichte Dürrenmatts in der DDR bietet ein instruktives Beispiel poststalinistischer Kulturpolitik. Sichtbar werden hier allerdings auch, wie J. H. Reid dies in seiner sehr guten Studie (P91) belegt, eklatante Differenzen im jeweils unterschiedlichen Wirkungshorizont von West und Ost. Längst noch, bevor Stücke Dürrenmatts auf DDR-Bühnen aufgeführt oder seine Texte in DDR-Buchläden erhältlich waren, hatte der zu dieser Zeit einflußreiche Kritiker André Müller sein vielzitiertes Verdikt über den Schweizer ausgesprochen. Dürrenmatt, so Müller, propagiere eine spätbürgerlich-pessimistische Weltsicht, die nichts mit den Erkenntnissen des dialektischen Materialismus gemein hat. Der Wirrnis seiner Ideologie entspreche das strukturelle und formale Chaos seiner Stücke (»völliger Nihilismus der Form« [M7; 11]). Dürrenmatts inzwischen fast sprichwörtliche Behauptung aus den »Theaterproblemen«: »In der Wurstelei unseres Jahrhunderts, in diesem Kehraus der weißen Rasse, gibt es keine Schuldigen und auch keine Verantwortlichen mehr. Alle können nichts dafür und haben es nicht gewollt« (WA 24; 62) sieht Müller nicht als den flagranten Trugschluß, den sie tatsächlich darstellt, sondern als »offene Apologie der imperialistischen Bourgeoisie« (M7; 14). Im Zuge der Einigelungsbestrebungen vor dem Mauerbau und einer paranoiden Abgrenzungspolitik gegenüber dem westlichen Lager blieb Dürrenmatt der Einlaß in die DDR zunächst verwehrt.

Erstaunlicherweise verändert sich das Bild bereits 1963, als am 11. 5. »Der Besuch der alten Dame« in Dresden erstaufgeführt wird. Die Dresdner Premiere – sowie eine Reihe weiterer Inszenierungen dieses Stückes während der sechziger und siebziger Jahre auf DDR-Bühnen – unterstreicht die Kritik am westlichen Wirtschaftswunder. Groteske Elemente, soweit sie nicht eliminiert oder heruntergespielt werden, dienen der satirischen Bloßstellung typisch »westlicher« Verhaltensweisen und Gegebenheiten. Erst 1978 wird der »Besuch« dann im Nationaltheater Weimar in der Gastregie von Harry Buckwitz eingespielt: eine Inszenierung westlicher Provenienz, die primär die im Stück vertretenen allgemein-ethischen Positionen betont. Zu diesem Zeitpunkt ergibt sich freilich kein Konfliktstoff mehr aus einer humanistischen Deutung. Im Jahre 1965 bringt der Verlag Volk und Welt als erste Veröffentlichung eine Komödienausgabe Dürrenmatts in Lizenz heraus, die neben dem »Besuch« auch »Ein Engel kommt nach Babylon«, »Romulus der Große« und »Die Physiker« enthält. Bezeichnenderweise sind es »Die Physiker« – die ja längst in fast allen anderen Ostblockstaaten über die Bühnen gegangen waren –, denen die Aufnahme ins DDR-Repertoire erst mit enormer Verspätung gelang. Mit Sicherheit ist es das »heiße« Thema internationaler Spionage, das während der sechziger und siebziger Jahre eine Rezeption blockierte. In DDR-eigenen Produktionen finden sich in der Folge auf den Spielplänen: »Romulus der Große« (Rostock, 1966), »Frank der Fünfte« (Magdeburg, 1966), »Abendstunde im Spätherbst« (Magdeburg, 1968), »König Johann« (Cottbus, 1974), »Play Strindberg« (Rostock, 1975) und schließlich, mit fünfzehnjähriger Verzögerung seit ihrer Züricher Premiere, »Die Physiker« (Magdeburg, 1977).

Der relativ wenig beachteten Magdeburger Uraufführung folgen rasch weitere, in der Presse mit einigem Aufheben begrüßte Einspielungen in Dresden (1978), Erfurt (1979), Leipzig (1980) und, zwanzig Jahre nach dem Initialerfolg, im Berliner Ensemble (1982). Noch immer jedoch bestehen offenbar gewisse Befürchtungen im Hinblick auf den Originaltext: die Rolle Ernesti-Einstein-Eislers als Vertreter eines östlichen Geheimdienstes wird durch Kürzungen verschleiert. In der Tageskritik werden folglich auch die humanistischen Züge des Stückes gebührend herausgestrichen. Seine Anklage gegen das Wettrüsten in Ost und West, die Balance des Schreckens, die ja derzeit sehr wohl noch bestand, fällt unter den Tisch: »Von hier [der Warnung vor dem Atomtod] aus wird Dürrenmatts Stück mit seinem humanistischen Engagement und seinen kritischen Blicken auf die kapitalistische Welt auch für ein sozialistisches Publikum wichtig, das auch idealistische Auffassungen des Autors von den eigenen gesellschaftlichen und politischen Erfahrungen her zu werten vermag [...]« (Lothar Ehrlich in: Sächsische Zeitung v. 7. 11. 1978). Bei alledem wird die oben beschriebene Engführung der Interpretationsparadigmen offenkundig: nachdem einmal die Lokalisierung des Texts im bürgerlich-humanistischen

Lager als entschärfende Deutungsvorgabe betont wird, ist man bemüht, jenen auf sein Potential antikapitalistischer Kritik abzuklopfen. Andere, zumindest gleichberechtigte Aspekte bleiben unberücksichtigt. Wo immer möglich, wird ein Vergleich mit Brechts »Leben des Galilei« angestrengt. Dabei vermißt man – wie sollte es anders sein – mit Blickrichtung auf »Die Physiker« die »Verbindlichkeit der politischen Haltung« (Georg Antosch zur Leipziger Inszenierung in: Die Union v. 14. 5. 1980). Dennoch waren »Die Physiker« in der DDR-Spielzeit 1978/79 das meistgespielte »westliche« Stück deutscher Sprache.

Die Erfolgskurve von Dürrenmattstücken auf DDR-Bühnen zeigt einen ersten Höhepunkt in den späten sechziger Jahren, der praktisch zusammenfällt mit dem Nachlassen ihrer Wirkung auf deutschsprachigen Bühnen des Westens: »Since the late 1960s [...] his star has set in the West only to rise in the East [...] – always provided of course that his plays can be regarded as applying solely to the West« (Reid [P 91; 371]). Ein zweiter Aufschwung ist zu verzeichnen seit 1977. Ende der siebziger Jahre sind dann praktisch alle Erfolgsstücke des Autors in der DDR rezipiert worden, mit Ausnahme des »Meteor« und der wegen ihrer explizit antikommunistischen Tendenz untragbaren »Ehe des Herrn Mississippi«. Unter den oben genannten Einschränkungen hinsichtlich der Rezeption seiner Texte ist Dürrenmatt auch hier zum »Klassiker der Moderne« avanciert. Anläßlich seines 60. Geburtstags gibt das offizielle Organ der SED einen Überblick seiner Stücke: »Schauplätze für schlimme Tagträume aus dem Stoff der kapitalistischen Realität«. Als Rezeptionsanweisung gilt: »Friedrich Dürrenmatts sarkastische Vernunft hat die ökonomische und ethische Unordnung der bürgerlichen Welt in die Disziplin seiner szenischen Erfindungen versetzt« (Rainer Kerndl in: P 80). Sogar der bis dato bedenkliche »Meteor« kann im Januar 1983 aufgeführt werden. Die Weichen für eine eingleisige Deutung werden wiederum gestellt: »Vorgang wie Anliegen und Thema sind tatsächlich voll und ganz der alten Gesellschaft verhaftet, die sich in ihrem Wesen nicht verändert hat. Sie sind Abrechnung mit westlicher Lebensweise« (Christoph Trilse in: P 88). Gerhard Ebert unterstreicht diese Kanonisierung in seiner Würdigung zum 65. Geburtstag: »Dürrenmatt hat [...] Spiegelbilder der untergehenden bürgerlichen Welt geschaffen« (P 112). Die Beispiele ließen sich mehren. Worauf es dieser Skizze jedoch ankommt zu zeigen, ist der Prozeß der schrittweisen Einvernahme des »Klassikers« in den jeweils gegebenen Kulturbetrieb. Die Geschichte der Rezeption Dürrenmatts in der DDR – die jetzt als Ganzes zu betrachten ist – und eines bis in die Aufnahme relativ geringfügiger szenischer Details grundsätzlich »anderen« Wirkungskontexts (einige Angaben hierzu wiederum bei Reid, P91) wäre im übrigen noch zu schreiben.

Als Nachsatz bleibt in diesem Zusammenhang vorläufig nur anzumerken, daß auch in der Bundesrepublik im vergangenen Jahrzehnt eine überraschende Dürrenmatt-Renaissance stattgefunden hat. Seit Beginn der achtziger Jahre findet die Produktion der späten Prosa des Autors reißenden Absatz. Aber auch an westdeutschen Bühnen werden seine Stücke – darunter mancher schon totgesagte Text – aufs neue und mit teilweise großem Erfolg inszeniert. Die Ursachen dieses Booms sind (noch) nicht ganz eindeutig zu eruieren. Sicherlich spielt das in diesem Zeitraum stattfindende Rapprochement mit östlichen Ländern, insbesondere die langsame Grenzöffnung auf seiten der DDR eine Rolle. In diesem Zug findet ein gewisser »Rückfluß« aktueller Themen und Texte statt, der auch der westlichen Dürrenmatt-Rezeption zugute kommt. Zum anderen gewinnt gerade das Thema der Abrüstung nunmehr eine neue, gesamteuropäische bzw. globale Bedeutung – ein Thema, das im Œuvre Dürrenmatts eine durchgängige Rolle spielt. So verwundert es nicht allzusehr, daß »Die Physiker« Anfang der achtziger Jahre ein beachtliches Comeback auf westdeutschen Bühnen erzielen: mit 378 Aufführungen in zwölf Inszenierungen steht der Text in der Spielzeit 1982/83 vor Goethes »Faust I« und Peter Shaffers »Amadeus« an der Spitze der am häufigsten aufgeführten Schauspiele. 1983/84 liegt er mit 608 Aufführungen (16 Inszenierungen) wiederum ganz vorn. In der Saison 1984/85 ist Dürrenmatt der meistgespielte Autor an deutschsprachigen Theatern. Die Druckauflagen von »Die Physiker« erreichen jährlich um die 40000 Exemplare. Der größte Teil dieser Bücher wird von Schülern der Oberschulen erstanden, wo der Text seit Jahren einen festen Platz im Curriculum besitzt. Aber auch »Romulus der Große«, »Der Meteor« und zahlreiche andere Stücke, sogar der glücklose »Mitmacher« (Aachener Kammerspiele, Februar 1989 in der Regie von Charlotte Kerr) werden mit mehr oder minder Publikumserfolg an großen und kleinen Bühnen der Bundesrepublik, der Schweiz und Österreichs neuinszeniert. Die Kritik geht nicht immer glimpflich um mit den szenischen Aktualisierungen (»Ein Begräbnis erster Klasse« – so die Überschrift von Siegmund Kopitzkis Kritik der »Physiker«-Inszenierung im Schauspielhaus Zürich im Okto-

ber 1987; in: Südkurier v. 15. 10. 1987) der teilweise recht ange-
staubten Stücke. Das Publikum der »postmodernen« westlichen
Industrieländer ist jedoch von neuem begeistert. Abzuwarten
bleibt, wohin diese Entwicklung führt – nicht zuletzt angesichts
der deutschen Einigung, die naturgemäß eine Verschiebung des
öffentlichen Problembewußtseins mit sich brachte.

Geht man den literarischen Wirkungsspuren des Dürrenmattschen Œuvres nach, so erstaunt einerseits die relativ geringe Anzahl *direkt greifbarer* stofflicher, thematischer und formaler Einflüsse, die von diesem bis heute ausging. Man weiß
andererseits, daß Dürrenmatts Ästhetik des Grotesken und die
für seine Erfolgsstücke typische Form der Tragikomödie auf die
deutsche und europäische Dramatik der sechziger, siebziger
und stellenweise noch der achtziger Jahre einen beträchtlichen,
wenn auch zumeist *verdeckten* Einfluß ausgeübt haben. Die
Wirkung seiner Dramaturgie des Grotesken beruht ja weitgehend auf der abrupten Gegenüberstellung des empirisch Unvereinbaren, auf einer Enthüllungsstrategie, die unvermittelt vom
Grauen zum Gelächter, von der Beklemmung des Publikums
zur – oft trügerischen – Erheiterung hinführt. Zu seinen dramaturgischen Mitteln zählt vorrangig der bewußte Bruch mit der
Wahrscheinlichkeit, das Spiel mit dem – gerade noch – Möglichen, das sich in überraschenden Wendungen, oft im knalligen,
auch platten Effekt dartut. Und hiermit ist bereits verwiesen auf
entscheidende Elemente der Bühnenästhetik einer Anzahl von
Autoren, deren Stücke im engeren oder im weiteren Sinne im
dramaturgischen Einzugsbereich der Dürrenmattschen Theater-
erfolge stehen. Man denkt an Texte von Peter Weiss wie »Die
Verfolgung und Ermordung Jean Paul Marats« (1964), Tankred
Dorst mit seinem »Toller« (1968) oder auch bereits mit »Der
Richter von London« (1966), an die groteske Ästhetik einiger
späterer Arbeiten Heiner Müllers oder an Peter Hacks' »Am-
phitryon« (1968). Zu bedenken ist weiterhin, ob nicht Hacks'
Komödie »Omphale« die heiter-entheroisierende Tendenz von
»Herkules und der Stall des Augias« mit vergleichbaren Mitteln
weiterverfolgt. Auch die Bühnenästhetik von Franz Xaver
Kroetz (»Globales Interesse« [1972], »Oberösterreich« [1972],
sogar noch in »Bauern sterben« [1985]) und Thomas Bernhard
(»Der Präsident« [1975], »Immanuel Kant« [1978]) zeigt, auf
jeweils unterschiedliche Weise, Wirkungsspuren grotesker Tra-
gikomödien Dürrenmattscher Provenienz. Überflüssig zu betonen ist, daß der mit dem Ende der sechziger Jahre einsetzende
Prozeß der politischen Bewußtwerdung weiter Kreise der bun-

desdeutschen Öffentlichkeit der innerliterarischen Wirkung von Dürrenmatt-Texten bestimmte Grenzen gesetzt hat. Neue Inhalte gelangen zur Darstellung. Neue künstlerische Formen – wie etwa dokumentarische Genres – werden erprobt. Allein insofern darf es nicht verwundern, wenn die groteske Komödienästhetik Dürrenmatts eine eher inspirierende als vorbildhaft prägende Wirkung auf die Bühne der vergangenen drei Jahrzehnte ausübt. Es versteht sich, daß die ideologischen Prämissen Dürrenmatts mit dem Ende der sechziger Jahre viele Autoren-Kollegen eher zur ostentativen Distanzierung bewegen mußten, als zum Eingeständnis dramaturgisch-ästhetischer Dankesschuld. In diesem Zusammenhang sei allerdings zumindest die Frage gestellt, ob Heinar Kipphardts glänzendes Dokumentarstück »In der Sache J. Robert Oppenheimer« (1964) von seiner Substanz wie von seiner Ästhetik her nicht *auch* als Gegenentwurf zu »Die Physiker« gedacht wurde.

In den westlichen Nachbarländern zeigt sich ein vergleichbares Bild. Groteske Ästhetik und komödiantische Formen scheinen vielfach mehr oder minder offensichtlich von Dürrenmatts Stücken entlehnt. Die ideologischen Voraussetzungen der Stücke sind dabei natürlich wieder zumeist grundverschieden. Es ist hier nicht der Ort, eine Wirkungsgeschichte Dürrenmatts zu schreiben. Zudem fehlt bislang jegliche einschlägige Vorarbeit. Dennoch erwähnt seien der französische Bühnenautor Roger Planchon (»Bleus, blancs, rouges ou les Libertins« [1967]) und die Briten John Arden (»The Workhouse Donkey« [1963]), Howard Brenton/David Hare (»Brassneck« [1973]) und Joan Littlewood (»Oh, What a Lovely War« [1963]). Näher zu untersuchen sind etwa auch die Texte des Engländers Edward Bond. Neben starken Einflüssen des epischen Theaters von Bert Brecht läßt sich eine Nachwirkung der grotesken Ästhetik Dürrenmatts auch bei Bond belegen. In Frage kommen: »Lear« (1971), »Bingo« (1973) und »The Women: Scenes of War and Freedom« (1978). Die Kriminalromane des spanischen Autors Manuel Vázquez Montalbán zeigen in ihrer gesellschaftskritischen Tendenz eine Verwandtschaft mit den Detektivromanen des Schweizers (vgl. Vázquez Montalbán in: Das Magazin-Berner Zeitung v. 14./15. 12. 1991; 39). Die meisten der Texte sind in deutscher Übersetzung erhältlich in der Reihe rororo-Thriller. Übrigens fanden Dürrenmatts »Physiker« auch einen Nachklang in der Literatur der DDR, auf typische Weise jedoch nicht in Form der literarischen Verarbeitung ihrer Bühnenästhetik oder Thematik, sondern als Beitrag zum subversiven Diskurs literarischer Systemkritik. Erwähnt wird das Stück sowohl in Erik Neutschs Erzählung »Drei Tage unseres Lebens« (1969) als auch im von der Zensur unterdrückten Roman »Rumba auf einen Herbst« (1964) von Irmtraud Morgner, der in Auszügen aufgenommen wurde in den späteren Romanbestseller »Leben und Abenteuer der Trobadora Beatriz nach Zeugnissen ihrer Spielfrau Laura« (1974; zu den Belegstellen vgl. Reid [P91; 356 f.]). Ironisch ist, daß weder 1964 noch 1969 das Stück in der DDR überhaupt aufgeführt worden war, und daß es erst 1965 im Druck vorlag.

Verengt man den Blickwinkel der Betrachtung auf die Autoren und Texte, bei denen ganz *konkrete thematische Anklänge* an Werke von Dürrenmatt nachgewiesen werden können, so sieht man sich vorderhand weitgehend auf den schweizer Literaturkontext beschränkt. Auch in diesem Befund liegt eine gewisse Ironie. Denn Friedrich Dürrenmatt hat sich, bei aller *persönlichen* Bodenständigkeit auch in Habitus und Sprache, seit den Anfängen seiner Schriftstellerei immer primär als europäischer Autor verstanden, und nicht als Schweizer par excellence. Ein Überblick, der notgedrungen Neuland betritt, vermag wiederum lediglich einige Anstöße zu vermitteln für die längst fällige Aufarbeitung dieses Fragenkomplexes.

Der bedeutende schweizer Romancier Otto F. Walter versuchte sich mit zwei Stücken an der Bühne, ohne viel Erfolg beim Publikum zu verbuchen. In »Elio oder Eine fröhliche Gesellschaft« (1965), einem komplexen, kriminalistisch angehauchten Spiel, prallen Erinnerung und Gegenwart, Hoffnung und Realität unversöhnlich aufeinander. Der Text weist offenkundige Parallelen zu Max Frischs Erstlingsdrama »Santa Cruz« auf. Die Protagonistin Ella Schaub gemahnt allerdings ebenfalls deutlich an Alfred Ill aus »Der Besuch der alten Dame«. Walters zweites Drama »Die Katze« (1967) hat grundsätzlich das gleiche Thema, das jetzt jedoch um die gesellschaftlich-kollektive Dimension von Schuld erweitert wird. Kriminalistische Elemente erinnern durchgängig an »Die Panne«. Auch das im ganzen wenig gelungene Stück »Rabenspiele« (1971) des häufig aufgeführten Dramatikers Herbert Meier variiert das Thema der »Panne« vermittels eines gefährlichen Gesellschaftsspiels im begüterten Kreise. Meier, Autor des populären Manifests »Der neue Mensch steht weder rechts noch links, er geht« (1969), macht sich in den späteren Stücken »Dunant« (1976) und »Bräker« dann weitgehend vom Einfluß Dürrenmatts frei. Auch Manfred Schwarz zeigt in seinem Drama »Das andere Gesicht« (1964) starke Wirkungsspuren Dürrenmatts, besonders von »Das Versprechen«. Analog zur Dürrenmattschen Vorlage, geht es bei Schwarz ebenfalls um einen längst verjährten Mord. Dieser wird sowohl aus der Sicht des Mörders als auch von der Warte des Detektivs beleuchtet. Ersterer kann nicht mehr leben mit seiner Schuld, letzterer läßt den Täter zwar nach endloser Suche im Stil Matthäis laufen, treibt ihn aber gerade dadurch in den Selbstmord. So wird paradoxerweise der Detektiv zum Schuldigen.

Noch stärker beeinflußt von Dürrenmatt ist der schweizer Arzt und Psychiater, Dramatiker und Erzähler Walter Vogt. Vogts umfangreiches Werk zeichnet sich durch die Verwendung grotesker Darstellungsweise ebenso aus wie durch den bewußten »Stilbruch« zur Komik hin. Mit Dürrenmatt teilt Vogt seine Vorliebe für kriminalistische Stoffe und für den plötzlichen, nicht vorausberechenbaren »Einfall«. Zu untersuchen wären vor allem die Bühnentexte »Höhenluft« (1965), eine »kriminalistische Theologie des Bösen«, das Zweipersonendrama »Spiele der Macht« (1970; im selben Jahr verfilmt vom Schweizer Fernsehen), das Anklänge an den »Meteor« zeigt, und das Fernsehspiel »Pilatus vor dem schweigenden Christus« (Schweizer Fernsehen 1974; Regie: Max Peter Amann). Letzteres könnte fast als eine psychologische Theatralisierung von Dürrenmatts früher Erzählung »Pilatus« gelten. Auch das Drama »Typhus« (1973), eine Adaption von Ibsens »Ein Volksfeind«, verweist durch die völlige Isolierung seines Protagonisten Stockmann auf Alfred Ill aus dem »Besuch der alten Dame«. Erwähnt seien noch die in der geistigen Nähe von Dürrenmatts Detektivromanen stehenden Romane »Wüthrich« (1966), »Melancholie« (1967), »Der Vogel auf dem Tisch« (1968) und »Der Wiesbadener Kongreß« (1972), der ein den »Physikern« benachbartes Thema behandelt. Hier finden sich, im Verein mit grotesker Darstellungsweise Dürrenmattscher Couleur, vielfache Reminiszensen an »Der Richter und sein Henker«, »Der Verdacht«, »Das Versprechen« und schließlich »Die Panne«. Noch in den späteren Romanen »Schizogorsk« (1977) und »Vergessen und Erinnern« (1982) taucht manche, freilich jetzt verwischtere Wirkungsspur Dürrenmatts auf. Eine detaillierte Gegenüberstellung der beiden Autoren wäre eine reizvolle Aufgabe, besonders da Vogt keineswegs ein bloßer Epigone, sondern ein in vielfacher Hinsicht originelles literarisches Talent ist, das den Vergleich mit seinem Vorbild nicht zu scheuen braucht.

Spürbar ist Dürrenmatts groteske Ästhetik hier und da auch

in den Arbeiten von Jürg Acklin, besonders im Rollenroman »alias« (1971), in dem sich der Einfluß Frischs und Dürrenmatts treffen, oder auch in den grotesk-kriminalistischen, tiefenpsychologischen Romanen von Beat Brechbühl: »Kneuss. Zwei Wochen aus dem Leben eines Träumers und Querulanten, von ihm selbst aufgeschrieben« (1970), »Nora und der Kümmerer« (1974) und »Mörmann und die Ängste des Genies« (1976). Im letztgenannten Text, einer Farce auf die Verflechtung von Kapital und Wissenschaft, haben, zumindest beim »Verein zur Förderung genial veranlagter Menschen« und seiner Unterbringung in einem verlassenen Hotel, »Die Physiker« Pate gestanden. Auch in Beat Sterchis eindrucksvollem Erstlingsroman »Blösch« (1983) scheinen, angesichts aller Eigenständigkeit in puncto Thematik und Zeitnähe, noch Nachklänge dieser grotesken Weltsicht zu erkennen. Am Ende erwähnt werden sollte noch der beachtenswerte Roman »Die verborgenen Gärten« (1982) von Martin R. Dean. Der dem erkenntnisunsicheren Lebensgefühl der Postmoderne verpflichtete Text steht unter dem Einfluß von Theodor W. Adorno und Jorge Luis Borges. Seine Struktur gleicht einem Labyrinth, das tiefenpsychologisch den Prozeß der Selbstfindung des Protagonisten Manuel Kornell widerspiegelt. Bemerkenswert ist hier, daß Dean und Dürrenmatt sich in der Denk- und Daseinsfigur des Labyrinths treffen – einer Figur, die sich durch das gesamte Dürrenmattsche Œuvre zieht und in den späten Texten von »Stoffe« bis zu »Durcheinandertal« noch einmal ganz besondere Aktualität gewinnt.

Man wird in diesem vorläufigen Überblick manchen Namen vermissen. Lassen sich etwa in den Prosatexten Peter Bichsels (»Eigentlich möchte Frau Blum den Milchmann kennenlernen. 21 Geschichten« [1964]; »Kindergeschichten« [1969]; und im Roman »Jahreszeiten« [1970]) Wirkungsspuren Dürrenmatts nachweisen? An grotesker Darstellung mangelt es nicht, Fiktion und Realität fallen einander gegenseitig mit entlarvender Absicht ständig in den Arm. Wären die kriminalistisch-gesellschaftskritischen Spiele mit der Fiktionalität von Werner Matthias Diggelmann wie »Das Verhör des Harry Wind« (1962) oder »Die Vergnügungsfahrt« (1969) ohne die Kenntnis der Detektivromane Dürrenmatts so und nicht anders gestaltet? Signalisieren die Hörspiele von Barbara König in ihrer gekonnten Mischung von Klischee, Platitüde und groteskem Humor einen möglichen Einfluß Dürrenmatts? Man denkt besonders an »Abschied von Olga« (1966), »Böhmische Gänse« (1970) und

»Freiersfüße-Witwersfüße« (1971). Und wie steht es mit stellenweise klar an Dürrenmatt gemahnenden grotesken Darstel-
lungsmitteln in Erzähltexten von Peter Härtling, Marcel Konrad
oder Werner Schmidli? Wie verhält es sich mit dem umfangreichen Werk des wichtigen Autors Gert Hofmann? In den
Hörspielen (»Leute in Violett« [1961], »Autorengespräch«
[1970], »Verluste« [1972], noch im Monologspiel »Die Überflu-
tung« [1979]) werden durchweg groteske sprachliche Elemente
verwendet, die ohne die vorangegangene Hörspielästhetik Dürrenmatts zumindest so nicht denkbar wären. Auch im Roman-
werk Hofmanns, das die Realität bis zur völligen Desintegration
in Frage stellt, findet sich der Einsatz grotesker Erzähltechniken, der zeitlichen und räumlichen Zersplitterung und einer
Versatzstückmontage, die zumindest partiell der Dürrenmattschen Bühnenästhetik verwandt scheinen. Man vergleiche »Die
Fistelstimme« (1980), »Auf dem Turm« (1982), den durch die
Verwendung eines kollektiven Erzählers verblüffenden Roman
»Unsere Eroberung« (1984), »Der Blindensturz« (1985; hier
übrigens manche Anklänge an Dürrenmatts frühe Texte) und
den neuen Bewältigungsroman der Postmoderne, »Vor der Re-
genzeit« (1988), dessen Hauptfigur »Onkel« fast in Kollabora-
tion mit Dürrenmatt hätte konzipiert sein können.

Im Hinblick auf Hofmann wie auf die anderen genannten
Autoren muß die Frage lauten: ist es hier tatsächlich noch ge-
rechtfertigt, von ›Einflüssen‹ zu sprechen in der herkömmlichen
Bedeutung des Wortes? Oder findet literarische Tradition statt,
deren Ursprünge eben unter anderem auf Dürrenmatt zurück-
weisen? Sie ist in diesem Rahmen kaum zu beantworten. Die
Wirkungsgeschichte Dürrenmatts zu schreiben, wäre jedenfalls
ein aufwendiges Unternehmen. Immerhin ist sein Werk nunmehr abgeschlossen, und man wird sich von der Forschung der
kommenden Jahre zumindest erste Erträge erhoffen dürfen.
Daß hier eine eklatante Forschungslücke klafft, wird nicht zuletzt deutlich bei der Durchsicht der beiden zum siebzigsten
Geburtstag von Daniel Keel bzw. Dieter Bachmann zusammen-
gestellten Sammlungen von Würdigungen und diversen Betrachtungen zu Werk und Person (I10; I11). Kein einziger der
Beiträge gilt der *literarischen Wirkung* von Dürrenmatts Œuvre.
Auch das ist ein Befund. Wendet man sich schließlich der *literaturwissenschaftlichen* Erforschung dieses Werks zu, so läßt sich
vorderhand anknüpfen an die drängende Aufarbeitung der
internationalen Bühnenrezeption sowie der innerliterarischen
Wirkung Dürrenmatts, von der gerade die Rede war. Die siebzi-

ger und die frühen achtziger Jahre haben insgesamt keine reiche Ernte einschlägiger Arbeiten erbracht. Erst seit etwa der Mitte der achtziger Jahre, gleichlaufend mit dem Höhepunkt der Renaissance von Dürrenmatts Stücken auf deutschsprachigen Bühnen, zeichnet sich ein erneuter Aufschwung der Forschungsarbeit am Gegenstand ab. Wer über Dürrenmatt arbeitet, sieht sich also nach wie vor auf eine Anzahl verläßlicher älterer Studien angewiesen. Hinzu kommen manche Veröffentlichungen neueren Datums, von denen im einzelnen unten zu handeln sein wird.

Beklagt wurde in der ersten Auflage des vorliegenden Bandes das Fehlen einer halbwegs verbindlichen Werkausgabe. Seinerzeit stand die vom Diogenes-Verlag besorgte *Werkausgabe in dreißig Bänden* kurz vor ihrem Erscheinen. Inzwischen liegt sie in ihrer vierten, erweiterten und leicht revidierten Auflage (1990) vor. Erhältlich sind ebenfalls die von Franz Josef Görtz betreuten *Gesammelten Werke in sieben Bänden* (A 10; dazu Heinrich Vormweg: Eine Werkausgabe zuviel. In: SDZ v. 22./ 23. 7. 1989), die jedoch in keiner Weise über den Befund der *Werkausgabe* hinausführen. Betrachtet man nun die *Werkausgabe* genauer, so muß man sich fragen, welche Editionskriterien bei ihrer Erstellung befolgt wurden – oder ob in der Tat hier vorwiegend kommerzielle Erwägungen im Spiel waren. Denn die Stücke erscheinen samt und sonders in »Neufassungen« bzw. »Endfassungen«, die aufs Jahr 1980 datiert sind: in Fassungen ›letzter Hand‹ also. Hierzu Dürrenmatts kryptische Anmerkung zur Textherstellung:

»Es ging mir [...] bei den Fassungen für die Werkausgabe nicht darum, die theatergerechten, das heißt die gestrichenen Fassungen herauszugeben, sondern die literarisch gültigen [sic]. [...] gebe ich im folgenden – die ersten Stücke tastete ich nicht an – die dichterische Fassung wieder, eine Zusammenfassung verschiedener Versionen.« [Allgemeine Vorbemerkung zu der Endfassung 1980 meiner Komödien.]

Von einigen Anhängen einmal abgesehen, bietet die *Werkausgabe* allerdings keinerlei Aufschluß über die Genese dieser »dichterischen« Versionen. Wer einen philologischen Befund der verschiedenen Fassungen mehrfach bearbeiteter Stücke – wie etwa »Romulus der Große«, »Die Ehe des Herrn Mississippi«, »Frank der Fünfte«, »Porträt eines Planeten« und »Die Frist« – zu eruieren versucht, sieht sich nach wie vor auf verstreute Einzel- und Sammelausgaben und den langwierigen Zeilenvergleich angewiesen. Auch im Hinblick auf die ›textstabilen‹

Erfolgsstücke bringt die *Werkausgabe* einen veränderten Text. Der Vergleich von A 2 und WA 7 zeigt beispielsweise, daß der Autor an annähernd siebzig Stellen in die Textgestalt von »Die Physiker« eingegriffen hat. Zugegebenermaßen sind die meisten dieser Eingriffe geringfügig. Manche tangieren jedoch die Substanz und gehen übers Kosmetische hinaus.

All das bedeutet, daß noch immer keine textvergleichende, die diversen Fassungen der Stücke aufschlüsselnde Ausgabe der Werke Dürrenmatts vorhanden ist. Mangels einer besseren Edition wird man sich augenblicklich mit den Fassungen ›letzter Hand‹ begnügen müssen. Zu hoffen steht, daß die Forschung sich dieses editorischen Notstands annehmen wird (zur Problematik einer Ausgabe vgl. auch Martin Stern, H 3). Immerhin ist der Nachlaß des Autors jetzt im Literaturarchiv der Schweizerischen Landesbibliothek in Bern verfügbar (vgl. Corinna Jäger-Trees, H 4). Größere Überraschungen sollte man sich davon nicht versprechen, zumindest aber die Grundlage sowohl für die Erarbeitung einer zukünftigen Edition als auch für eine längst fällige Quellenforschung.

Die bibliographische Aufnahme und Verzeichnung von Texten über Dürrenmatt läßt seit langem zu wünschen übrig. Für den Zeitraum bis 1967 ist immer noch die Bibliographie von Johannes Hansel (G 2) verbindlich. Sekundärtexte bis zur Mitte der siebziger Jahre finden sich in der Zusammenstellung des Verfassers (G 4). Die Bibliographien von Franz Cavigelli/Winfried Hönes (G 6), Armin Arnold (G 7) und Hans Bänziger (G 8) sollten zur Ergänzung der in diesem Band gegebenen Auswahlbibliographie herangezogen werden. Eine wirklich *umfassende* Bibliographie neueren Datums, die auch das Gros der Zeitungs- bzw. Aufführungskritiken zu verzeichnen hätte, bleibt nach wie vor ein Desideratum der Forschung. Ähnlich verhält es sich mit größeren Überblicken zur literaturwissenschaftlichen Arbeit an Dürrenmatt-Texten. Nach dem 1971 abgeschlossenen Forschungsbericht des Verfassers (H 2) liegt noch immer keine neue Studie dieser Art vor.

Relativ groß im Vergleich zu anderen zeitgenössischen Autoren ist dagegen die Zahl der brauchbaren, informativen Gesamtdarstellungen. Unter den deutschsprachigen Studien ist mit Abstand der Vorzug der Monographie von Jan Knopf (K 20) zu geben. Der klar konzipierte, hervorragend geschriebene Band, dessen vierte, überarbeitete Auflage 1988 vorlag, gibt Aufschluß über die Autorenbiographie, die Werkgeschichte und den für jede Beurteilung des Dürrenmattschen Œuvres unabdingbaren zeitgeschichtlichen Hintergrund. Die Wertungen Knopfs bleiben, bei aller gelegentlichen Vehemenz, immer wohlfundiert. Als Ergänzung heranzuziehen ist Knopfs Studie zum dramatischen Werk (K 26). Hier finden sich, neben einer historisch-chronologischen Deutung des Bühnenwerks, hervorragende Einsichten zur Bühnenästhetik und zu ihren politischen Grundlagen. Dürrenmatt wird mit der Elle Brechts gemessen und, wie sollte es anders sein, als nicht genügend befunden. Läßt man jedoch die – vielleicht im ganzen zu stringente – Kritik Knopfs einmal beiseite, so bleibt dies eine der wenigen bedeutenden Arbeiten zum Theater. Gleichsam als Komplementärlektüre empfohlen seien die Studien Kenneth S. Whittons zum Bühnenwerk (K 23) und zu den Texten der achtziger Jahre (K 29). Whitton ist ein ausgezeichneter Kenner der Sachlage. Neben subtilen Interpretationen finden sich bei ihm überraschende Neuansätze zur Deutung des vermeintlich Bekannten. Argumentationsbasis ist durchweg ein behutsames Bemühen um den Text, das heute seinesgleichen sucht.

Auch die Arbeiten von Armin Arnold (K 12) und – trotz der wenig überzeugenden, aber hartnäckig folgenschweren Verkoppelung des Autors mit Max Frisch – Hans Bänziger (K 1), die sich an ein breiteres Leserpublikum wenden, sind unentbehrlich für jede Orientierung. Weniger gelungen ist dagegen die Monographie von Heinrich Goertz (K 25), die zwar genügend biographische und werkgeschichtliche Fakten zusammenträgt, sich aber jeglicher Deutung enthält. Dies ist um so bedauerlicher, als Goertz offenbar durchaus das Rüstzeug des Interpreten besitzt. Der Leser dürfte hier mehr erwarten als fade Abstinenz von eigener Stellungnahme. Bei einer Neuauflage wäre die Konzeption des Bandes neu zu überdenken.

Hervorgehoben werden unter den größeren älteren Studien sollten Peter Spychers Sichtung des Prosawerks (K 17) und Ulrich Profitlichs Untersuchung zum Komödienbegriff (K 18). Erstere bleibt trotz der weitschweifigen Paraphrasen ergiebig, letztere besticht durch die Konturierung gattungsspezifischer Grundstrukturen. Heranzuziehen zur frühen Prosa (s. d.) sind inzwischen die guten Arbeiten von Emil Weber, zu den Erzähltexten der Beitrag von Armin Arnold (N 6). Urs Jenny (K 7) vermittelt über die lesbare Interpretation der Bühnenwerke hinaus eine gedrängte Dokumentation der Bühnengeschichte. Timo Tiusanens jetzt leider überholte, ergiebige und solide Darstellung (K 21) verdiente, auf den neuesten Stand gebracht zu werden. Im größeren Rahmen einer Exemplardramaturgie der

Moderne betrachtet Gerhard Neumann (K13) Dürrenmatt, material- und aufschlußreicher Manfred Durzak (K15). Unter den neueren Arbeiten zur Dramaturgie sei hingewiesen auf die Untersuchung zur Ontologie von Hans Badertscher (K22) und auf die Kafka-Dürrenmatt-»Konfrontation« von Lutz Tantow (K28), die trotz ihrem weithergeholten Vergleichsansatz substanziell zum Textverständnis beider Autoren beiträgt.

Soweit eine solche Bilanz überhaupt schon möglich ist, zeigt die Forschungsentwicklung von ihren Anfängen über ihre erste Blüte ums Jahr 1970 bis hin zum neuerlichen Boom um Dürrenmatt im letzten Jahrzehnt eine deutliche Verschiebung des jeweils gegebenen Erkenntnisinteresses. Ging es der ersten Forschergeneration noch primär um die Einordnung des Werks – zumeist spezifischer: der Bühnentexte – in den Gesamtkontext der Literatur- bzw. Theaterszene der Zeit, so fächert sich in der Folge der Zugriff zum Spezielleren auf. Genrespezifische, strukturelle und ästhetische Fragen treten in den Vordergrund und bleiben während der siebziger Jahre bestimmend. Um den Beginn der achtziger Jahre macht sich ein neuer Paradigmenwechsel bemerkbar. Dürrenmatt ist allenthalben zum Klassiker avanciert. Man scheut den Vergleich mit anderen »Klassikern der Moderne« nicht (vgl. etwa K28; L76; L82; L83) und geht vielfach der Festschreibung seiner weltanschaulichen und ästhetischen Positionen nach, wie etwa in den Arbeiten von Werner Schultheis (M65), Hans Dietrich Irmscher (M67) oder Rolf Müller (M75), Daß dabei oft genug die ideologischen und methodischen Prämissen der Interpreten tonangebend sind, braucht kaum eigens betont zu werden. Man vergleiche etwa die im gleichen Band vereinten, höchst divergenten Beiträge von Robert E. Helbling (M71) und Jan Knopf (M72).

Repräsentativ für Paradigmaverschiebungen in der jeweiligen Phase wissenschaftlicher Aufarbeitung der Werke eines Autors sind Sammelbände und solche Aufsatzsammlungen, die unter einem gliedernden Prinzip stehen. Der erste Versuch dieser Art (I1) war von vornherein zu heterogen angelegt. Dennoch gibt er den Blick frei auf die lebendige und divergente, hier und da freimütig übers Ziel hinausschießende Forschungslage in der Initialphase. Neben den »Text+Kritik«-Anthologien (I2; I4) liegt aus der Mitte der siebziger Jahre der vom Verfasser herausgegebene Band (I3) vor. In diesen Sammlungen geht es um die Erarbeitung halbwegs fester Orientierungsleitlinien, die nach zwanzigjährigem Bemühen um Dürrenmatt-Texte allenthalben noch zu fehlen schienen. Die gleiche Tendenz verfolgen der von

Gerd Labroisse und vom Verfasser besorgte Band »Facetten«
(17) und noch die von Armin Arnold herausgegebene, sehr
gelungene Aufsatzsammlung (18). Mit Moshe Lazars Dokumentation eines Dürrenmatt-Symposiums (Los Angeles, 1981;
19) bahnt sich eine Verschiebung des Erkenntnisinteresses an:
hier überwiegen Rückblicke, zusammenfassende Betrachtungen, behutsame Bilanzen. Ein neuer Zug von Ikonographie
schleicht sich ein (vgl. die Beiträge von Arnold Heidsieck
[M70], Joseph P. Strelka zum »Mitmacher« [s.d.] und Martin
Esslin zu »Die Frist« [s.d.]). Nicht nur war Dürrenmatts Rückzug von der Bühne zu diesem Zeitpunkt längst besiegelt, auch
sein Avancement zum »Klassiker der Moderne« war vollzogen.
Übrigens war dies kaum irgendwo offenkundiger als bei dem
genannten Symposium in Los Angeles: der Autor blieb den
Vorträgen und Debatten fern. Blicken ließ er sich nur abends
beim Wein. Fast schien es, als habe er sich schon losgesagt von
seinem Werk, über das tagsüber verhandelt wurde. Genannt
werden sollten schließlich die Geburtstagsanthologien, die Daniel Keel (I10) und Dieter Bachmann (I11) besorgten. Dem
Anlaß gemäß, sind die hier versammelten Beiträge affirmativ-
unkritisch. Ihre Tendenz, allen gegenteiligen Beteuerungen zum
Trotz, unterstreicht indessen die vielberufene Wirkungslosigkeit von Klassikern.
  Es fehlt der Raum, auf Detailergebnisse der Forschung Bezug
zu nehmen. Einige wenige Aspekte seien jedoch stellvertretend
erwähnt. Noch immer bietet die Klärung der philosophischen
und literarischen Einflüsse, die Dürrenmatts Werk in seinen
verschiedenen Phasen prägten, einiges Neuland. Besonders im
Hinblick auf das Essaywerk, das ja einen gewissen philosophischen Anspruch erhebt, und die dort aufgesogenen naturwissenschaftlichen Positionen, fehlt noch manche größere Analyse.
Weiterzuverfolgen wären dabei etwa die jeweils aus verschiedener Richtung kommenden Anstöße von Manfred Durzak (O4),
Joseph A. Federico (M68 bzw. O5) und A.M. Wright (L75),
früher schon von Michael Winter (L74). Die Komödiendramaturgie der sechziger Jahre, die in den Arbeiten von Allemann
(M36), Profitlich (M42), Buddecke (M46), Kurzenberger
(M55), Pulver (M58) und Pestalozzi (M63) abgesteckt wurde,
bietet wenig Raum für weitere Erforschung. Dennoch sind Studien wie die von Michael Schmitz (M76) zur Aristophanes-
Rezeption eine Bereicherung. Zur kritischen Dramaturgie der
siebziger Jahre (Hinweise etwa bei Marianne Kesting [L71])
fehlt noch jegliche Grundsatzarbeit. Das gleiche betrifft die

Intertextualität von Bild und Wort – einige Anstöße bei Heinz Ludwig Arnold (F3) und Hugo Leber (F4) –, von der in diesem Band verschiedentlich die Rede ist. Auszugehen ist dabei sicherlich vom Bild des Labyrinths (Michael Butler [L 80] und Sydney G. Donald [L 84]), dem eine zentrale Rolle in der Bühnen- wie in der Bildästhetik Dürrenmatts zukommt.

Aufzuarbeiten wäre schließlich die Interdependenz von Ästhetik und Ideologie in diesem Werk. Gute Grundlagenforschungen finden sich u.a. bei Jan Knopf (L 72), Jirí Stromsík (L 73) und Gerwin Marahrens (L 78), deren Erkenntnisse zum ideologisch-zeitgeschichtlichen Hintergrund und seinem Reflex in der Bühnenästhetik auf breiterer Basis weiterzuführen wären. Heranzuziehen sind weiterhin die Ergebnisse zur Sprache von Herbert Peter Madler (M 64), zu Paradoxie und Groteske von Vera Schulte (M 74) und zur Komik von Hannes Gertner (L 79) und Rolf Müller (M 75). Gleichzeitig mit dem Abschluß der Korrekturen des vorliegenden Bandes erreicht den Verfasser eine neue Dürrenmatt-Biographie von Lutz Tantow (Friedrich Dürrenmatt. Moralist und Komödiant. München [= Heyne Biographien 216]), die noch erwähnt werden sollte. Tantow liefert – erstmals in der Forschung um Dürrenmatt – eine zuverlässige, im Hinblick auf zeitgeschichtliche, literarische und andere Einflüsse nachgerade lückenlose Darstellung der vita. Der Band ist zudem so schwungvoll geschrieben, daß die Lektüre zur reinen Freude wird. – Die Ziele einer zukünftigen Dürrenmattforschung scheinen damit abgesteckt. Man wünschte sich – nach der Sturmflut der sechziger Jahre und der späteren relativen Stille um den Autor – eine Phase der gezielten Neubesinnung und der disziplinierten Sichtung dieses Œuvres, das nunmehr abgeschlossen vorliegt.

VIII. Bibliographie

Weitere Literaturangaben zu Einzeltexten finden sich im Anschluß an die jeweiligen Kapitel bzw. Unterabschnitte.

1.0. Ausgaben

1.1. Sammelausgaben (A)

A 1   Komödien I. Zürich 1957 u. ö. [»Romulus der Große«, »Die Ehe des Herrn Mississippi«, »Ein Engel kommt nach Babylon«, »Der Besuch der alten Dame«].

A 2   Komödien II und frühe Stücke. Zürich 1964 u. ö. [»Es steht geschrieben«, »Der Blinde«, »Frank der Fünfte«, »Die Physiker«, »Herkules und der Stall des Augias«].

A 3   Komödien III. Zürich 1972 u. ö. [»Der Meteor«, »Die Wiedertäufer«, »König Johann«, »Play Strindberg«, »Titus Andronicus«].

A 4   Gesammelte Hörspiele. Zürich 1961 u. ö. [»Der Doppelgänger«, »Der Prozeß um des Esels Schatten«, »Nächtliches Gespräch mit einem verachteten Menschen«, »Stranitzky und der Nationalheld«, »Herkules und der Stall des Augias«, »Das Unternehmen der Wega«, »Die Panne«, »Abendstunde im Spätherbst«].

A 5   Die Stadt. Prosa I–IV. Zürich 1952 u. ö. [»Weihnacht«, »Der Folterknecht«, »Der Hund«, »Das Bild des Sysiphos«, »Der Theaterdirektor«, »Die Falle«, »Die Stadt«, »Der Tunnel«, »Pilatus«].

A 6   Theater – Schriften und Reden. Hg. v. *Elisabeth Brock-Sulzer*. Zürich 1966.

A 7   Dramaturgisches und Kritisches. Theater – Schriften und Reden II. Zürich 1972.

A 8   Lesebuch. Zürich 1978. [Enthält: »Dürrenmatt über Dürrenmatt«, »Weihnacht«, »Der Sohn«, »Die Wurst«, »Der Tunnel«, »Abu Chanifa und Anan ben David«, »Nachrichten über den Stand des Zeitungswesens in der Steinzeit«, »Mister X macht Ferien«, »Herkules und der Stall des Augias (Entwurf zum Hörspiel)«, »Stranitzky und der Nationalheld«, »Die Frist«, »Erzählung von CERN«, »Über Toleranz«, »Notizen zu Hans Falk«, »Das Ende einer Geschichte«].

A 9   Werkausgabe in dreißig Bänden. Zürich 1980; ⁴1990 [zit. als: WA mit Band- und Seitenzahl].

A 10   Gesammelte Werke in sieben Bänden, hg. v. *Franz Josef Görtz*. Zürich 1988.

A 11 Meistererzählungen [»Der Tunnel«, »Die Panne«, »Der Sturz«, »Abu Chanifa und Anan ben David«, »Der Winterkrieg in Tibet«, »Mondfinsternis«]. Zürich 1992.

1.2. Einzelausgaben

Berücksichtigt werden nur deutschsprachige Ausgaben, diese wiederum nur in sinnvoller Auswahl. Dürrenmatt-Texte wurden in allen Weltsprachen übersetzt, darüber hinaus in Afrikaans, Finnisch, Tschechisch, Ungarisch etc. Eine Aufstellung ist an dieser Stelle nicht möglich.

1.2.1 Bühnentexte und Hörspiele (B)

B 1 Es steht geschrieben. Mit 6 Zeichnungen v. Autor. Basel 1947; Zürich 1959.

B 2 Der Blinde. Berlin 1947; Zürich 1960.

B 3 Romulus der Große. Eine ungeschichtliche historische Komödie in 4 Akten. [Zürich 1949]; Basel 1956; [2. Fssg. 1957] Zürich 1958; [3. Fssg. 1961] 1961; [4. Fssg. 1963] 1964.

B 4 Nächtliches Gespräch mit einem verachteten Menschen. (Ein Kurs für Zeitgenossen). Zürich 1957; [Bühnenfssg.] 1958. Sprechplatte, vom Dichter selbst gesprochen, Zürich 1963 (Disco-Club).

B 5 Die Ehe des Herrn Mississippi. Eine Komödie in 2 Teilen. Zürich 1952; [2. Fssg.] 1957; [3. Fssg.] 1964. Filmversion 1961 [Drehbuch erschien m. d. Bühnenfassung. Zürich 1966]; [4. Fssg.] 1970.

B 6 Ein Engel kommt nach Babylon. Eine Komödie in 3 Akten. Zürich 1954; [2. Fssg.] 1958.

B 7 Herkules und der Stall des Augias. Mit Randnotizen eines Kugelschreibers. Zürich 1954; 1960; [2. Fssg.] 1963. Schallplatte (Deutsche Grammophon-Ges. Nr. 43013) 1957.

B 8 Der Besuch der alten Dame. Eine tragische Komödie. Zürich 1956. Filmversion 1964.

B 9 Die Panne. Eine noch mögliche Geschichte. Zürich 1956. Fernsehspiel 1959. Bühnenfassung [J. Yaffe: The Deadly Game] 1960.

B 10 Der Prozeß um des Esels Schatten. Ein Hörspiel nach Wieland – aber nicht sehr. Zürich 1956; 1958.

B 11 Abendstunde im Spätherbst. Ein Hörspiel. Zürich 1959. Vorabdruck in: AZ 4 (1957) 194–216.

B 12 Stranitzky und der Nationalheld. Ein Hörspiel. Zürich 1959. Vorabdruck in: Hörspielbuch 4. Frankfurt 1953.

B 13 Das Unternehmen der Wega. Ein Hörspiel. Zürich 1958; [2. Fssg.] 1969. Vorabdruck in: Hörspielbuch 6. Frankfurt 1955.

B 14 Der Doppelgänger. Ein Spiel. Zürich 1960.

B 15 Frank der Fünfte. Oper einer Privatbank. Musik v. Paul Burkhard. Zürich 1960.

B 16 Die Physiker. Eine Komödie in 2 Akten. Zürich 1962. Fernsehspiel 1963.

B 17 Der Meteor. Eine Komödie in 2 Akten. Zürich 1966. Fernsehspiel i. gl. Jahr.

B 18 Die Wiedertäufer. Eine Komödie in 2 Teilen. Zürich 1967.

B 19 König Johann. Nach Shakespeare. Zürich 1968.

B 20 Play Strindberg. Totentanz nach August Strindberg. Zürich 1969.

B 21 Titus Andronicus. Eine Komödie nach Shakespeare. Zürich 1970.

B 22 Porträt eines Planeten. Zürich 1971.

B 23 Der Mitmacher. Ein Komplex [...] Zürich 1976.

B 24 Die Frist. Eine Komödie. Zürich 1977.

B 25 Die Panne. Komödie. Zürich (= Diogenes Taschenbuch 209) 1979.

B 26 Achterloo. Eine Komödie in zwei Akten. Zürich 1983.

B 27 *F. D./Charlotte Kerr:* Rollenspiele. Protokoll einer fiktiven Inszenierung und Achterloo III. Zürich 1986.

1.2.2. *Erzähltexte (C)*

Vgl. A 5; A 8; B 23.

C 1 Der Alte. In: Bund (Bern) 25. 3. 1945.

C 2 Pilatus. Olten 1949; Zürich 1963.

C 3 Der Nihilist [= Die Falle, A 5]. Horgen-Zürich 1950. Als: Die Falle. Zürich 1966.

C 4 Der Theaterdirektor. In: A 5. Ebenfalls in: Querschnitte 1, Nr. 3 v. 1. 11. 1963; S. 14f.

C 5 Der Tunnel. In: A 5. Buchausg. Zürich 1964. Auch in: *Benno von Wiese* (Hg.): Deutschland erzählt [...] Frankfurt/M. 1969; S. 249–256.

C 6 Der Richter und sein Henker. In: Der Schweizerische Beobachter 24, Nr. 23 v. 15. 12. 1950 bis 25, Nr. 6. v. 31. 3. 1951. Buchausg. Einsiedeln 1952; ²1957. Reinbek (= rororo Tb. 150) 1955. Hörspiel 1957, ebenfalls Fernsehspiel und Filmversion.

C 7 Der Verdacht. In: Der Schweizerische Beobachter 25, Nr. 17 v. 15. 9. 1951 bis 26, Nr. 4 v. 29. 1. 1952. Buchausg. Einsiedeln 1953. Reinbek (= rororo Tb. 448) 1961.

C 8 Grieche sucht Griechin. Eine Prosakomödie. Zürich 1955. Frankfurt/M. (= Ullstein Tb. 199) 1958. Filmversion 1966.

C 9 Die Panne. Eine noch mögliche Geschichte. Zürich 1956; ²1959.

C 10 Im Coiffeurladen. In: NZZ v. 21. 4. 1957.

C 11 Das Versprechen. Requiem auf den Kriminalroman. Zürich 1958 [nach dem Filmskript: Es geschah am hellichten Tag v. Febr. 1958].

C 12 Das Bild des Sysiphos. In: A 5. Buchausg. Zürich 1968.

C 13 Der Sturz. Zürich 1971.

C 14 Smithy. Eine Novelle. In: B 23; 202–227.

C 15 Das Sterben der Pythia. Erzählung. In: B 23; 238–275.

C 16 Stoffe I–III. Zürich 1981.

C 17 Justiz. Roman. Zürich 1985.

C18   Minotaurus. Eine Ballade. Mit Zeichnungen des Autors. Zürich 1985.
C19   Der Auftrag oder Vom Beobachten des Beobachters der Beobachter. Novelle in vierundzwanzig Sätzen. Zürich 1986.
C20   Durcheinandertal. Roman. Zürich 1989.
C21   Turmbau. Stoffe IV–IX. Zürich 1990.
C22   Midas oder Die schwarze Leinwand. Zürich 1991.
C23   Grieche sucht Griechin. Roman. Zürich 1992.

1.2.3. Essayistische und theoretische Schriften (D)
Vgl. A6; A7; B23.

D1   Theaterprobleme. Nach dem Manuskript eines Vortrages. Zürich 1955; 1958.
D2   Wir können das Tragische aus der Komödie heraus erzielen. In: AZ 4 (1957) 251–253.
D3   Hörspielerisches. Anmerkungen aus der Werkstatt. In: WeWo v. 12. 12. 1958.
D4   Friedrich Schiller. Eine Rede. In: AZ 7 (1960) 13–25. Ebenfalls in: Schiller. Reden im Gedenkjahr 1959; S. 37–52. Ebenfalls: Zürich 1960.
D5   Der Rest ist Dank. Zwei Reden von F.D. und Werner Weber. Zürich 1961; S. 27–32.
D6   Bewältigung der Welt durch Sprache. Ein Selbstporträt. In: Welt und Wort 17 (1962) 371f.
D7   Die Heimat im Plakat. Ein Buch für Schweizer Kinder. Zürich 1963.
D8   Meine Rußlandreise. In: Zürcher Woche v. 10. 7., 17. 7., 24. 7. 1964 (I., II., III. Teil).
D9   Israels Lebensrecht. In: WeWo v. 23. 6. 1967.
D10   Varlin schweigt. Rede anläßlich der Verleihung des Zürcher Kunstpreises [9. 12. 1967]. In: WeWo v. 15. 12. 1967. Ebenfalls in: StZ 26 (1968) 88–93.
D11   *Roberto Bernhard* (Hg.): Alemannisch – welsche Sprachsorgen und Kulturfragen. M. Beitr. v. F.D. u. Alfred Richli. Frauenfeld 1968.
D12   Anmerkung zur Komödie. In: SuF 20 (1968) 252–255.
D13   Ist der Film eine Schule für Schriftsteller? Versuch, eine Kritik zu überdenken. In: WeWo v. 12. 1. 1968.
D14   Tschechoslowakei 1968. [Reden v. F.D., Peter Bichsel, Max Frisch, Günter Grass u. Kurt Marti am 8. 9. 1968 im Stadttheater Basel]. Zürich 1968.
D15   Für eine neue Kulturpolitik. In: ZW-Sonntags-Journal v. 1./2. 11. 1969.
D16   Ich bin Schweizer. In: ZW-Sonntags-Journal v. 29./30. 11. 1969.
D17   Monstervortrag über Gerechtigkeit und Recht nebst einem helvetischen Zwischenspiel. Eine kleine Dramaturgie der Politik. Zürich 1969.

D18 Varlin. Der Maler Varlin und sein Werk. Hg. v. Hugo Loetscher [...]. Zürich 1969.
D19 Gedanken über das Theater: Dramatik als Fiktion. In: ZW-Sonntags-Journal v. 29./30. 4. 1970.
D20 Sätze aus Amerika. Zürich 1970.
D21 Kafka and the News. In: New York Times v. 11. 7. 1971.
D22 Israel. Eine Rede. Zürich 1975.
D23 Sätze über das Theater. In: I2; 1–18.
D24 Zusammenhänge. Essay über Israel. Eine Konzeption. Zürich 1976.
D25 Dramaturgie des Labyrinths. In: I4; 1–7.
D26 55 Sätze über Kunst und Wirklichkeit. In: I4; 20–22.
D27 Albert Einstein. Ein Vortrag. Zürich (= Diogenes TB 213) 1979.
D28 Versuche. Zürich 1988.
D29 Kants Hoffnung. Zwei politische Reden. Zwei Gedichte aus dem Nachlaß [...]. Zürich 1991.

1.2.4. Größere Interviews, Autorengespräche (E)

E1 *anon.:* Friedrich Dürrenmatt. Frage: Gibt es einen spezifisch schweizerischen Stoff, der gestaltet werden müßte? In: WeWo v. 18. 1. 1957.
E2 *Josef Stryck:* Mörder mit der Freiheit zum Verbrechen. Interview mit F.D. In: Der Mittag v. 22. 10. 1960.
E3 *Ernst Schumacher:* Interview mit F.D. Das Drama als Parabel und Störmanöver. In: Deutsche Woche v. 18. 1. 1961.
E4 *ders.:* PANORAMA – Gespräch mit dem Schweizer Dramatiker. In: Panorama 5 (1/1961) 5.
E5 *Ludwig Mennel:* Dürrenmatt sagt: Der Stoff diktiert die Moral. In: Das Schönste 7 (11/1961) 78–82.
E6 *Curt Riess:* Dürrenmatt. Eine Welt auf der Bühne. Interview. In: WeWo v. 23. 2. 1962.
E7 *Horst Bienek:* Arbeiten zu Hause. In: NZZ v. 11. 3. 1962. Ebenfalls in: *H.B.:* Werkstattgespräche mit Schriftstellern. München 1962; ²1965; 120–136.
E8 *Eberhard von Wiese:* Gespräche mit D. In: Volksbühnenspiegel 9, Nr. 3, 1963.
E9 *anon.:* Gespräch mit D. In: SuF 18 (1966) 218–232.
E10 *Alfred A. Häsler:* Gespräch zum 1. August mit F.D. In: ex libris 8 (Aug. 1966) 9–21.
E11 *anon.:* Entwurf zu einem neuen Theater. Gespräch mit F.D. In: WeWo v. 7. 7. 1967.
E12 *Rainer Litten:* Dürrenmatts Team-Theater. Ein Gespräch mit dem Schweizer Dramatiker. In: Christ und Welt v. 8. 12. 1967.
E13 *Siegfried Melchinger:* Wie schreibt man böse, wenn man gut lebt? Ein Gespräch mit F.D. In: NZZ v. 1. 9. 1968.
E14 *Artur Joseph:* ... weshalb man ein Drama schreibt. Ein Gespräch mit F.D. In: SDZ v. 8./9. 2. 1969.

E 15 *Rainer Litten:* Wir haben zuviel Theater. Gespräch mit D.: Eine wissenschaftlich-kritische Kulturrevolution ist nötig. In: Christ und Welt v. 31. 10. 1969.

E 16 *ders.:* Zurück zum Theater. F.D. inszeniert den Urfaust in Zürich. In: Christ und Welt v. 23. 10. 1970.

E 17 *Peter Rüedi:* Menschlicher Urfaust [...] In: ZW-Sonntags-Journal v. 24./25. 10. 1970.

E 18 *Violet Ketels:* F.D. at Temple University. Interview. In: Journal of Modern Literature 1 (1971) 88–108.

E 19 *Gertrud Simmerding* u. *Christof Schmid* (Hg.): Literarische Werkstatt. München 1972 [Gespräch m. F.D. 9–18].

E 20 *Peter André Bloch* u. *Edwin Hubacher* (Hg.): Der Schriftsteller in unserer Zeit. Schweizer Autoren bestimmen ihre Rolle in der Gesellschaft. Eine Dokumentation zu Sprache und Literatur in der Gegenwart. Bern 1972 [zu D.: 36–50].

E 21 *anon.:* Der Schriftsteller muß experimentieren. Gespräch m. F.D. In: SDZ v. 7. 12. 1972.

E 22 *Dieter Bachmann:* Das Theater leidet unter Lebensangst. D.B. spricht mit F.D. über Theater, Theaterprobleme und Kulturpolitik. In: WeWo v. 20. 3. 1974.

E 23 *Peter André Bloch* [Gespräch mit F.D.]. In: *P.A.B.* (Hg.): Gegenwartsliteratur. Mittel und Bedingungen ihrer Produktion [...]. Bern 1975 [zu D. 122–132].

E 24 *Heinz Ludwig Arnold:* F.D. im Gespräch mit H.L.A. Zürich 1976.

E 25 *Dieter Fringeli:* Nachdenken mit und über F.D. Ein Gespräch. Breitenbach [1978].

E 26 *Peter André Bloch:* Gespräch mit Friedrich Dürrenmatt zum Thema ›Bild und Gedanke‹ in Neuenburg 18. Februar 1980. In: *Günter Schnitzler* [...] (Hg.): Bild und Gedanke. Festschrift für Gerhart Baumann zum 60. Geburtstag. München 1980; 9–20.

E 27 *Charlotte Kerr:* Porträt eines Planeten: Von und mit Friedrich Dürrenmatt. Die Welt als Labyrinth. [vierstündiger Film im III. Progr. des SDR, 26. 12. 1984 und im III. Progr. des HR, 1. 5. 1985].

E 28 *Franz Kreuzer:* »Die Welt als Labyrinth«. Gespräch. Zürich 1986.

E 29 Abendstunde im Spätherbst. Friedrich Dürrenmatt unterhält sich mit dem Erkenntnistheoretiker und Naturwissenschaftler *Gerhard Vollmer* In: I 11; 22–32.

E 30 *Peter André Bloch:* Friedrich Dürrenmatt. Entwürfe und Stoffe. Fragmente eines Gesprächs. In: SM 71 (1991) 43–50.

E 31 *Michael Haller* (Hg.): Friedrich Dürrenmatt. Über die Grenzen. Zürich 1991.

1.2.5. Malerei (F)

Vgl. B 27; C 18; D 7; K 2.

F1   *Christian Strich* (Hg.): Dürrenmatt. Bilder und Zeichnungen [...] Zürich 1978. Vorw. zu F1: *Manuel Gasser:* Eine Doppelbegabung liegt vor in I6; 301–317 bzw. '1990; 365–381.

F2   Œuvres graphiques. Catalogue du Musée d'art et d'histoire, Neuchâtel (1985).

F3   *Heinz Ludwig Arnold:* Maler Dürrenmatt. In: SM 61 (1981) 41–46; vgl. auch: I 11; 49–52.

F4   *Hugo Leber:* Dürrenmatts engelloses Babylon. In: I 11; 60.

2.0. Bibliographien und Forschungsberichte

2.1. Bibliographien (G)

G1   *Elly Wilbert-Collins:* A Bibliography of Four Contemporary German-Swiss Authors. F. D., Max Frisch, Robert Walser, Albin Zollinger [...] Bern 1967.

G2   *Johannes Hansel:* Friedrich-Dürrenmatt-Bibliographie. Bad Homburg 1968.

G3   *Klaus W. Jonas:* Die Dürrenmatt-Literatur (1947–1967). In: Börsenblatt f. d. Dt. Buchhandel 24, Nr. 59 (23. 7. 1968) 1725–1738.

G4   *Gerhard P. Knapp:* Bibliographie der wissenschaftlichen Sekundärliteratur. In: I 3; 257–268.

G5   *Winfried Hönes:* Bibliographie zu Friedrich Dürrenmatt. In: I 2; 93–108.

G6   *[Franz Cavigelli/Winfried Hönes]:* Bibliographie. In: I 6; n.p.

G7   *[Armin Arnold]:* Bibliographie. In I 8; 204–208.

G8   *[Hans Bänziger]:* Friedrich Dürrenmatt. In: K 24; 155–179 [Verzeichnis der Interviews sowie von Kritiken der internationalen, insbesondere der polnischen, Rezeption].

2.2. Forschungsberichte (H)

H1   *Gerhard P. Knapp:* Friedrich Dürrenmatt. Ein Forschungsbericht. In: ZfG 12 (1972) 204–226.

H2   *ders.:* Wege und Umwege. Ein Forschungsbericht. In: I 3; 19–43.

H3   *Martin Stern:* Probleme einer künftigen Dürrenmatt-Ausgabe. Ein Diskussionsbeitrag. In: editio 3 (1989) 145–156.

H4   *Corinna Jäger-Trees:* Das Schweizerische Literaturarchiv. In: Jhb. d. dt. Schiller-Gesellschaft 35 (1991) 380–386.

3.0. Sekundärliteratur

3.1. Sammelbände (I)

Die wichtigeren Beiträge werden im folgenden einzeln verzeichnet.

I 1   Der unbequeme Dürrenmatt. Mit Beiträgen v. *Gottfried Benn, Elisabeth Brock-Sulzer, Fritz Buri, Reinhold Grimm, Hans Mayer, Werner Oberle.* Basel (= Theater unserer Zeit 4) 1962.

I 2   Text + Kritik 50/51: Friedrich Dürrenmatt I. München 1976; ²1980.

I 3   *Gerhard P. Knapp* (Hg.): Friedrich Dürrenmatt. Studien zu seinem Werk. Heidelberg (= Poesie und Wissenschaft 33) 1976.

I 4   Text + Kritik 56: Friedrich Dürrenmatt II. München 1977; ²1984.

I 5   *Hans Mayer:* Über Friedrich Dürrenmatt und Max Frisch. Pfullingen 1977 [erw. Neuaufl. v.: Dürrenmatt und Frisch. Anmerkungen. Pfullingen (= Opuscula 4) 1963; ²1965].

I 6   *Daniel Keel* (Hg.): Über Friedrich Dürrenmatt. Zürich 1980; ⁴1990 = Bd. 30 der Werkausgabe in dreißig Bänden.

I 7   *Gerhard P. Knapp* und *Gerd Labroisse* (Hg.): Facetten. Studien zum 60. Geburtstag Friedrich Dürrenmatts. Bern 1981.

I 8   *Armin Arnold* (Hg.): Zu Friedrich Dürrenmatt. Stuttgart (= Literaturwissenschaft-Gesellschaftswissenschaft 60) 1982.

I 9   *Moshe Lazar* (Hg.): Play Dürrenmatt. Malibu (= Interplay 3) 1983.

I 10   *Daniel Keel* (Hg.): Herkules und Atlas. Lobreden und andere Versuche über Friedrich Dürrenmatt zum siebzigsten Geburtstag [...]. Zürich 1990.

I 11   [*Dieter Bachmann* (Hg.)]: 1991. Friedrich Dürrenmatt (70). du. Die Zeitschrift der Kultur 1 (1991).

3.2. Gesamtdarstellungen und umfassende Gattungsdarstellungen (K)

K 1   *Hans Bänziger:* Frisch und Dürrenmatt. Bern 1960; ⁶1971.

K 2   *Elisabeth Brock-Sulzer:* Friedrich Dürrenmatt. Stationen seines Werkes [...] Zürich 1960; ⁴1973.

K 3   *Joseph Strelka:* Brecht – Horváth – Dürrenmatt. Wege und Abwege des modernen Dramas. Wien 1962.

K 4   *Edward Diller:* Die literarische Entwicklung Friedrich Dürrenmatts. Middlebury College (= Phil. Diss.) 1963.

K 5   *Peter Wyrsch:* Die Dürrenmatt-Story. In: Schweizer Illustrierte v. 18. 3. 1963 bis 22. 4. 1963 (Nr. 12: S. 23–25, 32; Nr. 13: S. 23–25; Nr. 14: S. 23–25; Nr. 15: S. 23–25; Nr. 16: S. 37–39; Nr. 17: S. 37–39).

K 6   *Christian M. Jauslin:* Friedrich Dürrenmatt. Zur Struktur seiner Dramen. Zürich 1964.

K 7   *Urs Jenny:* Friedrich Dürrenmatt. Velber (= Friedrichs Dramatiker des Welttheaters 6) 1965; ⁵1973.

K 8   *Anneliese Kulhanek:* Die dramatische Technik Friedrich Dürrenmatts. Wien (= Phil.Diss.) 1965.

K 9   *Vera Sheppard:* Friedrich Dürrenmatt. The Playwright and His Plays. Univ. of Wisconsin (= Phil.Diss.) 1965.

K 10   *Nephi Georgi:* Friedrich Dürrenmatt. Berner Geist versus Zeitgeist. Univ. of Utah (= Phil.Diss.) 1966.

K 11   *Elisabeth Brock-Sulzer:* Dürrenmatt in unserer Zeit. Eine Werkinterpretation nach Selbstzeugnissen. Basel 1968; ²1971.

K 12   *Armin Arnold:* Friedrich Dürrenmatt. Berlin (= Köpfe des 20. Jahrhunderts 57) 1969; ⁴1979.

K 13   *G. Neumann, J. Schröder, M. Karnick:* Dürrenmatt, Frisch, Weiss. Drei Entwürfe zum Drama der Gegenwart [...] München 1969 [zu D. v. *Gerhard Neumann* S. 27–59].

K 14   *Murray B. Peppard:* Friedrich Dürrenmatt. New York (= Twayne's World Authors Series 87) 1969.

K 15   *Manfred Durzak:* Dürrenmatt, Frisch, Weiss. Deutsches Drama der Gegenwart zwischen Kritik und Utopie. Stuttgart 1972; ³1978.

K 16   *Konstantin Ilijew:* Zur Struktur der dramatischen Werke Friedrich Dürrenmatts. Unter besonderer Berücksichtigung seines Schaffens in den fünfziger Jahren. Berlin (= Phil.Diss. Humboldt-Univ.) 1972.

K 17   *Peter Spycher:* Friedrich Dürrenmatt. Das erzählerische Werk. Frauenfeld 1972.

K 18   *Ulrich Profitlich:* Friedrich Dürrenmatt. Komödienbegriff und Komödienstruktur. Eine Einführung. Stuttgart (= Sprache und Literatur 86) 1973.

K 19   *ders.:* Friedrich Dürrenmatt. In: *Benno von Wiese* (Hg.): Deutsche Dichter der Gegenwart [...] Berlin 1973; 497–514.

K 20   *Jan Knopf:* Friedrich Dürrenmatt. München (= Autorenbücher 3) 1976; ⁴1988.

K 21   *Timo Tiusanen:* Dürrenmatt. A Study in Plays, Prose, Theory. Princeton 1977.

K 22   *Hans Badertscher:* Dramaturgie als Funktion der Ontologie. Eine Untersuchung zu Wesen und Entwicklung der Dramaturgie Friedrich Dürrenmatts. Bern (= Sprache und Dichtung 27) 1979.

K 23   *Kenneth S. Whitton:* The Theatre of Friedrich Dürrenmatt. A Study in the Possibility of Freedom. London 1980.

K 24   *Hans Bänziger:* Frisch und Dürrenmatt. Materialien und Kommentare. Tübingen 1987.

K 25   *Heinrich Goertz:* Friedrich Dürrenmatt mit Selbstzeugnissen und Bilddokumenten dargestellt. Reinbek (= rowohlts monographien 380) 1987.

K 26   *Jan Knopf:* Der Dramatiker Friedrich Dürrenmatt. Berlin 1987.

K 27   *Anton Krättli:* Friedrich Dürrenmatt. In: *Heinz Ludwig Arnold* (Hg.): Kritisches Lexikon zur deutschsprachigen Gegenwartsliteratur. München [1987] s. v. [enthält Bibliographien von *Rainer Gerlach, Winfried Hönes/Julia Kabierske*].

K 28   *Lutz Tantow:* Franz Kafka und Friedrich Dürrenmatt. Eine Dramaturgie der Konfrontation. St. Ingbert 1988.

K 29   *Kenneth S. Whitton:* Dürrenmatt. Reinterpretation in Retrospect. New York 1990.

3.3. Arbeiten mit übergreifender Thematik (L)

L 1   *Erich Brock:* Die neueren Werke Friedrich Dürrenmatts. In: SR N. F. 21 (1953/54) 681–685.

L 2   *Karl August Horst:* Notizen zu Max Frisch und Friedrich Dürrenmatt. In: Merkur 8 (1954) 592–596.

L 3   *Wilfried Berghahn:* Dürrenmatts Spiel mit den Ideologien. In: Frankfurter Hefte 11 (1956) 100–106.

L 4   *Erwin Leiser:* Den fromme nihilisten [...] In: Bonniers litterära magasin 25 (1956) 123–128.

L 5   *Walter Jens:* Friedrich Dürrenmatt. In: Mannheimer Hefte Nr. 1, 1959, 47 f.

L 6   *anon.:* Dürrenmatt. Zum Henker. In: Der Spiegel 13, Nr. 28 v. 8. 7. 1959; 43–52.

L 7   *Claus Helmut Drese:* Friedrich Dürrenmatt. In: Eckart 28 (1959) 385–388.

L 8   *Edward Diller:* Aesthetics and the Grotesque. Friedrich Dürrenmatt. In: Wisconsin Studies in Contemporary Literature 7 (1960) 328–335.

L 9   *Piero Raffa:* Dal studi sul realismo. Dürrenmatt ovvero Brecht più Adorno (senza Lukács). In: La Nuova Corrente 18 (1960) 25–54.

L 10   *Raymonde Temkine:* Friedrich Dürrenmatt. In: Lettres Nouvelles 8 (Okt. 1960) 140–145.

L 11   *Jean-Paul Weber:* Friedrich Dürrenmatt ou la quête de l'absurde. In: Le Figaro littéraire Nr. 15 v. 10. 9. 1960.

L 12   *Reinhold Grimm:* Paradoxie und Groteske im Werk Friedrich Dürrenmatts. In: GRM N. F. 11 (1961) 431–450. Ebenfalls in: 11; 71–96. Ebenfalls in: *R. G.:* Strukturen. Essays zur deutschen Literatur. Göttingen 1963; 44–72; 353 f.

L 13   *Robert B. Heilman:* The Lure of the Demonic. James and Dürrenmatt. In: Comparative Literature 13 (1961) 346–357.

L 14   *Peter Johnson:* Grotesqueness and Injustice in Dürrenmatt. In: GLL 15 (1961) 264–273.

L 15   *Curt Riess:* The Shocking World of Friedrich Dürrenmatt. In: Esquire 55 (5/1961) 118–120.

L 16   *C. Edward Carrier:* The Comedy of Death in the Early Plays of Dürrenmatt. Indiana Univ. (= Phil. Diss.) 1962.

L 17   *Donald G. Daviau:* Justice in the Works of Friedrich Dürrenmatt. In: KFLQ 9 (1962) 181–193.

L 18 *Werner Oberle:* Grundsätzliches zum Werk Friedrich Dürrenmatts. In: I 1; 9–29.

L 19 *Josef Scherer:* Der mutige Mensch. Versuch einer Deutung von
Friedrich Dürrenmatts Menschenbild. In: Stimmen der Zeit 169
(1962) 307–312.

L 20 *Elisabeth Brock-Sulzer:* Friedrich Dürrenmatt. In: Der Monat 15
(1963) 56–60.

L 21 *Iole Cervani:* Aspette del grottesco in Friedrich Dürrenmatt.
Trieste 1963.

L 22 *Nigel Dennis:* Fun with Fission. In: Encounter 20 (1963) 56–58.

L 23 *Harold O. Dyrenforth:* The Paradox and the Grotesque in the
Work of Friedrich Dürrenmatt. Univ. of Southern California
(= Phil. Diss.) 1963.

L 24 *Hildegard Emmel:* Fülle der Möglichkeiten: Friedrich Dürrenmatt. In: *H. E.:* Das Gericht in der deutschen Literatur des
20. Jahrhunderts. Bern 1963; 151–168.

L 25 *Wilhelm Jacobs:* Friedrich Dürrenmatt. In: *W. J.:* Moderne
deutsche Literatur […] Gütersloh (= Signum-Tb. 217) 1963;
118–127.

L 26 *Günter Waldmann:* Friedrich Dürrenmatt. In: *Paul Dormagen*
(Hg.): Handbuch zur modernen Literatur im Deutschunterricht.
Frankfurt/M. 1963; 310–317.

L 27 *Edward Diller:* Human Dignity in a Materialistic Society. Friedrich Dürrenmatt and Bertolt Brecht. In: MLQ 25 (1964) 451–
460.

L 28 *Jürgen Kuczynski:* Friedrich Dürrenmatt – Humanist. In:
NDL 12 (8/1964) 59–90; (9/1964) 35–55.

L 29 *Jean C. Marrey:* Un nihilisme comfortable. In: Mercure de
France 351 (1964) 539–542.

L 30 *Volkmar Sander:* Form und Groteske. In: GRM N. F. 14 (1964)
303–311.

L 31 *Giselda Mendes dos Santos:* Introducão à obra de Friedrich Dürrenmatt. São Paulo (= Universidade de São Paulo. Cadeira de
Lingua e Literatura Alemã. Série Textos Modernos 2) 1965.

L 32 *Armin Arnold:* Friedrich Dürrenmatt und Mark Twain. Zur Me-
thode der vergleichenden Interpretation. In: Actes du IVe Con-
grès de l'Assn. Intern. de Litt. Comp. 1966; 1097–1104.

L 33 *Pierre Furter:* Le théâtre politique de Bertolt Brecht à Friedrich
Dürrenmatt. In: Revista do livro 29/30 (1966) 38–49.

L 34 *Robert E. Helbling:* The Function of the ›Grotesque‹ in Dürrenmatt. In: Satire Newsletter 4 (1966) 11–19.

L 35 *Erich Kühne:* Satire und groteske Dramatik. Über weltanschauliche und künstlerische Probleme bei Dürrenmatt. In: WB 12
(1966) 539–565.

L 36 *Veronika Mayen:* Das Problem des Todes im Werk Friedrich
Dürrenmatts bis zu dem Drama ›Herkules und der Stall des
Augias‹. Hamburg (= Phil. Diss.) 1966.

L 37   *Nina S. Pawlowa:* Theater und Wirklichkeit. Über das Schaffen
       von Friedrich Dürrenmatt. In: Kunst und Literatur. Sowjetwis-
       senschaft 14 (1966) 76–86.

L 38   *Edward Diller:* Friedrich Dürrenmatt's Theological Concept of
       History. In: GQ 40 (1967) 363–371.

L 39   *Karl Pestalozzi:* Friedrich Dürrenmatt. In: *Otto Mann* und *Wolf-
       gang Rothe* (Hg.): Deutsche Literatur im 20. Jahrhundert II [...].
       Bern ⁵1967; 385–402; 415f. Ebenfalls in: *Heinz Ludwig Arnold*
       (Hg.): Geschichte der deutschen Literatur aus Methoden I.
       Frankfurt/M. 1973; 230–250.

L 40   *Peter Schneider:* Die Fragwürdigkeit des Rechts im Werk von
       Friedrich Dürrenmatt. Vortrag. Karlsruhe (= Schriftenreihe der
       Juristischen Studiengesellschaft Karlsruhe 81) 1967.

L 41   *Hans Mayer:* Friedrich Dürrenmatt. In: ZfdPh 87 (1968) 482–
       498.

L 42   *Cesare Cases:* Wieland, Dürrenmatt und die Onoskiamachia. In:
       C. C.: Stichworte zur deutschen Literatur. Frankfurt/M. 1969;
       253–276. [Zuvor: Torino 1963 in ital. Sprache].

L 43   *Armin Hemberger:* Dürrenmatt über Dichtung. In: DU 21 (2/
       1969) 79–85.

L 44   *Konrad Scheible:* Max Frisch und Friedrich Dürrenmatt: Betrach-
       tungen über ihre Geisteshaltung und Arbeitsweise. In: Rice Uni-
       versity Studies 55 (3/1969) 197–235.

L 45   *Renate Usmiani:* Justice and the Monstrous [!] Meal in the
       Work of Friedrich Dürrenmatt. In: Canadian Humanities Asso-
       ciation Bulletin 20 (1969) 8–14.

L 46   *Kurt J. Fickert:* Wit and Wisdom in Dürrenmatt's Names. In:
       Contemporary Literature 11 (1970) 382–388.

L 47   *Herbert Peter Madler:* Dürrenmatts Konzeption des mutigen
       Menschen. Eine Untersuchung der Bühnenwerke Friedrich Dür-
       renmatts unter besonderer Berücksichtigung des ›Blinden‹. In:
       SR 69 (1970) 314–325.

L 48   *ders.:* Dürrenmatts mutiger Mensch. In: Hochland 62 (1970) 36–
       49.

L 49   *Renate Usmiani:* Twentieth-Century Man, the Guilt-Ridden An-
       imal. In: Mosaic 3 (4/1970) 163–178.

L 50   *Maurice Burton Wells:* Friedrich Dürrenmatt's Concept of Exag-
       geration. Univ. of Utah (= Phil. Diss.) 1970.

L 51   *Edward Diller:* Friedrich Dürrenmatt's Chaos and Calvinism.
       In: Monatshefte 63 (1971) 28–40.

L 52   *Rolf Kieser:* Der Verlust des Himmels im Weltbild des Dichters.
       Friedrich Dürrenmatt und die Mondlandung. In: LWU 4 (1971)
       115–123.

L 53   *Donald G. Daviau:* The Role of ›Zufall‹ in the Writings of Fried-
       rich Dürrenmatt. In: GR 47 (1972) 281–293.

L 54   *Bodo Fritzen:* Die Ironie Friedrich Dürrenmatts. Univ. of Ne-
       braska (= Phil. Diss.) 1972.

L55 *Paul Konrad Kurz:* Das Böse und die Schuld in der zeitgenössischen Literatur. Stimmen der Zeit 97 (1972) 20–34.

L56 *Thorbjörn Lengborn:* Schriftsteller und Gesellschaft in der Schweiz. Eine Studie zur Behandlung der Gesellschaftsproblematik bei Zollinger, Frisch und Dürrenmatt. Frankfurt/M. 1972.

L57 *Frieder Stadtfeld:* Friedrich Dürrenmatts Historiogramm. In: LWU 5 (1972) 286–298.

L58 *Jean-Paul Mauranges:* Der Einfluß Thornton Wilders auf das literarische Schaffen von Friedrich Dürrenmatt und Max Frisch. In: Nordamerikanische Literatur im deutschen Sprachraum seit 1945. Beiträge zu ihrer Rezeption. Hg. v. *Horst Frenz* und *Hans-Joachim Lang.* München 1973; 225–250; 259 f.

L59 *Jan J. Seiler:* Wedekind and Dürrenmatt. A Comparative Study. Univ. of Wisconsin (= Phil. Diss.) 1973.

L60 *Peter J. Graves:* Disclaimers and Paradoxes in Dürrenmatt. In: GLL 27 (1973/74) 133–142.

L61 *Bodo Fritzen:* Die Ironie des Zufalls bei Friedrich Dürrenmatt. In: University of Dayton Review 11 (1974) 79–88.

L62 *Michael Muhres:* Dürrenmatts Begriff der Verantwortung. Frankfurt/M. (= Phil. Diss.) 1974.

L63 *Claudia Gutmann:* Der Narr bei Dürrenmatt. Frankfurt/M. (= Bielefelder Hochschulschriften 12) 1975.

L64 *Margret Eifler:* Das Geschichtsbewußtsein des Parodisten Dürrenmatt. In: I3; 44–52.

L65 *Robert E. Helbling:* Groteskes und Absurdes – Paradoxie und Ideologie. Versuch einer Bilanz. In: I3; 233–253.

L66 *Jan Knopf:* Theatrum mundi. Sprachkritik und Ästhetik bei Friedrich Dürrenmatt. In: I2; 30–40.

L67 *Jean-Paul Mauranges:* L'image de l'Amérique dans l'œuvre de Dürrenmatt: une perspective théologique? Seminar 12 (1976) 156–173.

L68 *Amédée A. Scholl:* Zeichen und Bezeichnetes im Werk Friedrich Dürrenmatts. In: I3; 203–217.

L69 *Mona Knapp* und *Gerhard P. Knapp:* Recht – Gerechtigkeit – Politik. Zur Genese der Begriffe im Werk Friedrich Dürrenmatts. In: I4; 23–40.

L70 *Winfried Schleyer:* Zur Funktion des Komischen bei Friedrich Dürrenmatt und Peter Hacks. DU 30 (1978) 67–78.

L71 *Marianne Kesting:* Dürrenmatt und Frisch. In: *Walter Hinck* (Hg.): Handbuch des deutschen Dramas. Düsseldorf 1980; 453–464; 576–578.

L72 *Jan Knopf:* Sprachmächtigkeiten. In: I7; 61–81.

L73 *Jirí Stromsík:* Apokalypse komisch. In: I7; 41–59.

L74 *Michael Winter:* Friedrich Dürrenmatt – Positionen einer radikalen Aufklärung. In: I7; 9–39.

L75 *A. M. Wright:* Scientific Method and Rationality in Dürrenmatt. In: GLL 35 (1981/82) 64–72.

L 76 *Anne Betten:* Zwei Männer reden über eine Frau. Dialogtechniken bei Strauß, Dürrenmatt, Kroetz und Horváth als Beitrag zur Untersuchung von Gesprächsstilen. In: Germanistische Linguistik 5/6, 1981 [1983] 39–68.

L 77 *Robert E. Helbling:* Dürrenmatt Criticism: Exit the Grotesque? In: I 9; 175–188.

L 78 *Gerwin Marahrens:* ›... The Universal Escapes My Grasp‹: Friedrich Dürrenmatt and the ›Universal‹. In: I 9; 155–174.

L 79 *Hannes Gertner:* Das Komische im Werk Friedrich Dürrenmatts. Versuch einer Erklärung des Komischen, seiner verschiedenen Formen und Funktionen [...]. Frankfurt (= Europäische Hochschulschriften I, 782) 1984.

L 80 *Michael Butler:* ›Das Labyrinth und die Rebellion‹: The Absurd World of Friedrich Dürrenmatt. In: ML 66 (1985) 104–108.

L 81 *Georg Hensel:* Welttheater mit Weisheit und Witz. Lobrede auf Friedrich Dürrenmatt. In: Deutsche Akademie für Sprache und Dichtung Darmstadt. Jahrbuch 1986 [1987] 186–195; auch in I 10; 22–33.

L 82 *Jan Knopf:* Das »verfluchte Altern« oder Dürrenmatt und Brecht. In: SuF 39 (1987) 635–639.

L 83 *Bert Nagel:* Friedrich Dürrenmatt und Franz Kafka. In: MAL 20 (1987) 37–51.

L 84 *Sydney G. Donald:* Of Mazes, Men and Minotaurs: Friedrich Dürrenmatt and the Myth of the Labyrinth. In: NGS 14 (1986/ 87) 187–231.

L 85 *Elisabeth Bauer:* Die Gerichtsthematik im Werk von Friedrich Dürrenmatt. München (= tuduv-Studien, Reihe Sprach- und Literaturwissenschaften 28) 1990.

L 86 *Jacob Steiner:* »Die Liebe ist ein Wunder, das immer möglich, das Böse eine Tatsache, die immer vorhanden ist.« Lobrede auf Friedrich Dürrenmatt zur Verleihung des Schiller-Gedächtnispreises. In: I 10; 48–56.

3.4. Zum Bühnenwerk und den Hörspielen (M)

M 1 *Paul Fechter:* Friedrich Dürrenmatt. In: *P.F.:* Das europäische Drama III. [...] Mannheim 1958; 247–256.

M 2 *Hans Rudolf Hilty:* Prolegomena zum modernen Drama. In: AZ 5 (1958) 519–530.

M 3 *Walter Jens:* Ernst gemacht mit der Komödie. Über Mord, Moral und Friedrich Dürrenmatt. In: Die Zeit 13, 1958, Nr. 29.

M 4 *Klaus Schulz:* Die dramatischen Experimente Friedrich Dürrenmatts. In: DRds 84 (7/1958) 657–663.

M 5 *Heinz Zahrnt:* Man spiele den Vordergrund richtig. Zum Werk Friedrich Dürrenmatts. In: Radius Nr. 2, 1958, 39–43.

M 6 *Elisabeth Brock-Sulzer:* Das deutsch-schweizerische Theater der Gegenwart. GLL N.S. 12 (1958/59) 12–23.

M 7   *André Müller:* Die Haltung des Friedrich Dürrenmatt. In: Theater der Zeit 14 (2/1959) 9–11; 14f.

M 8   *Erich Franzen:* Das Drama zwischen Utopie und Wirklichkeit. In: Merkur 14 (1960) 739–756.

M 9   *Rolf Geissler* (Hg.): Zur Interpretation des modernen Dramas. Brecht, Dürrenmatt, Frisch. [...] Frankfurt/M. 1960; ⁴1970 [darin *Therese Poser:* Friedrich Dürrenmatt ›Ein Engel kommt nach Babylon‹; 88–96].

M 10 *Peter Seidmann:* Modern Swiss Drama. In: Books Abroad 34 (1960) 112–114.

M 11 *Elisabeth Brock-Sulzer:* Dürrenmatt und die Quellen. In: I1; 117–136.

M 12 *Wilhelm Duwe:* Friedrich Dürrenmatts Epik – Friedrich Dürrenmatts Dramatik. In: *W.D.:* Deutsche Dichtung des 20. Jahrhunderts [...] II. Zürich 1962; 190–192; 452–480.

M 13 *Werner Klose:* Friedrich Dürrenmatt. In: *W.K.:* Das Hörspiel im Unterricht. Hamburg 1962; 106–111.

M 14 *Joachim Müller:* Max Frisch und Friedrich Dürrenmatt als Dramatiker der Gegenwart. In: U 17 (1962) 725–738.

M 15 *Murray B. Peppard:* The Grotesque in Dürrenmatt's Dramas. In: KFLQ 9 (1962) 36–44.

M 16 *Klaus Völker:* Das Phänomen des Grotesken im neueren deutschen Drama. In: Sinn oder Unsinn? Das Groteske im modernen Drama. Fünf Essays [...]. Basel (= Theater unserer Zeit 3) 1962; 9–46.

M 17 *George E. Wellwarth:* Friedrich Dürrenmatt and Max Frisch. Two Views of the Drama. In: TDR 6 (3/1962) 14–42.

M 18 *Jacob Steiner:* Die Komödie Dürrenmatts. In: DU 15 (6/1963) 81–98.

M 19 *Hans-Jürgen Syberberg:* Zum Drama Friedrich Dürrenmatts. Zwei Modellinterpretationen zur Wesensdeutung des modernen Dramas. München 1963; ³ 1974.

M 20 *Ursel D. Boyd:* Die Funktion des Grotesken als Symbol der Gnade in Dürrenmatts dramatischem Werk. Univ. of Maryland (= Phil.Diss.) 1964.

M 21 *Joachim Kaiser:* Grenzen des modernen Dramas [...] In: Thh 5 (12/1964) 12–15.

M 22 *Günter Waldmann:* Dürrenmatts paradoxes Theater. Die Komödie des christlichen Glaubens. In: WW 14 (1964) 22–35.

M 23 *Robert E. Holzapfel:* The Divine Plan Behind the Plays of Friedrich Dürrenmatt. In: MD 8 (1965) 237–246.

M 24 *ders.:* Three Facts of Friedrich Dürrenmatt's Drama: The Way of the Individual to God – the Way of the Individual in the World – the World as Chaos. State Univ. of Iowa (= Phil.Diss.) 1965.

M 25 *Adolf D. Klarmann:* Friedrich Dürrenmatt and the Tragic Sense of Comedy. In: *Travis Bogard* und *William I. Oliver* (Hg.): Modern Drama. Essays in Criticism. New York 1965; 99–133.

M 26   *Gundel Westphal:* Das Verhältnis von Sprechtext und Regiean-
weisung bei Frisch, Dürrenmatt, Ionesco und Beckett. Würzburg
(= Phil. Diss.) 1965.

M 27   *Edward Diller:* Dürrenmatt's Use of the Stage as a Dramatic
Element. In: Symposium 22 (1966) 197–206.

M 28   *Philippe Ivernel:* La tragi-comédie de l'intellectuel chez Frisch et
Dürrenmatt. In: Les Langues Modernes 60 (5/1966) 54–58.

M 29   *Margareta N. Deschner:* Friedrich Dürrenmatt's Experiments
with Man. An Analysis of his First Five Plays. Univ. of Colorado
(= Phil. Diss.) 1967.

M 30   *Robert B. Heilman:* Tragic Elements in a Dürrenmatt Comedy.
In: MD 10 (1967) 11–16.

M 31   *Werner Hoffmann:* La tragecomedia de Dürrenmatt. In: Boletín
de Estudios Germanicos 6 (1967) 95–108).

M 32   *Diether Krywalski:* Säkularisiertes Mysterienspiel? Zum Theater
Friedrich Dürrenmatts. In: Stimmen der Zeit 179 (1967) 344–
356.

M 33   *George W. Radimerski:* Das Konzept der Geschichte in den Dramen Dürrenmatts und Frischs. In: KFLQ 13 (1967) 200–208.

M 34   *Manfred Züfle:* Zu den Bühnengestalten Friedrich Dürrenmatts.
In: SR 66 (1967) 29–39; 98–110.

M 35   *Eugenio Bernardi:* Friedrich Dürrenmatt: dal grottesco alla
drammaturgia del caso. In: Annali della Facoltà di Lingue e
Letteratura Straniere di cà Foscari (Venezia) 7 (1968) 1–70.

M 36   *Beda Allemann:* Die Struktur der Komödie bei Frisch und Dürrenmatt. In: Hans Steffen (Hg.): Das deutsche Lustspiel II. Göttingen (= Kl. Vandenhoeck-Reihe 277) 1969; 200–217.

M 37   *Richard Allen Geiger:* Eschatology in the Dramas of Friedrich
Dürrenmatt. Louisiana State University (= Phil. Diss.) 1969.

M 38   *Marianne Kesting:* Friedrich Dürrenmatt. Parabeln einer abstrusen Welt. In: *M. K.:* Panorama des zeitgenössischen Theaters.
München 1969; 269–273.

M 39   *Hans-Georg Werner:* Friedrich Dürrenmatt. Der Moralist und
die Komödie. In: Wiss. Zs. der Martin-Luther-Univ. Halle-Wit-
tenberg 18 (4/1969) 143–156.

M 40   *Wolfgang Butzlaff:* Dürrenmatt als Dramatiker. In: DU 23 (5/
1971) 33–40.

M 41   *Herbert Hartmann:* Friedrich Dürrenmatt. Dramaturgie der
Realität oder der Phantasie, der Provokation oder der Resignation? Eine Analyse zum Problem des Grotesken im dramatischen Werk Friedrich Dürrenmatts. Marburg (Phil. Diss.) 1971.

M 42   *Ulrich Profitlich:* Der Zufall in den Komödien und Detektivromanen Friedrich Dürrenmatts. In: ZfdPh 90 (1971) 258–280.

M 43   *Kurt J. Fickert:* To Heaven and Back. The New Morality in the
Plays of Friedrich Dürrenmatt. Lexington (= Studies in the Germanic Languages and Literatures 5) 1972.

M 44   *Jan Kott:* Spektakel – Spektakel. Tendenzen des modernen Welttheaters. München (= Serie Piper 44) 1972.

M 45 *Leslie Badanes:* The Grotesque in Friedrich Dürrenmatt's Stage Plays. Northwestern Univ. (= Phil. Diss.) 1973.

M 46 *Wolfram Buddecke:* Friedrich Dürrenmatts experimentielle Dramatik. In: U 28 (1973) 641–652.

M 47 *Fritz Heuer:* Das Groteske als poetische Kategorie. Überlegungen zu Dürrenmatts Dramaturgie des modernen Theaters. In DVJs 47 (1973) 730–768.

M 48 *Thomas Immoos:* Dürrenmatts protestantische Komödie. In: SR 72 (1973) 271–280.

M 49 *Uta Barbara Williams:* Dialektik im dramaturgischen Denken Friedrich Dürrenmatts. Univ. of British Columbia (= Phil. Diss.) 1974.

M 50 *Hans-Jochen Irmer:* Friedrich Dürrenmatt. In: *H.-J. I.:* Der Theaterdichter Frank Wedekind. Werk und Wirkung. Berlin (DDR) 1975; 294–306.

M 51 *Heinz Ludwig Arnold:* Theater als Abbild der labyrinthischen Welt. Versuch über den Dramatiker Dürrenmatt. In: I 2; 19–29.

M 52 *Norbert Baensch:* Dürrenmatt und die Bühne. In: I 2; 65–72.

M 53 *Everett M. Ellestad:* Das »Entweder-Oder« der »Mausefalle«. Strukturtechnik und Situation in Dürrenmatts Dramen. In: I 3; 69–79 [zuvor in engl. Spr. als: Friedrich Dürrenmatt's ›Mausefalle‹. In: GQ 43 (1970) 770–779].

M 54 *Bruno Hannemann:* Der böse blick. Zur perspektive von Nestroys und Dürrenmatts komödie. In: WW 26 (1976) 167–183.

M 55 *Hajo Kurzenberger:* Theater der Realität als Realität des Theaters. Zu Friedrich Dürrenmatts Dramenkonzeption. In: I 2; 53–64.

M 56 *Klaus-Detlef Müller:* Das Ei des Kolumbus? Parabel und Modell als Dramenformen bei Brecht, Dürrenmatt, Frisch, Walser. In: *Werner Keller* (Hg.): Beiträge zur Poetik des Dramas. Darmstadt 1976; 432–461.

M 57 *Holger A. Pausch:* Systematische Abnormität. Zur Technik der Personengestaltung im dramatischen Werk Dürrenmatts. In: I 3; 191–202.

M 58 *Elsbeth Pulver:* Literaturtheorie und Politik. Zur Dramaturgie Friedrich Dürrenmatts. In: I 2; 41–52.

M 59 *Renate Usmiani:* Die Hörspiele Friedrich Dürrenmatts: unerkannte Meisterwerke. In: I 3; 125–144 [zuvor in engl. Spr. als: Masterpieces in Disguise: the Radio Plays of Friedrich Dürrenmatt. In: Seminar 7 (1971) 27–41].

M 60 *Kenneth S. Whitton:* Friedrich Dürrenmatt and the Legacy of Bertolt Brecht. In: Forum for Modern Language Studies 12 (1976) 65–81.

M 61 *Karl Richter:* Vom Herrschaftsanspruch der Komödie. Dramentheoretische Betrachtungen im Anschluß an Dürrenmatt und Hacks. In: Schillerjb. 22 (1978) 637–656.

M 62 *Joseph A. Federico:* The Hero as Playwright in Dramas by Frisch, Dürrenmatt and Handke. In: GLL 32 (1978/79) 166–176.

M 63   *Karl Pestalozzi:* Dürrenmatts Dialog mit Brecht. In: Revue d'Allemagne 11 (1979) 62–85.

M 64   *Herbert Peter Madler:* Wortwitz und Aphorismus im Drama Friedrich Dürrenmatts. In: I 7; 117–151.

M 65   *Werner Schultheis:* Dürrenmatts »Dramaturgie der Liebe«. In: I 7; 83–102.

M 66   *Timo Tiusanen:* Über Dürrenmatts dramaturgische Mittel. In: I 7; 103–116.

M 67   *Hans Dietrich Irmscher:* Das Schachspiel als Metapher. Bemerkungen zum »komödiantischen Denken« Friedrich Dürrenmatts. In: *Hans Dietrich Irmscher* und *Werner Keller* (Hg.): Drama und Theater im 20. Jahrhundert. Festschrift für Walter Hinck. Göttingen 1983; 333–348.

M 68   *Joseph A. Federico:* Time, Play, and the Terror of History in Dramatic Works by Dürrenmatt. In: I 9; 19–38.

M 69   *Sigrun R. Gottwald:* Der mutige Narr im dramatischen Werk Friedrich Dürrenmatts. New York (= New Yorker Studien zur Neueren Deutschen Literaturgeschichte 3) 1983.

M 70   *Arnold Heidsieck:* Motivation, Obligation und Rights in Dürrenmatt's Dramatic Work. In: I 9; 7–18.

M 71   *Robert E. Helbling:* Groteskes ›Welt-Bild‹ und assoziative Dramaturgie. In: *Roland Jost* und *Hansgeorg Schmidt-Bergmann* (Hg.): Im Dialog mit der Moderne. Jacob Steiner zum 60. Geburtstag. Frankfurt 1986; 380–395.

M 72   *Jan Knopf:* Spielfeld Theater. Zu Dürrenmatts Dramaturgie. In: *Roland Jost* und *Hansgeorg Schmidt-Bergmann* (Hg.): Im Dialog mit der Moderne. Jacob Steiner zum 60. Geburtstag. Frankfurt 1986; 361–379.

M 73   *David Rock:* A Wager Lost – Some Thoughts on the Role of Chance in Dürrenmatt. In: ML 68 (1987) 22–27.

M 74   *Vera Schulte:* Das Gesicht einer gesichtslosen Welt. Zu Paradoxie und Groteske in Friedrich Dürrenmatts dramatischem Werk. Frankfurt (= Europäische Hochschulschriften I, 1002) 1987.

M 75   *Rolf Müller:* Komödie im Atomzeitalter. Gestaltung und Funktion des Komischen bei Friedrich Dürrenmatt. Frankfurt (= Europäische Hochschulschriften I, 1050) 1988.

M 76   *Michael Schmitz:* Friedrich Dürrenmatts Aristophanes-Rezeption. Eine Studie zu den mutigen Menschen in den Dramen der 50er und 60er Jahre. St. Ottilien (Dissertationen. Philosophische Reihe 5) 1989.

3.5. Zu den Erzähltexten (N)

N 1   *Peter B. Gontrum:* Ritter, Tod und Teufel: Protagonists and Antagonists in the Prose Works of Friedrich Dürrenmatt. In: Seminar 1 (1965) 88–98.

N2   *Leo Wilhelm Berg:* Die Bildlichkeit und Symbolik im Prosawerk Friedrich Dürrenmatts. Univ. of California/Riverside (= Phil.-Diss.) 1971.

N3   *William Journeaux Harvey:* Franz Kafka and Friedrich Dürrenmatt. A Comparison of Narrative Techniques and Thematic Approaches. Univ. of Texas at Austin (= Phil.Diss.) 1972.

N4   *Judith Mary Melton:* Friedrich Dürrenmatt's ›Die Stadt‹. Analysis and Significance of Dürrenmatt's Early Prose. Louisiana State Univ. (= Phil.Diss.) 1972.

N5   *Renate E. Usmiani:* Friedrich Dürrenmatt, Escape Artist. A Look at the Novels. In: Mosaic 5 (3/1971/72/ 27–41.

N6   *Armin Arnold:* Dürrenmatt als Erzähler. In: I 8; 187–203.

3.6. Zu den Essays (O)

O1   *Vera Sheppard:* Friedrich Dürrenmatt as a Dramatic Theorist. In: Drama Survey 4 (1965) 244–263.

O2   *Clayton Koelb:* The ›Einfall‹ in Dürrenmatt's Theory and Practice. In: Deutsche Beiträge zur geistigen Überlieferung 7 (1972) 240–259.

O3   *Ernest L. Weiser:* Dürrenmatt's Dialogue with Schiller. In: GQ 48 (1975) 332–336.

O4   *Manfred Durzak:* Dramaturgie des Labyrinths – Dramaturgie der Phantasie. Friedrich Dürrenmatts dramentheoretische Position. In: I 8; 173–186.

O5   *Joseph A. Federico:* The Political Philosophy of Friedrich Dürrenmatt. In: GSR 12 (1989) 91–109.

4.0. Rezeption, Kritik, Reden, Wirkung (P)

P1   *Karl H. Ruppel:* Friedrich Dürrenmatt ›Es steht geschrieben‹. In: Die Tat v. 24. 4. 1947.

P2   *Rudolf Bohrer:* ›Es steht geschrieben‹. In: Der Ruf v. 1. 2. 1948.

P3   *Markus Kutter:* Zur Uraufführung des Schauspiels ›Der Blinde‹ von Friedrich Dürrenmatt. In: SR 42 (2/1948) 840–844.

P4   *Max Frisch:* Friedrich Dürrenmatt. Zu seinem neuen Stück ›Romulus der Große‹. In: WeWo 17 v. 5. 5. 1949.

P5   *Elisabeth Brock-Sulzer:* Dürrenmatt [zu ›Romulus der Große‹]. In: Die Tat v. 14. 12. 1949.

P6   *Klaus Colberg:* Dürrenmatt-Premiere in München [zu ›Die Ehe des Herrn Mississippi‹]. In: NZZ v. 29. 3. 1952.

P7   *Erich Kästner:* Dürrenmatts neues Stück [›Die Ehe des Herrn Mississippi‹]. In. WeWo 20 v. 4. 4. 1952.

P8   *anon.:* ›Ein Engel kommt nach Babylon‹. In NZZ v. 1. 2. 1954.

P9   *Friedrich Heer:* Politische Tragödie. ›Der Besuch der alten Dame‹. In: Die Furche 12 (1956) Nr. 38.

P10 *Wilhelm Grasshoff:* Ein makabres Szenarium. Friedrich Dürrenmatt: Die Panne. In: FAZ v. 22. 6. 1957.

P11 *Joachim Kaiser:* Friedrich Dürrenmatts singende Mörder. Uraufführung von ›Frank V. – Oper einer Privatbank‹ in Zürich. In: SDZ v. 21./22. 3. 1959.

P12 *Karl Korn:* Moritat parodistisch. Dürrenmatt/Burkhards ›Frank V. – Oper einer Privatbank‹ in Zürich. In: FAZ v. 23. 3. 1959.

P13 *Hellmut Kotschenreutter:* Wenn Kunst und Leben identisch werden. Zur Uraufführung von Dürrenmatts ›Abend[stunde] im Spätherbst‹ in Berlin. In: Der Mittag v. 8. 12. 1959.

P14 *Hans Sahl:* Dürrenmatt-Panne in New York. Zur Uraufführung einer dramatischen Novelle. In: SDZ v. 10. 2. 1960.

P15 *Henning Rischbieter:* Dürrenmatts dünnstes Stück – ›Frank V., Oper einer Privatbank‹ und die Aufführungen in München und Frankfurt. In: Thh 1 (3/1960) 8–12.

P16 *Otto Brües:* Waren die beiden Morde ein Traum? Dürrenmatts Hörspiel ›Der Doppelgänger‹ im Norddeutschen Rundfunk. In: Der Mittag v. 23. 12. 1960.

P17 *Georg Ramsegger:* Die Dämonen waren nicht geladen. Kurt Hoffmanns Dürrenmatt-Verfilmung ›Die Ehe des Herrn Mississippi‹. In: Die Welt v. 26. 6. 1961.

P18 *Karena Niehoff:* Gift, auf Flaschen gezogen. Friedrich Dürrenmatts ›Die Ehe des Herrn Mississippi‹ auf den Berliner Filmfestspielen. In: Christ und Welt v. 7. 7. 1961.

P19 *Erwin Goelz:* Witzige Provokation. Der Film nach Dürrenmatts ›Die Ehe des Herrn Mississippi‹. In: Stuttgarter Zeitung v. 28. 7. 1961.

P20 *Ulrich Gregor:* Verfilmtes Theater. Gefahren und Möglichkeiten. – Dürrenmatts ›Mississippi‹ – Verfilmung oder Verfälschung? In: Thh 2 (8/1961) 44–46.

P21 *Marcel Schneider:* Friedrich Dürrenmatt, le fils prodique de l'occident. In: La Revue de Paris 68 (8/1961) 99–105.

P22 *Joachim Kaiser:* Friedrich Dürrenmatts Weltuntergangs-Libretto. Die Uraufführung der ›Physiker‹ im Schauspielhaus Zürich. In: SDZ v. 23. 12. 1962.

P23 *Siegfried Melchinger:* Die Physiker im Tollhaus. Dürrenmatts neue Komödie in Zürich uraufgeführt. In: Stuttgarter Zeitung v. 23. 2. 1962.

P24 *Elisabeth Brock-Sulzer:* Dürrenmatt, der Klassiker. ›Die Physiker‹. Uraufführung in Zürich: In: FAZ v. 26. 2. 1962.

P25 *Joachim Kaiser:* Dürrenmatt und Herkules scheitern in Elis. In: SDZ v. 22. 3. 1963.

P26 *Heinz Beckmann:* Dürrenmatt im Augiasstall. Zürcher Uraufführung: Weder Komödie noch Cabaret. In: Rheinischer Merkur v. 29. 3. 1963.

P 27 *Johannes Jacobi:* Vergebliche Versuche mit Mist. Friedrich Dürrenmatts ›Herkules und der Stall des Augias‹ im Schauspielhaus Zürich. In: Die Zeit v. 29. 3. 1963.

P 28 *Henning Rischbieter:* Der neue Dürrenmatt [zu ›Herkules und der Stall des Augias‹]. In: Thh 4 (5/1963) 36 f.

P 29 *Peter M. Bauland:* German Drama on the American Stage 1894–1961. Univ. of Pennsylvania (= Phil. Diss.) 1964.

P 30 *Graciela de Sola:* Friedrich Dürrenmatt. Testigo y juez de nuestra época. In: Boletín de Estudios Germanicos 5 (1964) 91–115.

P 31 *George E. Wellwarth:* The German-Speaking Drama. Dürrenmatt. In: G. E. W.: The Theatre of Protest and Paradox. New York 1964; 134–161.

P 32 *Rivers Carew:* The Plays of Friedrich Dürrenmatt. In: The Dublin Magazine 4 (1965) 57–68.

P 33 *Felix Philipp:* Dürrenmatt im Spiegel der sowjetischen Kritik. In: Die Tat v. 3. 12. 1965.

P 34 *Hans Heinz Holz:* Theaterskandal um Dürrenmatt. Premiere des ›Meteor‹ im Zürcher Schauspielhaus. In: FR v. 24. 1. 1966.

P 35 *Heinz Beckmann:* Blaugekachelte Wahrheit. ›Der Meteor‹ von Friedrich Dürrenmatt in Zürich. In: Rheinischer Merkur v. 28. 1. 1966.

P 36 *Ingeborg Weber:* Ein neuer Film nach Dürrenmatt [zu ›Grieche sucht Griechin‹]. In: Stuttgarter Zeitung v. 17. 5. 1966.

P 37 *Manfred Delling:* Die Großen und der kleine Mann. Thieles ›Grieche sucht Griechin‹ nach Dürrenmatt uraufgeführt. In: Die Welt v. 8. 10. 1966.

P 38 *Ernst Schumacher:* Der Dichter als sein Henker. Zur Premiere des ›Meteor‹ von Dürrenmatt in Zürich. In: SuF 18 (1966) Sonderh. 769–779.

P 39 *Ilse Heim:* Der unbekannte Autor Friedrich Dürrenmatt. Urteile der Schweizer Presse zur Uraufführung von ›Es steht geschrieben‹ am 19. 4. 1947. In: WeWo v. 10. 2. 1967.

P 40 *Joachim Kaiser:* Mattes Comeback der ›Wiedertäufer‹. Dürrenmatts Neufassung seines ersten Stückes in Zürich uraufgeführt. In: SDZ v. 18./19. 3. 1967.

P 41 *Günther Rühle:* Ein Hauptgericht mit Dürrenmatt. Nach der Uraufführung der ›Wiedertäufer‹ in Zürich notiert. In: FAZ v. 23. 3. 1967.

P 42 *Heinz Beckmann:* Ein Nachtwächter ging verloren. ›Die Wiedertäufer‹ in Zürich: Friedrich Dürrenmatt laugte sein erstes Drama aus. In: Rheinischer Merkur, Osterausg. 1967.

P 43 *Hans Heinz Holz:* Konzentrat unverdauter Folgerungen. Basler Uraufführung von Dürrenmatts mißlungener ›King-John-Bearbeitung‹. in: FR v. 21. 9. 1968.

P 44 *Urs Jenny:* Shakespeare, ziemlich frei. Dürrenmatts ›König Johann‹ in Basel. In: Die Zeit v. 27. 9. 1968.

P45 *Willy Fröhlich:* Musik im Hintergrund. Jiri Smutnys Kurzoper nach Dürrenmatt im Stuttgarter Kleinen Haus. In: Stuttgarter Zeitung v. 17. 12. 1968.

P46 *Dieter Schnebel:* Vertonter Dürrenmatt. Smutnys Kurzoper ›Nächtliches Gespräch‹ in Stuttgart uraufgeführt. In: Die Welt v. 27. 12. 1968.

P47 *Rolf Kieser:* Gegenwartsliteratur der deutschen Schweiz. In: GQ 41 (1968) 71–83.

P48 *Urs Jenny:* Dürrenmatts Zimmerschlacht. ›Play Strindberg‹ in Basel uraufgeführt. In: SDZ v. 10. 2. 1969.

P49 *Günther Rühle:* Strindberg-schlagkräftig. Dürrenmatts ›Play Strindberg‹. Uraufführung in Basel. In: FAZ v. 11. 2. 1969.

P50 *Walther Huder:* Friedrich Dürrenmatt oder die Wiedergeburt der Blasphemie. In: Welt und Wort 24 (1969) 316–319.

P51 *Siegfried Melchinger:* Was hat der bitterböse Friederich mit Strindberg nur gemacht ... [...] In: Thh 10 (3/1969) 36–39.

P52 *J(ohann) Gu(nert):* Der Grillparzer-Preis 1968 an Friedrich Dürrenmatt. In: Jahrbuch der Grillparzer-Gesellschaft 7 (1969/70) 254.

P53 *Marianne Kesting:* Wie unbequem ist Dürrenmatt? Zu seinem Vortrag über Politik und Gerechtigkeit. In: FAZ v. 25. 4. 1970.

P54 *Heinrich Vormweg:* Parolen aus ›Reader's Digest‹. Friedrich Dürrenmatts ›Porträt eines Planeten‹ in Düsseldorf uraufgeführt. In: SDZ v. 12. 11. 1970.

P55 *Heinz Beckmann:* Kein Staubkorn Erde. Friedrich Dürrenmatt bastelte aus Zeitungspapier das ›Porträt eines Planeten‹. In: Rheinischer Merkur v. 28. 11. 1970.

P56 *Ulrich Schreiber:* Porträt eines Planeten. Der neue Dürrenmatt in Düsseldorf uraufgeführt. In: FR v. 28. 11. 1970.

P57 *Hans Schwab-Felisch:* Shakespeare als Grusical. Dürrenmatts Bearbeitung des ›Titus Andronicus‹ uraufgeführt. In: FAZ v. 14. 12. 1970.

P58 *Heinrich Vormweg:* Ziellose Dauerschlächterei. Dürrenmatts ›Titus Andronicus‹ in Düsseldorf uraufgeführt. In: SDZ v. 14. 12. 1970.

P59 *Hilde Rubinstein:* Der Schaukampf des Friedrich Dürrenmatt. In: Frankfurter Hefte 25 (1970) 202–206.

P60 *Christian Jauslin:* Fragen und Anmerkungen zum Theater in der Schweiz. In: SM 50 (1970/71) 70–73.

P61 *Hans Christoph Angermeyer:* Zuschauer im Drama. Brecht, Dürrenmatt, Handke. Frankfurt/M. 1971.

P62 *H. H. Stuckenschmidt:* Eine musikalische Höllenkomödie. Von Einems Dürrenmatt-Oper ›Besuch der alten Dame‹ in Berlin. In: FAZ v. 6. 3. 1972.

P63 *Brunhilde Sonntag:* Wie sich die alte Dame veränderte. Dürrenmatts ›Tragische Komödie‹ und von Einems Oper. In: Opernwelt 13 (2/1972) 45–47.

P 64   *Reinhard Baumgart:* Ein Kübel scharfe Limonade. ›Der Mitma-
        cher‹, Dürrenmatts neuestes Stück, wurde in Zürich uraufge-
        führt. In: SDZ v. 11. 3. 1973.

P 65   *Dietmar N. Schmidt:* Anklagen wurden zu Spiegelgefechten.
        Dürrenmatts fünfzehntes Stück ›Der Mitmacher‹ uraufgeführt.
        In: FR v. 12. 3. 1973.

P 66   *Hellmuth Karasek:* Theater: Dürrenmatts ›Mitmacher‹ in Zürich.
        Alles Leben spurlos beseitigt. In: Die Zeit v. 16. 3. 1973.

P 67   *Heino Blum:* Abkehr von der Satire. Spielfilm ›Der Besuch‹ nach
        Dürrenmatt von Bernhard Wicki. In: FR v. 9. 8. 1973.

P 68   *Ernst Schnabel:* Friedrich Dürrenmatt. In: *Hans Jürgen Schultz*
        (Hg.): Der Friede und die Unruhestifter. Herausforderungen
        deutschsprachiger Schriftsteller im 20. Jh. Frankfurt/M. (= suhr-
        kamp taschenbuch 145) 1973; 291–304.

P 69   *Kenneth S. Whitton:* Afternoon Conversation with an Uncom-
        fortable Person. In: NGS 2 (1974) 14–30.

P 70   *Hartmut Regitz:* Geschichte eines Delinquenten. Jiri Smutnys
        Dürrenmatt-Oper ›Doppelgänger‹ in Gelsenkirchen. In: Stutt-
        garter Zeitung v. 27. 6. 1975.

P 71   *St. Z.:* Das Zürcher Opernhaus unter Drese. Rudolf Kelterborn
        vertont Dürrenmatts ›Ein Engel kommt aus Babylon‹. In: Stutt-
        garter Zeitung v. 19. 9. 1975.

P 72   *H. P.:* Dürrenmatt – Film mit Dürrenmatt. Festspielerfolg in San
        Sebastian [zu: ›Der Richter und sein Henker‹]. In: Welt am
        Sonntag v. 5. 10. 1975.

P 73   *Joachim Kaiser:* Der Tanz um die goldene Greisin. Erstafuffüh-
        rung im Nationaltheater: ›Besuch der alten Dame‹, diesmal von
        Gottfried von Einem. In: SDZ v. 27. 10. 1975.

P 74   *Georg Hensel:* Das aufgeschobene Ableben des Diktators. Fried-
        rich Dürrenmatts neue Komödie ›Die Frist‹. Uraufführung in
        Zürich. In. FAZ v. 8. 10.1977.

P 75   *Magdolna Balkányi:* Dürrenmatt in Ungarn. In: Német Filoló-
        giai Tanulmányok. Arbeiten zur deutschen Philologie 12 (1978)
        115–121.

P 76   *Hans Bänziger:* Dürrenmatt in Ungarn. In: SM 61 (1981) 47–55.

P 77   *Chaim Shoham: Der Besuch der alten Dame – der doppelte Be-
        such in Israel. Aspekte der Rezeption des Stückes.* In I 7; 259–
        273.

P 78   *Georg Hensel:* Der Kopf in der Welt und die Welt im Kopf. In:
        FAZ v. 3. 1. 1981.

P 79   *Heinz Ludwig Arnold:* Ein Skeptiker riskiert sich selbst. In:
        Deutsches Allgemeines Sonntagsblatt v. 4. 1. 1981.

P 80   *Rainer Kerndl:* Sarkastischer Witz wider bürgerliche Unord-
        nung. In: Neues Deutschland v. 5. 1. 1981.

P 81   *Marcel Reich-Ranicki:* Leider ein Mythos: Friedrich Dürrenmatt,
        der makabre Possenreißer. In: FAZ v. 5. 1. 1981.

P 82   *Hugo Loetscher:* Friedrich Dürrenmatt – Gedankendramaturg.
        In: NZZ v. 17./18. 1. 1981.

P83   *Walter Engel:* Die Dürrenmatt-Rezeption in Rumänien. In: NZZ v. 11. 9. 1981.

P84   *Gerhard P. Knapp:* An Impressive Sub-Total: Dürrenmatt's Collected Works in Paperback. In: Monatshefte 74 (1982) 179–184.

P85   *Friedrich Dürrenmatt:* Ein ungeheures deutsches Gerücht. In: WeWo v. 17. 3. 1982.

P86   *Peter Nöldechen:* Dürrenmatts »Physiker« in Ost-Berlin. In: Rhein-Neckar-Zeitung v. 29. 3. 1982.

P87   *Horst Wenderoth:* Intendantenwechsel in Ostberlin. In: NZZ v. 15. 7. 1982.

P88   *Christoph Trilse:* Gerichtstag halten über eine alte Welt. In: Neues Deutschland v. 11. 1. 1983.

P89   *Emil Weber:* Friedrich Dürrenmatt – der merkwürdige Protestant. In: NZZ v. 23. 9. 1983.

P90   *Georg Hensel:* F.D., seine Ursuppe schlürfend. In: FAZ v. 28. 12. 1984.

P91   *J. H. Reid:* Dürrenmatt in the GDR: The Dramatist's Reception up to 1980. In: MLR 79 (1984) 356–371 [s.d. für ein ausführliches Verzeichnis der DDR-Aufführungskritiken und anderer Dokumente zur DDR-Rezeption bis 1980].

P92   *Harro von Senger:* Zur Rezeption der Schweizerischen Literatur in der Volksrepublik China. In: Asiatische Studien 1/2 (1985) [zu D.: 113–117].

P93   *Gerhard Jörder:* Schwanengesang der Wissenschaft. In: Badische Zeitung vom 25. 2. 1985.

P94   *Anni Carlsson:* Das tanzende Ungeheuer. Dürrenmatts »Minotaurus«. In: Der Tagesspiegel v. 28. 7. 1985.

P95   Der Dichter und die Bösewichte [Gespräch m. *Matthias Matussek*]. In: Stern v. 15. 8. 1985.

P96   Ich bin der finsterste Komödienschreiber, den es gibt [Gespräch m. *Fritz J. Raddatz*]. In: Die Zeit v. 16. 8. 1985.

P97   *Wolfram Knorr:* Wuchtiger literarischer Paukenschlag. In: WeWo v. 29. 8. 1985.

P98   *P. Wd.:* »Das Ursprüngliche ist stets das Bild«. Ausstellung Friedrich Dürrenmatt in Neuenburg. In: NZZ v. 19. 9. 1985.

P99   *Iring Fetscher:* Voraussetzung der Freiheit: Ökonomische Gerechtigkeit. In: Vorwärts v. 12. 10. 1985.

P100 *Wolfram Knorr:* Täter bekannt, Tatwaffe gesucht. In: Rheinischer Merkur/Christ und Welt v. 12. 10. 1985.

P101 *Lutz Tantow:* Liebesmüh' mit Dürrenmatt. In: Saarbrücker Zeitung v. 16. 10. 1985.

P102 *Friedrich Luft:* Das helvetische Gruselkabinett. Leben in der moralischen Wüste: Friedrich Dürrenmatts Kriminalroman »Justiz«. In: Die Welt v. 2. 11. 1985.

P103 *Beatrice von Matt:* Gerechtigkeit contra Justiz. Friedrich Dürrenmatts neuer Kriminalroman [»Justiz«]. In: NZZ v. 22. 11. 1985.

P 104 *Werner Ross:* Leerer Himmel, wüste Erde. Laudatio für Friedrich Dürrenmatt [Laudatio zur Verleihung des Jean-Paul-Preises am 4. 10. 1985 in München]. In: NZZ v. 22. 11. 1985.

P 105 *Marcel Reich-Ranicki:* Ein Germanist wird ermordet. Friedrich Dürrenmatts Roman »Justiz«. In: FAZ v. 30. 11. 1985.

P 106 *Heinz Ludwig Arnold:* Dr. Kohler und sein Opfer. In: Deutsches Allgemeines Sonntagsblatt v. 1. 12. 1985.

P 107 *Andreas Conrad:* Der Mord als Weltmodell. Friedrich Dürrenmatts Geschichte eines Justizirrtums. In: Der Tagesspiegel v. 1. 12. 1985.

P 108 *Jürg Laederach:* Im Dickicht der Täter. In: Der Spiegel v. 23. 12. 1985.

P 109 *W. I.:* Dürstend nach immer ferneren Paradiesen. Friedrich Dürrenmatt zum Fünfundsechzigsten. In: Stuttgarter Zeitung v. 4. 1. 1986.

P 110 *Heinz Ludwig Arnold:* Die Gegenwelten eines zähen Protestanten. In: Deutsches Allgemeines Sonntagsblatt v. 5. 1. 1986.

P 111 *Anni Carlsson:* Welt der Mörder und Mitmacher. Zu Friedrich Dürrenmatts 65. Geburtstag. In: Der Tagesspiegel v. 5. 1. 1986.

P 112 *Gerhard Ebert:* Seine Komödien spiegeln eine untergehende Welt. Schweizer Dramatiker Friedrich Dürrenmatt wurde 65. In: Neues Deutschland v. 6. 1. 1986.

P 113 *Dorothee Hammerstein:* Verblichene Reize. Friedrich Dürrenmatts »Besuch der alten Dame« in Basel. In: Badische Zeitung v. 23. 1. 1986.

P 114 *Jürgen Peters:* Das Labyrinth als Welt. Dürrenmatts Prosa-Ballade vom Minotaurus. In: FR v. 1. 2. 1986.

P 115 *Stephan Wackwitz:* Gehen wir Professoren erschießen in Zürich! [zu »Justiz«]. In: Stuttgarter Zeitung v. 15. 2. 1986.

P 116 *Monika Schafftenhofer:* A la bande »Justiz« – eine Romanverwicklung von Friedrich Dürrenmatt. In: FR v. 29. 4. 1986.

P 117 *Beatrice von Matt:* In der Wüste der Gegenwart. »Der Auftrag« von Friedrich Dürrenmatt. In NZZ v. 5. 9. 1986.

P 118 *Friedrich Luft:* Ein Leselanglauf mit Dürrenmatt [zu »Der Auftrag«]. In: Die Welt v. 30. 9. 1986.

P 119 *Lutz Tantow:* Dürrenmatt is watching you! »Der Auftrag« – eine philosophische Kriminalnovelle. In: SDZ v. 1. 10. 1986.

P 120 *Georg Hensel:* Komödien der Untergänge. Lobrede auf Friedrich Dürrenmatt, den Träger des Georg-Büchner-Preises 1986. In: FAZ v. 11. 10. 1986.

P 121 *Verena Auffermann:* Kopflastige Weissagungen. Friedrich Dürrenmatt erhielt in Darmstadt den Georg-Büchner-Preis. In: SDZ v. 13. 10. 1986.

P 122 *Jürgen Diesner:* Demnächst ein junger Büchner-Preisträger? In: Stuttgarter Zeitung v. 13. 10. 1986.

P 123 *Helmut Schmitz:* Beim Schorsch zu Haus. In Darmstadt wurden Merck-, Freud- und Büchner-Preis verliehen. In FAZ v. 13. 10. 1986.

P 124 *Rainer Hoffmann:* Wie das Leben so spielt. Übergabe des Georg-Büchner-Preises an Friedrich Dürrenmatt. In: NZZ v. 14. 10. 1986.

P 125 *Friedrich Dürrenmatt:* Georg Büchner und der Satz vom Grunde. In: Die Zeit v. 17. 10. 1986.

P 126 *Walter Hinck:* Die Schlacht der Kameramänner. Friedrich Dürrenmatts Novelle »Der Auftrag«. In: FAZ v. 18. 10. 1986.

P 127 *Gerhard Stadelmaier:* Von den drei unerläßlichen Peinlichkeiten. Verleihung des Schiller-Gedächtnispreises [...]. In: Stuttgarter Zeitung v. 12. 11. 1986.

P 128 *Friedrich Dürrenmatt:* Das Theater als moralische Anstalt heute [Schillerpreisrede]. In: FAZ v. 15. 11. 1986.

P 129 *Jürgen Manthey:* Beobachtete Beobachter [zu »Der Auftrag«]. In: Die Zeit v. 5. 12. 1986.

P 130 *Friedrich Dürrenmatt/Charlotte Kerr:* Das Schwert des Damokles am Drahtseil [Besuch in der UdSSR]. In: WeWo v. 26. 2. 1987.

P 131 *Jürg Scheuzger:* »Die Welt ist ein Irrenhaus«. Wie Dürrenmatt »Achterloo« noch einmal schreibt. In: NZZ v. 15. 3. 1987.

P 132 *Gerhard Rohde:* Liebe – Verwirrspiel und Rache [»Der Besuch der alten Dame« in Bad Hersfeld]. In: FAZ v. 13. 7. 1987.

P 133 *Martin Lüdke:* Verzweiflung ist die einzige würdige Lebenshaltung. Gespräche über Komik mit Dürrenmatt, Hildesheimer und Widmer. In: FR v. 15. 8. 1987.

P 134 *Erwin Leiser:* Friedrich Dürrenmatt. In: FAZ Magazin v. 2. 10. 1987.

P 135 *Friedrich Dürrenmatt:* Das einzige, was wirkt, ist die Angst [über »Die Physiker«, die Katastrophenwelt und das Sprechtheater]. In: WeWo v. 15. 10. 1987.

P 136 *Ute Reimann:* Allerlei Anregendes von und über Dürrenmatt [zu »Minotaurus«]. In: Neues Deutschland v. 24./25. 10. 1987.

P 137 *Reinhard Beuth:* Büchner im Irrenhaus [»Achterloo IV«]. In: Die Welt v. 20. 6. 1988.

P 138 *Rüdiger Krohn:* Letzte Worte, doch kein Endspiel. Dürrenmatts Schwetzinger Abschied »Achterloo IV«. In: Stuttgarter Zeitung v. 22. 6. 1988.

P 139 *Sabine Sütterlin:* Der Dichter schreibt wie ein geplagter Ehemann [»Achterloo IV«]. In: WeWo v. 23. 6. 1988.

P 140 *Walter Hinck:* Den Sternen glotzen Dinosaurier entgegen. Friedrich Dürrenmatts Essayband »Versuche«. In: FAZ v. 2. 7. 1988.

P 141 *Ute Reimann:* Kriminalfarce aus der Schweiz [»Justiz«]. In: Neues Deutschland v. 2./3. 7. 1988.

P 142 *Christa Piotrowski:* Der dreiundzwanzigste Mord. Dürrenmatts »Abendstunde im Spätherbst« im Neuköllner Schauspiel. In: Der Tagesspiegel v. 20. 7. 1988.

P 143 *Agnes Hüfner:* Bei Gelegenheit. Dürrenmatts »Versuche«. In: SDZ v. 10./11. 9. 1988.

P 144 *Andreas Conrad:* Alte Karten, neu gemischt. Dürrenmatts »Versuche« gesammelt. In: Der Tagesspiegel v. 18. 9. 1988.

P 145 Dürrenmatt: Die Parlamente bieten schlechtes Theater [...] [Gespräch m. *Manfred Schell* u. *Alfred Starkmann*]. In: Die Welt v. 13./15./17. 2. 1989.

P 146 *Lothar Schmidt-Mühlisch:* Leichen mit Lichteffekt. Aachen zeigt Dürrenmatts »Der Mitmacher«. In: Die Welt v. 2. 3. 1989.

P 147 *Gerolf Fritsch:* Die Welt als Labyrinth. Friedrich Dürrenmatts »Minotaurus« als Beispiel. In: NZZ v. 31. 3. 1989.

P 148 »Ich bin aus dem Fenster«. Friedrich Dürrenmatt über Gott und die Kollegen, den Computer, die Moral und den Tod [Gespräch m. *Ernst Molden*]. In: Die Presse v. 2./3. 9. 1989.

P 149 *Klara Obermüller:* Über den Flammen ein großes Gelächter. Friedrich Dürrenmatts »Durcheinandertal«: Apokalypse im Alpenparadies. In: WeWo v. 14. 9. 1989.

P 150 *Heinz Ludwig Arnold:* Irgendwie geht es weiter [zu »Durcheinandertal«]. In: Deutsches Allgemeines Sonntagsblatt v. 29. 9. 1989.

P 151 *Jochen Hieber:* Elsis Lächeln. Die Satyrspiele des Friedrich Dürrenmatt. In: FAZ v. 10. 10. 1989.

P 152 *Friedrich Luft:* Dürrenmatts großes Fressen [zu »Durcheinandertal«]. In: Die Welt v. 10. 10. 1989.

P 153 *Peter Mohr:* Moralist mit Keule. [zu »Durcheinandertal«]. In: Rheinischer Merkur/Christ und Welt v. 13. 10. 1989.

P 154 *Marcel Reich-Ranicki:* Tohuwabohu. Dürrenmatts »Durcheinandertal«. In: Die Zeit v. 10. 11. 1989.

P 155 *Lutz Hagestedt:* Die Lust der Armut. Mit Dürrenmatt ins »Durcheinandertal«. In: SDZ v. 14. 11. 1989.

P 156 »Das Christentum täuscht nur den Glauben vor« [Gespräch mit *Carlo Bernasconi*]. In: Börsenblatt v. 9. 1. 1990.

P 157 »Ja, an was genau, meinen Sie denn, daß ich glauben soll?« [Gespräch m. *Christine Huber*]. In: NZZ v. 6. 4. 1990.

P 158 *Jiri Stach:* Dürrenmatts Renaissance. Zur neuen Inszenierung seiner Theaterstücke auf tschechischen Bühnen. In: NZZ v. 7. 8. 1990.

P 159 *Friedrich Luft:* Nachdenklich knurrend [zu »Turmbau«]. In: Die Welt v. 2. 10. 1990.

P 160 *Georg Hensel:* Das Hirn. Dürrenmatts erzählerisches Hauptwerk [zu »Turmbau«]. In: FAZ v. 13. 10. 1990.

P 161 *Michael Stone:* Flucht ins Irrenhaus. »Die Physiker« im Renaissance-Theater. In: Der Tagesspiegel v. 13. 11. 1990.

P 162 »Das Gefängnis zweifelt an sich selber«. Friedrich Dürrenmatt über die Schweiz – an den Staatspräsidenten Václav Havel gerichtet. In: WeWo v. 29. 11. 1990 [vgl. auch: Über die Absurdität der Schweiz. In: SDZ v. 15./16. 12. 1990].

P 163 *Lutz Tantow:* Ideengeschichte eines überirdischen Trottels. Friedrich Dürrenmatt präsentiert weitere »Stoffe«. In: SDZ v. 5. 12. 1990.

P 164 *Jürgen Peters:* Im Labyrinth. Zum Tod von Friedrich Dürrenmatt. In: FR v. 15. 12. 1990.

P165 *Gerhard Stadelmaier:* Der Weltmodellbauer. Zum Tode des dramatischen Schriftstellers Friedrich Dürrenmatt. In: FAZ v. 15. 12. 1990.

P166 *Mirko Weber:* Ein Hohepriester der Komödie. Zum Tode des Schweizer Dramatikers und Malers Friedrich Dürrenmatt. In: Stuttgarter Zeitung v. 15. 12. 1990.

P167 *Christa Maria Fischer:* Die Tragikomödie als Spiegel der Welt. Friedrich Dürrenmatt in Neuchâtel gestorben. In: Neues Deutschland v. 15./16. 12. 1990.

P168 *Joachim Kaiser:* Dürrenmatts Stolz und Witz. Der Dichter starb 69jährig in der Schweiz. In: SDZ v. 15./16. 12. 1990.

P169 *Andreas Conrad:* Ein alter Mann räumt auf. Friedrich Dürrenmatts »Turmbau – Stoffe IV–IX«. In: Der Tagesspiegel v. 16. 12. 1990.

P170 *Jürgen Peters:* Inszenierungen des Scheiterns. Leben mit Dürrenmatt oder: Seine »Stoffe I–IX«. In: FR v. 18. 12. 1990.

P171 Man stirbt. Und plötzlich blickt man zum Mond [Gespräch m. *Michael Haller*]. In: Die Zeit v. 21. 12. 1990.

P172 *Heinrich Goertz:* Der Mensch: eine Fiktion. Friedrich Dürrenmatts letzte »Stoffe«: »Turmbau«. In: Stuttgarter Zeitung v. 21. 12. 1990.

P173 *Heimo Schwilk:* Eine Welt, aus dem Nichts zu erschaffen [zu »Turmbau«]. In: Rheinischer Merkur/Christ und Welt v. 21. 12. 1990.

P174 *Beatrice von Matt:* Witz und Aberwitz der Dichtung. Friedrich Dürrenmatt (5. Januar 1921 bis 14. Dezember 1990). In: NZZ v. 28. 12. 1990.

P175 *Horst Wenderoth:* Humor, Spannung und Unterbewußtes. Kleist, Dürrenmatt und Fabian auf Ostberliner Bühnen [zu »Abendstunde im Spätherbst«]. In: NZZ v. 4. 1. 1991.

P176 *J. Sth.:* Dürrenmatt-Hommage in Prag. Erstaufführung von »Achterloo«. In: NZZ v. 9. 1. 1991.

P177 *Christian Jauslin:* Für den Raum der Hörbühne geschrieben. Friedrich Dürrenmatts Hörspiele. In: NZZ v. 10. 1. 1991.

P178 *Friedrich Dürrenmatt:* Menschheit im Universum der Katastrophen. Der Marxismus, die Furcht und der Tod – was die Welt Gorbatschow verdankt [Erstveröff. der revidierten Fassung der Rede vom 25. 11. 1990]. In: FAZ v. 12. 1. 1991.

P179 *Walter Jens:* Noch einmal ganz von vorne. Die Dürrenmatt-Rede des Publizisten Walter Jens im Berner Münster. In: WeWo v. 17. 1. 1991.

P180 *Jan Knopf:* Kosmische Eiterbeule [zu »Turmbau«]. In: Der Spiegel v. 11. 2. 1991.

P181 *Hg.:* Wieder zu erkennen? »Der Meteor« von Friedrich Dürrenmatt nach 24 Jahren. In: NZZ v. 12. 2. 1991.

P182 *Barbara Villiger Heilig:* Zauberspiele. Zwei Aufführungen in Rom [zu Josef Svobodas Bühnenfassung von »Minotaurus«]. In: NZZ v. 28. 2. 1991.

215

P 183 *Walter Jens:* Inferno als Ort des Gelächters. Die vieldeutige Welt des Friedrich Dürrenmatt. In: SDZ v. 9./10. 3. 1991.

P 184 *Hannelore Schlaffer:* Weltreich im Hühnerhof. »Romulus der Große« im Alten Schauspielhaus. In: Stuttgarter Zeitung v. 11. 3. 1991.

P 185 *Erwin Chargaff:* Der Rufer in der Wüste. Ein Versuch über die Gedanken Friedrich Dürrenmatts. In: FAZ v. 25. 3. 1991.

P 186 *Cornelie Ueding-Waehner:* Wie einer leben muß. Neuer Versuch mit Dürrenmatts »Meteor« in Zürich. In FR v. 10. 4. 1991.

P 187 *Hg.:* Alles zu Gold? »Midas« von Friedrich Dürrenmatt. In: NZZ v. 23. 4. 1991.

P 188 *Maximilian Schell:* Noch einmal Lachen lernen [zu »Midas«]. In: Die Welt v. 24. 4. 1991.

P 189 *rov.:* So ein Mist! Dürrenmatts »Herkules und der Stall des Augias« im Nationalratssaal. In: NZZ v. 4. 5. 1991.

P 190 *Andreas Conrad:* Killer Grünspan wartet schon. Friedrich Dürrenmatts »Midas oder Die schwarze Leinwand«. In: Der Tagesspiegel v. 16. 6. 1991.

P 191 *Armin Juhre:* Gedankenschlossers Nachlaß [zu den letzten Texten]. In: Deutsches Allgemeines Sonntagsblatt v. 16. 8. 1991.

P 192 *Freddy Allemann:* Friedrich Dürrenmatts letzte Texte [zu »Kants Hoffnung«]. In: Der Literat 33 (9/1991) 24.

Werkregister

der im Text genannten Werke, *Bilder* und *Zeichnungen*
Friedrich Dürrenmatts

219

Namenregister

der im Text genannten historischen Namen, *Kritiker* bzw. *Wissenschaftler*

222

Sammlung Metzler

Printed in the United States
By Bookmasters